Benoîte Groult wurde 1920 geboren. Das Studium der Literaturwissenschaften schloß sie 1943 mit dem professeur de lettres ab. Bis 1953 war sie Journalistin beim RTF; sie ist Mitglied der Jury für den Prix Femina. Benoîte Groult ist heute mit dem Schriftsteller Paul Guimard verheiratet, hat drei Töchter und zwei Enkelinnen. Ehe sie 1972 mit eigenen Romanen an die Öffentlichkeit trat, publizierte sie drei Bücher gemeinsam mit ihrer Schwester Flora. Mit ihrem Roman »Salz auf unserer Haut«, der inzwischen erfolgreich verfilmt wurde, entfachte Benoîte Groult eine lebhafte Diskussion in der Presse und Leserschaft.

Von Benoîte Groult sind außerdem erschienen:

Die Dinge, wie sie sind (Band 3095)
Salz auf unserer Haut (Band 3113)
Ödipus' Schwester (Band 8020)
Leben will ich (Band 65044)
Wie die Freiheit zu den Frauen kam (Band 60248)
Das Benoîte-Groult-Lesebuch (Band 65020)
Es war zweimal (zs. mit Flora Groult, Band 65034)
Juliette und Marianne (zs. mit Flora Groult, Band 65040)
Tagebuch vierhändig (zs. mit Flora Groult, Band 2997)

Dieses Buch wurde auf chlor- und säurefreiem Papier gedruckt.

Deutsche Erstausgabe September 1994

Titel der Originalausgabe »La Moitié de la Terre«

Originalverlag Editions Alain Moreau
Umschlaggestaltung: Agentur ZERO, München
Umschlagillustration: Ursula Eisermann, München
Satz: Ventura Publisher im Verlag
Druck und Bindung: Elsnerdruck, Berlin
Printed in Germany
ISBN 3-426-65024-X
2 4 5 3 1

Benoîte Groult

Die Hälfte der Erde

Aufsätze zur Frauenfrage

Aus dem Französischen
von Gabriele Krüger-Wirrer

Knaur

Vorwort

Ganz sicher ist es für eine Journalistin verlockend zu sehen, daß so flüchtige und vergängliche Dokumente, wie es Zeitungsartikel sind, eine feste Gestalt in Buchform finden. Doch der Übergang von unmittelbarer Aktualität zur späteren reflektierten Fassung bietet einen weiteren, entscheidenderen Vorteil: Dadurch können wir feststellen, mit welcher Schnelligkeit, wie tiefgreifend und in welchen Bereichen sich Denken und moralische Normen weiterentwickelt haben. Besonders aufschlußreich ist dies, wenn es sich um die Lage der Frauen – Hauptthema dieser Reihe von Kommentaren und Leitartikeln – handelt. Denn die Frauen haben sich während der letzten zwanzig Jahre stärker verändert als in den zwei Jahrtausenden zuvor; und im 20. Jahrhundert haben sie mehr Bücher (und Artikel) geschrieben als während *aller* vorangegangenen Jahrhunderte.

Aus diesem Grund bietet uns eine Untersuchung der Frauenpresse weit mehr als ein Spiegelbild der Sitten, der Mode oder des Alltagslebens dieser Zeit. Sie läßt uns zu Zeugen einer der tiefgreifendsten Wandlungen in der Geschichte von Männern und Frauen werden; und ebenso zu Zeugen der irrationalen, sozialen oder religiösen Widerstände, auf die diese Wandlungen stoßen und die um so stärker sind, als jeder dunkel spürt, daß diese Entwicklung die gesamte Gesellschaft bis hinein in ihre Basis – das Paar, die patriarchalische Familie, die Beziehung zwischen Mann und Frau und zwischen Frau und Kindern – erschüttern wird.

In dieser Artikelsammlung, die einen Zeitraum von etwa zwanzig Jahren umspannt, sieht man, wie sich das Aktionsfeld der Feministinnen erweitert, wie die Themen vielseitiger werden, und wie manche Kämpfe schließlich zum Sieg führen – Siege, die man übrigens nicht für irreversibel halten sollte. Doch was vielleicht noch mehr ins Auge springt, ist die Veränderung in Ton und Stil.

Es fällt heute schwer zu glauben, daß Simone de Beauvoirs Werk *Das andere Geschlecht* noch vor viereinhalb Jahrzehnten, als es gerade erschienen war, in Frankreich auf den Index gesetzt wurde, weil es die Schicklichkeit verletze und anstößige Meinungen vertrete. Welchen Skandal dieses Buch bedeutete, kann man an der übersteigerten Reaktion eines François Mauriac ermessen, der schrieb: »Simone de Beauvoir zu lesen heißt, alles über ihre Vagina zu wissen.« Der Abscheu vor dem weiblichen Geschlecht und der »ekelhaften weiblichen Anatomie«, wie Linné im 18. Jahrhundert gesagt hatte, blieb hartnäckig und allgemein verbreitet und zog das übliche Gefolge an Vorurteilen und Tabus nach sich; beim »anderen Geschlecht« bewirkte es das Bewußtsein seiner sozialen Unterlegenheit und physischen Unwürdigkeit. Während die Auflage in den USA, wo der Kampf der Frauen schon seit Beginn des Jahrhunderts geführt wurde, Millionenhöhe erreichte, mußte Simone de Beauvoir zehn Jahre lang warten, bis ihr Buch in ihrem eigenen Land als erste Zusammenfassung der Kenntnisse über die Frau und als Bibel der Feministinnen anerkannt wurde.

Die weibliche Presse durchlief eine parallele Entwicklung, schüttelte das Joch der »guten Erziehung«, der traditionellen Schamhaftigkeit des »schönen Geschlechts« und der Scheu vor allen Themen ab, die sich von den angeblich spezifisch weiblichen Bereichen entfernten (Mode, Schönheit, Kinder, Haushalt), um gewissermaßen einen »Erwachsenenstatus« zu erreichen. Aber alle Frauenzeitschriften, ob kämpferisch oder konformistisch, hatten in jedem Fall ein gemeinsames Los: Sie stießen auf den Sarkasmus oder die Verachtung – amüsiert oder empört – der Männer, der zeitgenössischen Schriftsteller wie der Journalisten. Wenn sie sich auf die weibliche Domäne beschränkten, spottete man über ihre Oberflächlichkeit; wenn sie es wagten, andere Themen anzusprechen, protestierte man lauthals gegen ihr »Suffragettentum« oder ihre Aggressivität, die die Leserinnen zu hysterischen Harpyien mache, die keine Männer mehr lieben würden! Sogar Lachen und Humor galten als subversiv, und die weibliche Presse blieb trostlos ernst.

Seit den fünfziger Jahren kann man beobachten, wie Frauen sich immer mehr die Sprache und das Recht, über alles zu sprechen, zurückerobern. Und wenn man weiß, wie sehr die Sprache die gesellschaftlichen Strukturen widerspiegelt, kann man die ungeheure Bedeutung ermessen, die diese neue Aneignung der Wörter hat.

Selten hat man Gelegenheit, die Presse vergangener Zeiten zu lesen. Als ich wieder auf meine vor fast dreißig Jahren erschienenen Artikel stieß, wurde mir bewußt, welcher Weg da zurückgelegt worden ist. Um die Leserinnen nicht durch einen zu prononcierten Feminismus zu verschrecken und vor allem, um »eine richtige Frau« zu bleiben (eine ebenso verschwommene wie zwingende Vorstellung), blieb ich, blieben wir fast alle in einer gewissen Zurückhaltung befangen; wir zögerten, die großen Probleme frontal anzugreifen. Freimütigkeit, eine ungeschminkte Wortwahl, eine zu heftige Empörung – bei einer Frau hätte das abschreckend gewirkt. Was bei einem Journalisten als dynamisch und geistsprühend gilt, wirft man seiner Kollegin als aggressiv oder gehässig vor; so erspart man es sich, auf den Inhalt einzugehen.

Heute, auch wenn die Opposition nicht die Waffen gestreckt hat, setzen sich die Frauen – oder zumindest die Feministinnen – darüber hinweg. Sie artikulieren sich und übersetzen endlich in FRAUENsprache, was wir bisher nur vermittelt durch die Augen, die Federn, die Kultur, die Wünsche und das Unbewußte der Männer lesen konnten.
Das kunstvolle Netz von Zwängen in allen Bereichen des sozialen, privaten und kulturellen Lebens, das uns ein für allemal auf eine Rolle, die wir nicht in Frage stellen durften, festlegen wollte, löst sich langsam auf. Und die Frauenpresse, die so lange als nebensächlich, belanglos und unwichtig gegolten hat, war einer der bedeutsamen Faktoren bei diesem Bewußtwerden.
Diese Artikel wurden zusammengestellt in der Hoffnung, daß sie zumindest ein Zeugnis dieser Entwicklung sind.

Elle
Mai 1972

Offener Brief an einen Mann

»Trotz siebzehn tragischen Trennungsszenen mit Geschrei, Geheul, versteinerten Gesichtern und Morddrohungen, trotz einem vollständigen Sortiment von Geschlechtskrankheiten«, hat Jean Lartéguy, um seine »unendliche Toleranz« gegenüber dem anderen Geschlecht zu beweisen, kürzlich einen »Offenen Brief an das Weibervolk« verfaßt. Er warnt es dringend vor dieser Kinderei und dem vermessenen Unterfangen, sich von der wohlwollenden Vormundschaft des starken Geschlechts befreien zu wollen. Der Autor besitzt die unendliche Güte, den Frauen bereitwillig all die garstigen Krankheiten zu verzeihen, mit denen sie ihn angesteckt haben (und die bei ihnen zweifellos ein Werk des Heiligen Geistes sind!); zudem will er die siebzehn Trennungsszenen vergessen, für die natürlich allein die Frauen verantwortlich waren.

Und er ist so unendlich liebenswürdig, uns mitzuteilen, wenn wir weiterhin so »unerträglich, lästig, fordernd und selbstgefällig« seien, würden die Männer sich fuchsteufelswild aus dem Staub machen. In einem Ton, als teile er einem kleinen Mädchen mit, daß es keinen Nachtisch bekomme, erklärt uns Lartéguy mit dem Feingefühl eines alten Haudegens, wie unsere Strafe aussehen wird: »Um unsere Gefährtinnen wieder zur Vernunft zu bringen, streiken wir, und der Hosenschlitz bleibt zu. Ihr werdet mehr darunter leiden als wir. Aber die Ware, die ihr uns heute zu bieten habt, ist oft den überhöhten Preis nicht wert.«

Ich glaube, in Jean Lartéguy haben wir ein prachtvolles Exemplar einer Spezies, die im Aussterben begriffen ist: den Frauenhasser des 19. Jahrhunderts, patriarchalisch, derb und hinter jeder Schürze her, wobei alle drei Eigenschaften in der Regel Hand in Hand gehen. Seine Überheblichkeit, seine naive Gewißheit, aus einem göttlichen Recht heraus überlegen zu sein, seine altväterischen Vorurteile und »sein Informationsmaterial, das er aus der Unteroffiziersmesse hat«, wie Yvan Audouard schreibt, überzeugen nicht nur niemanden mehr, sondern diskreditieren sowohl die These als auch ihren Verfechter. Und so kann man die These am besten widerlegen, indem man ganz einfach den Autor selbst zitiert.

Was soll man in der Tat von einem Mann halten, der im Jahre 1972 schreibt: »Wir armen Männer schuften fast das ganze Jahr für das Vergnügen der Frauen ..., damit sie sich auftakeln und sich Nerzfett mit Superwirkstoff in die Visage schmieren können ...«

Diesen Satz widme ich den Müttern mehrerer Kinder und den sechs Millionen berufstätigen Frauen, die einen zweiten Arbeitstag bewältigen, wenn sie nach Hause kommen, aufgetakelt mit Schürzen und Gummihandschuhen, und ohne die Zeit – oder das Geld – zu haben, sich Nerzöl in die Visage zu schmieren. Man beachte nebenbei das Wort »Visage«, mit dem dieser Typ Mann gerne das weibliche Gesicht bezeichnet.

Was hat es nun mit der Emanzipation dieser fragwürdigen Gattung auf sich, wozu soll sie genützt werden?

»Befreiung der Frau? Im Abendland waren die Frauen noch nie so frei wie jetzt, da sie gleiche Rechte haben wie die Männer [*sic*] und dabei noch alle Privilegien aus der Zeit behalten haben, als sie keine offiziellen Rechte hatten. Sie können die Pille nehmen, wann es ihnen paßt, selbst entscheiden, ob sie Kinder haben wollen oder nicht ... und sogar abtreiben lassen, wenn sie sich zu helfen wissen [*sic*]. Sie werden immer eine Freundin finden, die ihnen eine einschlägige Adresse zusteckt, und einen Dummen, der die Rechnung zahlt.«

Diesen Satz widme ich den Hunderttausenden von Frauen, die seit so langer Zeit und jedes Jahr wieder eben keine »einschlägige Adresse« finden, und auch keinen »Dummen«, der die Rechnung zahlt, sondern sich ganz allein aus der Patsche helfen müssen; das reinste Vergnügen natürlich, wie Michèle Perrein es in ihrem letzten Roman beschrieben hat. Aber ich wollte die Aufmerksamkeit noch auf die letzten Worte dieses Zitats lenken, ein übles Eingeständnis, das tief blicken läßt: Der Autor hält es offensichtlich für ganz normal, daß die Väter sich aus dem Staub machen – oder sich zu helfen wissen, wie es in seiner Sprache heißt –, während nur die ganz Dummen sich auf diese Geschichte einlassen. Dabei gibt heutzutage selbst ein Unteroffizier der Kolonialarmee zu, daß der Mann bei dieser »Geschichte« seinen Teil an Verantwortung hat! Allein dieser Worte wegen würde Lartéguy es verdienen, daß man ihn an die radikalen amerikanischen Feministinnen der *SCUM*-Bewegung ausliefert, über die er in seinem Buch herzieht: *SCUM = Society for Cutting Up Men!* – kurz: Schwanz ab!

Man könnte meinen, daß die Frauen, die arbeiten, um sich aufzutakeln und den schuftenden Männern Erleichterung zu bringen, vor den Augen des Autors Gnade fänden. Aber nein, mit Logik gibt er sich nicht ab:

»Sie [die Frauen] interessiert dabei nur, mit den Männern auf Gebieten, die in der Regel nicht ihre sind und wo sie nur eine Menge Schaden anrichten, in Wettstreit zu treten.« (Man möchte gerne wissen, woher unser hervorragender Soziologe diese Information hat. Aus den Statistiken über Ärztinnen? Aber lassen wir diesen scharfsinnigen Psychologen fortfahren.) »Sie wollen im weißen Kittel von Dior in einer Forschungsabteilung oder in der Raumfahrt arbeiten, damit sie ins Fernsehen kommen und ihr Photo in Frauenzeitschriften veröffentlicht wird.«

Welche Schärfe des Blicks, welch stolzer Ton, welch männliche Intelligenz! Wie enttäuschend ist es mitanzusehen, daß Jean Lartéguy, der sich auf anderen Kampfgebieten geschickter geschlagen hat, meint, er müsse auf so groteske Argumente zurückgreifen, weil er sich an Frauen wendet. Aber man kann eigenartigerweise beobachten, daß manche Themen die Gabe haben, Männer und Frauen, die ansonsten nüchtern und ohne Scheu argumentieren, in Harpyien, Debile oder tobsüchtige Irre zu verwandeln. Die Emanzipation der Frauen ist eines dieser Themen. Die Dürftigkeit der Gedanken färbt sogar auf den Stil des Autors ab; sein offener Brief ist in einem Kauderwelsch geschrieben, das ihm die einzig angemessene Sprache für unterentwickelte Geschöpfe zu sein scheint, die er, der die Weisheit für sich gepachtet hat, kategorisch mit den »Primitiven« vergleicht. Und um die akademischen Erfolge zu erklären, die sie trotz ihrer geringen Intelligenz einheimsen, fügt er hinzu: »Im übrigen haben sie, wie die Primitiven, ein außergewöhnliches Gedächtnis, so daß sie alles lernen können, ohne etwas zu verstehen.« Kommentar überflüssig.

Es ist eine traurige Feststellung, daß eine gewisse Anzahl von Männern, selbst in der westlichen Welt, noch nicht genügend zivilisiert und erwachsen ist, um sich das gemeinsame Leben mit einer Frau anders als eine mehr oder weniger offen erklärte Konfrontation vorstellen zu können; ein Kräftemessen, bei dem *Mann* um jeden Preis die Oberhand behalten muß. Nur ausgeglichene Menschen versuchen nicht ständig zu dominieren; Xanthippen und Haustyrannen sind letztendlich nur ein Produkt ihrer Komplexe und Frustrationen.

Ich weiß genau, welches Risiko ich eingehe, wenn ich mich zu diesen »Nervensägen« geselle, die für Frauen das Recht fordern, ihr Los selbst zu bestimmen, sei es das einer Hausfrau und Mutter oder aber das einer Ingenieurin. Lartéguy hat sich die Mühe gemacht, es mir in seiner facettenreichen und humorvollen Sprache zu erklären:

»Denn weil wir [die Feministinnen] vor Neid platzen, wenn wir sehen, wie glücklich und ausgeglichen die Frauen sind, wollen wir sie in einen neuen Befreiungskrieg ziehen.«

Er wendet sich an die weniger Hysterischen unter uns (ein bißchen hysterisch sind schließlich alle Frauen per definitionem!):

»Hütet euch, meine Schönen, vor den unfruchtbaren, ausgehungerten Megären, vor all diesen häßlichen Schnepfen, alten Hutzelweibern, schlecht gefickten Emanzen und Philosophielehrerinnen im Ruhestand.«

Eine seltsame Mischung, die Philosophielehrerinnen in eine Reihe mit schlecht gefickten alten Weibern stellt und zu verstehen gibt, daß nur sexuelle Frustration ihre Revolte erklärt; hätten sie nur vielleicht einen strammen Fallschirmjäger kennengelernt … Ein selbstgefälliges und simples Argument, wenig originell, das einem Mann keine Ehre macht, der sich noch dazu rühmt, seine Philosophieprüfung beim Militär abgelegt zu haben. Fast hätte man es geahnt …

Immerhin kann man eine Genugtuung – eine einzige! – aus diesem offenen Brief, den ich rasch schließen will, ziehen:

Eine bestimmte Art zu diskutieren, ein bestimmter mitleidiger und herablassender Ton, die Verwendung von unsinnigen Argumenten, die allzu lange die absolute Macht zahlloser kleiner Haustyrannen gesichert haben – all das ist überholt. Heutzutage erregt ein solches Geschwätz nicht einmal mehr Empörung; es reizt eher zum Lachen. Man wird etwas anderes finden müssen. Oder aber man gesteht ein für allemal zu, daß die Erklärung der Menschenrechte (»Alle Menschen werden frei und mit gleichen Rechten geboren«) auch für Frauen gilt, trotz der Rechtsverweigerung im *Code civil* des berühmten Frauenfeindes Napoleon, dem all die Feldwebel in Filzpantoffeln, die sich innerhalb ihrer vier Wände für Napoleon halten, zur Seite stehen.
Lartéguy glaubt, ihm sei ein Streich von zwerchfellerschütternder Komik gelungen, obwohl er zugleich einräumt, er »hoffe, manchmal ernst genommen zu werden«. Ich meine, er hat sich auf beiden Ebenen geirrt.
Wie viele »tragische Trennungsszenen« und Geschlechtskrankheiten werden noch nötig sein, damit er aufhört, dem Weibervolk mit so drückenden Beweisen seiner unendlichen Nachsicht auf die Nerven zu fallen? Wir sind nicht so gemein, ihm das eine oder das andere zu wünschen.

Elle
Oktober 1974

Für die ratlosen Frauen über Vierzig

»Ich war am Ertrinken, Sie sind mein Rettungsring ...« »Ich bin eine lebende Tote, ich ertrage mein Leben, aber ich lebe nicht wirklich ...« »Ich fühle mich nutzlos, fast als Parasit unserer Gesellschaft ...« »Seit zwanzig Jahren habe ich in einem Zustand geistiger Stumpfheit gelebt, ich muß einen Weg aus dieser schrecklichen Einsamkeit finden ...« »Sie müssen mir helfen, wieder ein gewisses Selbstwertgefühl zu finden ...« Wer stößt diese Hilferufe aus, die ich zu Hunderten gelesen habe? Welche Menschen sind so ratlos und verloren, daß sie auf diese Weise bitten, man möge ihnen aus dem Sumpf heraushelfen, in dem sie steckengeblieben sind und den sie alle mit denselben Worten beschreiben: Stillstand, Nichtexistenz und vor allem, vor allem Einsamkeit?
Es sind Frauen. Frauen, an die man nicht denkt, oder genauer, an die man nicht mehr denkt. Frauen, die ihrer »erhabenen Bestimmung als Ehegattinnen und Mütter« nachgegangen sind und die jeder bequemerweise für zufrieden und ausgefüllt hält, belohnt von einem Glück, das sich (wie die Scheinheiligen behaupten) automatisch einstellt, wenn man seine Pflicht getan und sich selbst aufgeopfert hat. Man vergißt einfach, daß die große Mehrheit unter ihnen, wenn die Kinder erwachsen und aus dem Haus sind, noch das halbe Leben vor sich hat, und daß man ein Leben nicht mit der Erinnerung an eine erledigte Arbeit ausfüllen kann.

Die einen haben bei der Heirat oder bei der Geburt des ersten oder des zweiten Kindes das Studium aufgegeben, wenn sie den Mut hatten, so lange durchzuhalten. Die anderen haben nicht einmal die Chance gehabt, bis zum Abitur zu kommen; schon in jungen Jahren haben sie angefangen, in der Fabrik oder in einem Büro zu arbeiten. In allen Fällen haben sie ihre eigene Tätigkeit aufgegeben, um sich ihrem Mann, ihrem Haushalt und ihren Kindern zu widmen – zehn, zwanzig oder sogar dreißig Jahre lang. Ihre besten Jahre. Aber die Lebenserwartung für Frauen beträgt heutzutage 73 Jahre. Und Großmutter zu sein ist heute selten eine befriedigende Lösung für die Frauen, die sich innerlich ein wenig leer, aber durchaus noch leistungsfähig fühlen. Die Wohnungen sind zu klein, die Kinder verstreut, die Generationen leben nicht wie früher unter einem Dach. Und in einem Alter, in dem die Väter im vollen Besitz ihrer Möglichkeiten und meist auf dem Höhepunkt ihrer Karriere sind, entdecken die Mütter, daß ihre Karriere mit der Heirat des jüngsten Kindes beendet ist, daß man sie nicht mehr braucht, daß sie sozusagen entlassen sind.

»Ich habe sieben Kinder gehabt, alle vier Jahre eines«, hat eine Frau an Evelyne Sullerot geschrieben. »Das macht 28 Jahre. Ich konnte nie wieder anfangen zu arbeiten; jedesmal, wenn das jüngste Kind in die Schule kam, war ich wieder schwanger. Ist es jetzt nicht schon zu spät?«

»Als meine jüngste Tochter geheiratet hatte«, schreibt eine andere, »war ich plötzlich allein mit einem Mann, der mich nur noch für ein paar Hausarbeiten brauchte, die mein Leben nicht ausfüllten. Weil ich immer ins Haus verbannt war, konnte ich mich nicht gleichzeitig mit ihm weiterentwickeln. Ich begriff, daß ich tot war, und wurde depressiv. Mein Arzt schickt mich zu Ihrem Kurs zur Wiederauffrischung von Fähigkeiten. Es kann so nicht weitergehen. Sie sind meine einzige Hoffnung.«

Wie soll man die große Leere ausfüllen, die so viele Frauen in ihrem Leben empfinden? Der Staat hat sich natürlich zuerst um die jungen Leute gekümmert. Dann um die Arbeiter, die sich fortbilden wollten. Im Juli 1971 hat ein Gesetz die ständige Weiterbildung gesichert. Aber es gilt nur für diejenigen, die nicht aufgehört haben zu arbeiten. Für die Frauen, von denen wir sprechen, ist nichts vorgesehen. Sie sind vergessen worden. Schlimmer; viele Wege sind ihnen sogar versperrt. Für die meisten Auswahlverfahren in der Verwaltung, für Weiterbildungskurse oder Berufsschulen ist es zu spät; man hat Altersgrenzen, zumeist drakonische, festgesetzt. Ganz ohne Sinn, denn Frauen um die Vierzig, die sich nicht mehr mit Familiensorgen herumschlagen müssen (Kinderkrankheiten, Schulferien etc.), wären beständigere und geeignetere Arbeitskräfte. Ist es zum Beispiel bekannt, daß man mit über dreißig keine Ausbildung als Krankenschwester mehr beginnen kann? Daß man nicht mehr zur Prüfung für Kartographen zugelassen wird, ein Beruf, der für vierzig- oder fünfzigjährige Frauen ausgezeichnet geeignet wäre?

Diese Gesetzgebung muß gelockert werden, denn sie ist zutiefst ungerecht und unmoralisch. Die Staatsorgane und die Gesellschaft ermuntern Frauen dazu, Kinder zu bekommen und sich um ihre Erziehung zu kümmern, und anschließend interessiert sich niemand mehr für sie. Selbst wenn eine Frau zehn Kinder großgezogen und sich jahrelang um ihren Haushalt gekümmert hat, gilt das nicht als richtiger Beruf und verschafft weder Anspruch auf Sozialversicherung noch auf Rente, noch auf berufliche Weiterbildung für die Frauen, die das wollen! Diese Frauen, die auf Formularen ausfüllen: »Beruf: keiner« sind in der Tat NICHTS. Wenn sie plötzlich allein sind, verwitwet oder von ihrem Mann verlassen, kann ihre Lage dramatisch sein. Und selbst wenn sie es in materieller Hinsicht nicht ist, kann sie psychisch dramatisch sein. Nichts zu sein, läßt sich schwer Tag für Tag leben. Diese Frauen sind es, die sich als Parasiten betrachten und schreiben: »Mein Mann sagt mir immer, daß er mich wie einen ... dicken Klotz durchs Leben schleift.« Wenn das witzig gemeint sein soll – erheiternd ist es nicht.

Diesen Frauen begegnen wir Tag für Tag, aber selten ist uns ihr Elend bewußt, denn jede von ihnen trägt ihr Problem für sich allein, in der Isolierung der langen Tage zu Hause. Sie glauben, die einzige zu sein, die es so bitter empfindet, und wissen nicht, wer ihnen helfen könnte. Die Gelegenheit, diese Frauen zusammen zu sehen, ist wie eine Entdeckung und ein Schock.

Diesen Schock habe ich gespürt, als ich bei einem Kurs zur Wiederauffrischung von Kenntnissen und zur Neuorientierung anwesend war, den es in Paris auf Initiative von Evelyne Sullerot seit Oktober 1973 gibt. Ich dachte, ich würde dort einige Damen kennenlernen, die materielle Probleme hatten und versuchten, wieder eine Arbeit zu finden. Doch ich habe etwas weit Bewegenderes gesehen: Menschen auf der Suche nach sich selbst. Frauen aus allen Schichten und Altersgruppen waren da, junge ledige Mütter, geschiedene Frauen, Hausfrauen und Mütter von oft vielen Kindern. Junge Frauen von fünfundzwanzig bis dreißig Jahren, die sich nicht überrumpeln lassen wollten, und fünfzigjährige Frauen, die plötzlich Panik ergriffen hatte ... Und alle waren auf der Suche nach sich selbst, denn alle hatten sich verloren. Und als sie die anderen entdeckten und erfuhren, daß sie am selben Unbehagen litten und daß sie alle mit denselben Schwierigkeiten und Frustrationen konfrontiert waren,

gleichgültig, aus welcher sozialen Schicht sie stammten, wurde ihnen wieder bewußt, wer sie waren und was sie noch machen konnten.
Oft war Mut nötig, damit sie kamen. Die Familien sind nicht daran gewöhnt, daß die Mutter sich einen ganzen Monat lang nur um sich selbst kümmert! Manche Ehemänner zeigen sich kooperativ. Andere ziehen diese Bemühung ins Lächerliche oder akzeptieren sie nur unter der Bedingung, daß sich nichts im täglichen Leben und in der Haushaltsführung ändert. Eine der Frauen sagte zu mir: »Ich bin zufällig auf einen Artikel gestoßen, in dem von diesem Kurs die Rede war, und ich habe heimlich die Adresse herausgerissen, als wäre es eine Verfehlung gegen die Familie.«
Etwas hat mich besonders verblüfft: ihre Freude, sich zusammenzufinden; nicht sofort natürlich. Frauen sind es kaum gewöhnt, zusammenzuleben: kein Militärdienst, kein Krieg, keine Abendessen ehemaliger Kriegskameraden, kein Fußball, kaum Frauenclubs in Frankreich, wenige oder gar keine politischen Versammlungen. Sie haben nicht die Zeit und wagen es vor allem nicht, sich die Zeit zu nehmen. Wenn die Familie sich zerstreut, haben sie daher nichts, was sie an ihre Stelle setzen könnten. Ich war bei der ersten Zusammenkunft der vier Gruppen von jeweils etwa zwanzig Frauen dabei. Alle hatten eines gemeinsam: riesige Ängstlichkeit in den Augen, manchmal sogar tiefe Angst; die Angst, nicht mehr auf der Höhe zu sein, nichts zu wissen. Man hätte meinen können, es seien Höhlenbewohnerinnen, die man plötzlich aus ihrem Wohnraum gerissen und einem zu grellen Licht ausgesetzt hatte; oder Gefangene, die plötzlich in die Freiheit entlassen wurden und nichts damit anfangen konnten.
Damit diese Kursteilnehmerinnen aller Altersstufen Vertrau-

en faßten, damit sie wußten, daß ihre Probleme nicht nur wohlwollendes Gehör fanden, sondern innerlich nachempfunden wurden, hatte Evelyne Sullerot darauf geachtet, daß ihre Gesprächsleiterinnen alle mindestens drei Kinder hatten, daß sie alle zehn bis zwanzig Jahre lang nicht gearbeitet hatten und sich wieder ihren Lebensunterhalt verdienen mußten oder einfach wollten. Eine von ihnen hatte sogar mit sechsunddreißig Jahren das Abitur gemacht, als ihre vier Kinder aus dem Gröbsten heraus waren, und anschließend Psychologie und Soziologie studiert. Alle waren auf Gruppentherapie spezialisiert.
Um Fragebögen oder Herzensergüsse zu vermeiden, wurde der erste Kontakt durch einen Bildtest aufgenommen. Aus einem Stapel sehr unterschiedlicher Photographien sollte jede Teilnehmerin zwei Bilder auswählen; wobei das erste darstellen sollte, wie sie sich selbst sah, und das zweite, wie sie nach Abschluß des Kurses gern sein wollte.
Erste Überraschung, wenn auch nicht für die Gruppenpädagoginnen, die daran gewöhnt sind, daß die meisten Frauen dieselben Photos auswählen: Fast alle Frauen sahen sich unter einem statischen Aspekt, ohne Hoffnung, ohne Ausweg. Sie zeigten etwa auf das Photo eines abgestorbenen Baumes: »So sehe ich mich! Ich habe keine Knospen mehr, ich gebe keine Früchte mehr; die Natur um mich herum lebt, ich aber bin vertrocknet.« Oder das Photo von einem Verkehrskreuz oder einem Rangierbahnhof: »Alle anderen fahren auf ihren Schienen davon, sie wissen, wohin es geht, und ich bleibe verlassen zurück.« Oder sie wählten das Bild einer verlassenen Frau, verloren am Fuß eines unmenschlichen Wohnkomplexes. »Ich bin ein Objekt. Man will, daß ich zu etwas nütze bin, aber man kümmert sich nie darum, was ich vielleicht fühle.«

Für die Zukunft wählten fast alle auffliegende Möwen oder eine junge Frau in einem fließenden Kleid, die in der Sonne tanzt, also etwas, das Entkommen und Freiheit symbolisiert. Nach diesem ziemlich erschütternden Ausgangspunkt bleibt noch alles zu tun, wobei es nicht unbedingt das Schwierigste ist, den abgestorbenen Baum wiederzubeleben, sondern vielen Frauen, die nur von ihrer Zukunft geträumt hatten, erst einmal bewußt zu machen, daß die Freiheit nicht nur eine tanzende Frau ist, sondern eine schwierige Entscheidung, die vor allem das Aufgeben einer gewissen Sicherheit bedeutet. Dafür haben sie einen Monat Zeit. Das ist kurz, es kann aber auch immens lange sein. »Es wird ein VOR und ein NACH dem Kurs geben«, schrieb eine von ihnen am Schluß. »Diese Tage zählen zu den wichtigsten in meinem Leben als Frau«, sagte eine andere. Während dieses Monats haben sie vier Stunden am Tag ihre Aufmerksamkeit, ihr Gedächtnis, den Umgang mit Zahlen, ihren Wortschatz, ihre räumliche Orientierung, ihre visuelle Wahrnehmung, die Assoziation von Gedanken trainiert. Sie haben an Rollenspielen teilgenommen, die es ihnen ermöglichten – fast gegen ihren Willen –, ihre wahren Motivationen, ihre Frustrationen, ihre Wünsche zu entdecken. Das ist eine spannende Arbeit, oft sehr schwierig, manchmal beängstigend. Wie Evelyne Sullerot geschrieben hat: »Es ist tragisch für eine Frau, schließlich zu verstehen, daß die einzige Antwort auf die Frage: Wer bin ich? aus ihrem tiefsten Inneren kommen muß.«
Über dieses komplexe und so sehr zu unserer Epoche gehörende Thema hat Yannick Bellon ein Drehbuch geschrieben und einen sehr schönen Film gedreht (Befreiung aus der Ehe), den alle Frauen auf der Suche nach ihrem Lebensinhalt sehen sollten. Wie die Heldin dieses Films hießen auch die Kursteilnehmerinnen zu Beginn Madame Paul X, Ma-

dame Marcel Z. Sie waren nichts anderes als die Mütter von Valérie, François oder Stéphane. Wenn Valérie verheiratet, François Angestellter oder Ingenieur geworden war, blieb von den Frauen nur der Schatten eines Schattens.
Natürlich können Psychologen, so fachkundig sie auch sein mögen, in einem Monat nicht mit Komplexen und Mechanismen der Angst und Selbstentwertung fertigwerden, die sich im Laufe von zwanzig Jahren verwurzelt haben. Natürlich dürfen die Teilnehmerinnen nicht hoffen, automatisch als Chefsekretärinnen, Pharmareferentinnen oder Einkaufsleiterinnen aus dem Kurs zu kommen. Das Schwierigste liegt genau darin, ihnen die Illusionen zu nehmen und sie durch konkrete Aussichten zu ersetzen. Aber zumindest hatten sie Gelegenheit, jenes Minimum an Selbstvertrauen wiederzufinden, ohne das man niemals etwas unternimmt.
Diese »Vorbildung« befaßt sich genau mit den Realitäten. So findet man eine Liste von über 700 Berufen, zusammen mit den Kenntnissen, die sie erfordern, dem Einkommen und der Befriedigung, die sie bringen. Man macht sich mit den Tests vertraut, die man bei den meisten Firmen ablegen muß. Vertreterinnen verschiedener Berufe halten Vorträge und beantworten Fragen.
745 Frauen haben seit seiner Einrichtung von diesem Kurs profitiert. Er steht allen offen, ohne eine erforderliche Mindestschulbildung, und ist nicht teuer. Aus mehreren Ländern, aus Belgien, Deutschland und der Schweiz, waren Beobachter da, die sehen wollten, wie dieses in seiner Art einzige Institut zur »Vorbildung« funktioniert, und die der Ansicht waren, auch bei ihnen würde es einem existentiellen Bedürfnis entgegenkommen. Leider konnte mangels Fördermitteln bisher kein weiteres Zentrum außerhalb von Paris eröffnet werden, trotz der Nachfrage. (Ein paar Jahre später

bekam die Organisation *Retravailler* offizielle Mittel und konnte in ganz Frankreich zahlreiche Zentren eröffnen.)

Man weiß, welche Probleme die Pensionierung mit sechzig oder fünfundsechzig Jahren nach sich zieht; bei manchen ein regelrechtes Trauma, das ihnen sogar die Lust am Leben nimmt. Macht man sich klar, daß eine solche »Pensionierung« manchmal fünfundvierzigjährigen Frauen aufgezwungen wird, die noch im Vollbesitz ihrer Fähigkeiten sind?

Es genügt, am ersten und am letzten Tag des Kurses teilzunehmen, so wie ich es getan habe, um von seiner Nützlichkeit überzeugt zu sein. Und um zu verstehen, daß er bei vielen Frauen ein ebenso echtes und brennendes Bedürfnis erfüllt wie das Bedürfnis zu lieben: das Bedürfnis, anders als nur durch Vollmacht aus zweiter Hand zu leben.

Pénéla
1968-1969, Nr. 23

Die Frau für jeden Geschmack

Seit einigen Wochen wissen wir, wie jedes Jahr zur selben Zeit, auf welche Art wir uns diesmal »schmackhaft« machen müssen! Zeitschriften und Plakate haben uns mitgeteilt, daß die Frau während dieser Saison lange Beine und Schatten unter den Augen trägt, daß sie den Busen unter duftigem Musselin oder halboffenen Westen versteckt, mit Marlene-Dietrich-Stimme spricht und die träge Mattigkeit eines Stummfilm-Vamps an den Tag legt.
Und wie jedes Jahr habe ich knurrend zur Kenntnis genommen, welcher Paßform ich mich 1969 wohl oder übel anpassen werde, welche Modevorschriften ich befolgen werde, die man mir gemacht hat ... ohne mich zu fragen! Wer ist dieses »man«, das ohne Abstimmung und unwiderruflich verfügt, welcher Typ von Frau ich diesen Sommer sein werde? Wie vielen dieser geheimnisvollen Diktatoren müßte ich den Hals umdrehen, damit ich endlich in Ruhe meine alten Pullover tragen könnte? Früher dauerte eine Mode immerhin Jahre, sogar ein halbes Jahrhundert. Heutzutage läßt man uns gerade die Zeit, uns an eine Form zu gewöhnen, uns langsam in unseren Kleidungsstücken, die uns anfangs immer lächerlich und untragbar erschienen waren, wohl zu fühlen, und schon müssen wir sie wieder vertauschen, wenn wir nicht als Mauerblümchen gelten und uns nicht um die gewisse Ration von Männerblicken bringen

wollen, die uns blöderweise das köstliche Gefühl gibt zu existieren.
Es ist eine unbestreitbare Tatsache, daß die Männer nicht so sehr auf die Mode achten … als auf das, was von ihr abweicht; aber man muß ganz genau wissen, wo man von ihr abweicht und bis zu welchem Punkt. Deswegen kann ich zwar jedesmal davon träumen, daß ich mich nach meinem eigenen Geschmack richten und die Modejournale in die Ecke pfeffern werde, aber ich weiß schon, daß ich keine acht Tage durchhalte, ohne Angst zu bekommen, nicht wie die anderen gekleidet zu sein. Welche Frau ist ihrer Schönheit so sicher, daß sie das wagt?
Also knurre ich der Form halber vierzehn Tage lang, um meinen kleinen Spielraum an Unabhängigkeit zu bestätigen, dann passe ich mich an; das heißt, ich bringe meinen Körper in die Paßform. Egal in welche. Denn die Biegsamkeit von uns Frauen ist grenzenlos. Als man Wespentaille zeigen mußte, ließen sie sich von unmenschlichen Korsetts den Atem abschnüren. Als schwächliche, ätherische Wesen das Ideal der Männer waren, fielen sie brav in Ohnmacht. (In wie vielen Hausapotheken findet man heutzutage noch die berühmten »Riechfläschchen«, die früher als so unentbehrlich galten?) Und jetzt werden sie in kürzerer Zeit, als ein Kleiderwechsel dauert, von der Lolita zum Vamp und wechseln von der Mentalität des Rotkäppchens in die des Blauen Engels! Und ob man für die Pfadfinderei oder für Striptease begabt ist, spielt überhaupt keine Rolle. Man braucht nur Gefügigkeit (die haben wir), den Wunsch zu gefallen (haben wir im Überfluß) und den guten Willen, die Ratschläge unserer saisonalen Leitsterne, der Modejournale, wortwörtlich zu befolgen.
Das Wort Leitstern ist nicht zu stark. Denn nicht zufrieden

damit, daß sie uns in Fragen der Mode, der Küche, der Einrichtung anleiten und uns über unsere Pflichten als Mütter aufklären, dringen die Journalisten mittlerweile auch in unsere Schlafzimmer ein, um hinter unsere Geheimnisse zu kommen; beugen sich über Ehe- (und andere) Betten und lüpfen sogar die Decken, um zu sehen, was darunter vor sich geht. Übrigens mit den allerbesten Absichten. Es ist eine sehr verständliche Reaktion nach so vielen Jahrhunderten, in denen man diese ganze Wirklichkeit des Frauenlebens vernachlässigt oder unter einem schamhaften Schleier verborgen hat. Aber nun dürfte die Beschäftigung damit auch nicht ausufern oder einen überallhin verfolgen. Denn noch weniger als jedes andere Gebiet verträgt es die Liebe (und alles, was damit zu tun hat), daß man sie ins grelle Licht zerrt, zerlegt, in ihr herumwühlt, sie erklärt und beurteilt.

Es vergeht keine Woche mehr, in der die »weiblichen Organe« – über die der große Naturforscher Linné vor nicht mehr als zweihundert Jahren im Vorwort seiner Abhandlung über die Natur geschrieben hat, er würde sie »nicht studieren, da sie abscheulich sind« – nicht in Zeitungen und Zeitschriften detailliert beschrieben werden. Man zeigt sie in anatomischen Zeichnungen und Farbphotos, erklärt ihre Funktionsweise in Comic strips und zählt verständnisvoll ihre Krankheiten auf. Man sieht nur noch freßgierige Gebärmütter, Samenfäden, die sich durch zartrosa Gänge eilig auf die Eizelle zubewegen, Köpfe von Neugeborenen, die sich aus dem Gebärmutterkanal ins Leben pressen, und detaillierte Beschreibungen der Gefahren, die dem Frauenkörper auflauern (von denen des Männerkörpers spricht man nie!). Die Aufzählung könnte selbst den verliebtesten Ehemann abstoßen! Wie sollte man sich nicht entsetzt abwenden angesichts von Hängebacken, Doppelkinn, Zellulitis an den Schenkeln,

Bauchfalten, Schwangerschaftsstreifen, Couperose, Krähenfüßen, Hühneraugen und Kamelhöckern, die uns Frauen am Wendepunkt der Vierzig und oft schon viel früher erwarten? Keine Frage, alles ist besser als das schamhafte Schweigen über alles, was den Körper betrifft. Wenn man bedenkt, daß jahrhundertelang, und selbst noch im 20. Jahrhundert, für so viele Frauen der traurige Begriff EHELICHE PFLICHT für die körperliche Liebe stand, kann man sich nur freuen, daß die weibliche Lust endlich rehabilitiert und von Schuldgefühlen befreit wird. Aber wenn man zu weit geht, werden all die nächtlichen Herzensergüsse, all die Scheinwerfer, die man auf diese »Minute der Wahrheit« richtet, all diese Briefkastentantentips, wie man kalten Kaffee wieder heiß bekommt oder eingefrorenen Gerichten wieder Leben einhaucht, all diese Auflistungen der Gefühle, die man erzielt, wenn »Haut gegen Haut reibt«, schließlich das Gegenteil des angestrebten Ziels bewirken: der größtmöglichen Zahl von Männern und Frauen dabei zu helfen, einander das größtmögliche Glück zu schenken. Wenn man Kochrezepte richtig befolgt, kann man zwar mit einem nahezu sicheren Erfolg rechnen, aber bereits Schönheitsrezepte bieten weniger Garantie, da bei Schönheit immer ein Element von Geheimnis mitschwingt. Und schon gar kein Rezept mit sicherem oder auch nur vorhersehbarem Resultat gibt es dafür, wie man Liebe weckt, bewahrt oder neu aufflammen läßt. Denn zum Glück hat die Liebe mit gar nichts Ähnlichkeit: Sie kann ohne jeden Pfeffer brennen oder fade sein, obwohl man sie mit allem Salz der Welt gewürzt hat. Und sie macht sich ein boshaftes Vergnügen daraus, niemals dem Bild zu ähneln, das man sich von ihr gemacht hat.

Man sagt oft, daß Kochen den Appetit verdirbt. Ebenso könnte es passieren, daß diese Überfülle an Artikeln über die Lust, die man berechtigterweise von der körperlichen Vereinigung erwarten könne, eine ähnliche Wirkung hat. Schon die Vorstellung von einem »Recht« ist unzulässig, denn in der Liebe gibt es kein Recht, alles ist Geschenk. Sonst wäre sie Zwangsarbeit!

Wenn man die Lust zu sehr zergliedert, verschreckt man sie. Wenn man sie auf einen zu genauen Termin festlegt, verscheucht man sie.

Das Wichtigste in diesem Bereich, wie in so vielen anderen, ist die Frage, was man in der Kindheit mitbekommt. Man muß es verstehen, seinen Kindern ohne Scham zu sagen, daß diese berühmte Lust zur Liebe einfach dazugehört, daß sie ihr erst ihr wahres Gewicht gibt. Man soll ihnen nicht vermitteln, daß es einen »sauberen« und einen »schmutzigen« Teil gibt, die hehren Gefühle bei Tag und die tierischen Instinkte bei Nacht. Sexuelle Erziehung ist mehr als ein paar Biologiestunden. Wenn sie zugleich in der Schule und im Elternhaus stattfindet, ohne falsche Scham oder Peinlichkeit, so wie in Skandinavien, wird es nicht mehr nötig sein, sich auf so vielen Seiten über Fortpflanzungsorgane und Verführungstechniken auszulassen.

Denn ob die Frauenzeitschriften über Anatomie, Ökonomie oder Mode schreiben, letztendlich bleiben sie immer ihrem innersten Anliegen, ihrer einzigen Sorge, ihrer Obsession Nummer eins treu: es ist der Mann. Dabei sollten sie uns im Gegenteil helfen, nicht länger Sklavinnen des männlichen Blicks zu bleiben; uns helfen, unsere beständige Furcht loszuwerden, daß man uns nicht genügend liebt oder begehrt, oder daß man uns nicht als »richtige Frauen« anerkennt. Kurz, uns selbst mehr zu lieben; vielleicht das sicherste Mittel, um von den anderen geliebt zu werden.

Denn letztendlich, ob wir Tierfelle, Bikinis oder Reifröcke

tragen – ist die erste Überraschung verflogen, kehrt alles in die gewohnte Ordnung zurück; das heißt, nur noch ein Mann und eine Frau stehen einander gegenüber, vielleicht die älteste Situation der Welt … was nicht heißt, daß es die einfachste ist. Und man sollte sich freuen, daß uns auf dieser Welt, deren Zukunft den Robotern und der Informatik gehört, wie es heißt, noch ein Handwerk bleibt: in Heimarbeit unser privates Glück zu basteln.

Pénéla
1968–1969, Nr. 28

Unterhaltung in einem Taxi oder Die Frauen, für die das ganze Jahr November ist

Seien wir ehrlich: November ist ein trostloser Monat. Wohl können wir uns die Pille versüßen wollen, indem wir uns einen neuen Morgenmantel aus Lama- oder Schafwolle kaufen, lustig prasselnde Feuer anzünden oder unsere besten Freunde zu einem wunderbaren Essen einladen – es gelingt uns trotzdem nicht, den Weltschmerz zu vertreiben, der in alle Ecken kriecht. Der Sommerurlaub ist *schon* lange her, bis zum Winterurlaub ist es *noch* lange hin, die Wochenendhäuser auf dem Land verharren einige Monate lang in ihrem undankbarsten Stadium; an Regensonntagen betrachtet man ungläubig die Sommerphotos und fragt sich, wie man je einen Bikini tragen konnte und ob eine solche Zeit je wiederkommen würde. Zu dieser Jahreszeit kann einzig die Glut einer großen Leidenschaft die äußere Feuchtigkeit vergessen lassen; alle (oder fast alle) Frauen fangen plötzlich an zu träumen, sie hätten einen anderen heiraten können und alles wäre dann anders ... (die Männer träumen das ganze Jahr). Sie fühlen sich imstande – und sei es nur für einen Augenblick –, eine Dummheit zu machen, einfach um das farblose Wetter und diesen gerade erst beginnenden Winter zu vergessen.
Aber der November hat glücklicherweise nur dreißig Tage.

Und Dezember ist ein aufrichtiger Monat, der andere Feste verspricht. Doch es gibt Frauen – und nicht gerade wenige, wenn ich der Kummerkastenpost und all den persönlichen Briefen unbekannter Leserinnen glaube –, für die das ganze Jahr über November ist. Verheiratete Frauen und Mütter, die einem ganz ruhig schreiben, ohne ein Drama daraus zu machen: »... Langsam, aber sicher wird meine Person völlig ausgelöscht, und dabei bin ich erst zweiunddreißig ...«, oder: »Ich habe es für ein Glück gehalten, daß ich mit zweiundzwanzig Jahren den jungen Mann geheiratet habe, der meine Liebe auf den ersten Blick war. Er war genauso schüchtern und unerfahren wie ich ... damit will ich Ihnen nur sagen, daß ich enttäuscht worden bin. Ich hatte viel von der ›angenehmen Sache‹, wie Anne Sylvestre singt, erwartet. Ich warte heute noch. Die ersten zehn Jahre habe ich nicht so besonders darunter gelitten, ich dachte, es liege an mir. Aber plötzlich, mit fünfunddreißig, sind mir Zweifel gekommen: Ich habe mir gesagt, daß wir ganz einfach nicht füreinander geschaffen sind. Ich bin nervös und reizbar geworden, habe mich in mich selbst zurückgezogen. Mein Mann hat sich schwergetan, das zu verstehen oder hinzunehmen, weil ich oft ein richtiggehender wandelnder Kühlschrank bin. Aber er hat seine Arbeit, seine Kumpel. Ich bleibe zu Hause mit den Kindern, und wenn mich die Trübsal packt, ist es schrecklich ... Aber sich nach fünfzehn Jahren Ehe scheiden lassen? Was könnte ich mit meiner Freiheit anfangen?«
Wie bringen es all diese Frauen, die der Meinung sind – ganz egal, ob zu Recht oder zu Unrecht –, daß ihr Leben sie nicht ausfüllt, fertig, weiterzuleben, als wäre nichts? Viele verzichten auf ihre Vorstellung vom Glück und schaffen sich einen Lebensinhalt. Manche leisten sich die Illusion eines möglichen anderen Lebens. Man fragt sich manchmal, woher sich

all die jungen oder älteren Frauen rekrutieren, die den zahllosen »Tanztees« oder »Dancings« in Paris oder anderen Großstädten zum Erfolg verhelfen. In der Mehrheit handelt es sich weder um junge Mädchen noch um ... Professionelle, wie man meinen könnte, sondern um genau diese Frauen, die in ihrem täglichen Leben nicht jenen Anteil an Träumerei und Zärtlichkeit finden, auf den die meisten nicht verzichten können. Alle kommen dorthin, um etwas zu vergessen und um etwas zu finden. Aber was genau? Ein unvorhergesehenes Gespräch mit einem Pariser Taxifahrer scheint auf diese Frage eine einfache und unbestreitbar authentische Antwort zu geben:

»Madame, wie gut Sie riechen! Darf ich Sie fragen, welches Parfum Sie verwenden? Ich liebe es, wenn Frauen Parfum nehmen. Ich selbst benütze Eau de Toilette, aber manche Frauen wollen deshalb nicht mit mir tanzen.«

»Weil ... Gehen Sie oft zum Tanzen?«

»O ja! Mindestens ein- oder zweimal in der Woche ... Ich gehe zu allen Bällen und Tanztees.«

»Auf welche zum Beispiel?«

»In den Club an den Champs-Elysées, ins Souterrain des Restaurants *La Coupole*, zum Boulevard des Italiens und so weiter ... Ich sage Ihnen, diese moderne Pop-Hopserei mag ich nicht. Wissen Sie, ich schmuse gerne.«

»Sind Sie verheiratet?«

»Ich bin Junggeselle. Ich bin vierzig und habe immer schon gerne getanzt.«

»Aber wen lernen Sie auf diesen Bällen kennen? Junge Mädchen?«

»Aber nein, ganz und gar nicht. Zwischen fünfundzwanzig und fünfzig. Und sie sind nicht immer unbedingt auf ein Abenteuer aus, das darf man nicht glauben ... Sie tanzen eben auch gerne. Und ihr Mann hat keine Lust mehr. Wenn Sie verheiratet sind, wissen Sie, wie das ist: die Kinder, der Herd … also kommen sie eben, um sich zu entspannen, um ein wenig Unterhaltung zu haben … die sanfte Musik, das gedämpfte Licht, wissen Sie … Und ich bin zärtlich, kein Prahlhans. Ich erzähle ihnen nicht weiß Gott was. Wenn sie mich fragen, was ich mache, sagte ich: Taxifahren. Natürlich komme ich nicht im Pullover, so wie jetzt. Weißes Hemd, Weste … ein Mann ist ein Mann! Aber wenn mein Beruf sie stört, beharre ich nicht weiter.«

»Und haben Sie viele Abenteuer?«

»Wenn es sich ergibt, sage ich natürlich nicht nein. Aber wissen Sie, ich bin vor allem ein Schmuser. Und Sie können sich nicht vorstellen, wie zärtlichkeitsbedürftig die Frauen sind. Es ist witzig, sie sagen alle dasselbe! ›Am Anfang war mein Mann nett zu mir, hat mir Blumen mitgebracht, mich geküßt, sich mit mir unterhalten, mit mir geredet … jetzt denkt er nur noch an seine Arbeit. Und er schläft kaum noch einmal im Monat mit mir.‹ Ich dagegen, Madame, ich höre ihnen zu und schmuse mit ihnen. Ich küsse sie lange; die Frauen lieben das. Immer. Bei mir spüren sie, daß ich sie verstehe, und so schämen sie sich nicht; Sie können sich das gar nicht vorstellen. Was sie ihrem Mann nie zu sagen wagen oder worum sie ihn nie bitten würden, mir sagen sie es.«

»Und welche Art von Frauen lernen Sie so kennen?«

»Welche Art von Frauen? Oh, von jeder Sorte, Sie würden es nie glauben. Manchmal sind sie vulgär und haben billiges Parfum, wissen Sie … Maiglöckchen zum Beispiel. Das ist nicht so angenehm. Und dann wieder andere. Ich habe wirklich schöne Abenteuer erlebt. Und auch positive Überraschungen: ein häßliches Gesicht, und dann findet man einen herrlichen Körper!«

»Aber wie kommt es, daß Sie dabei Junggeselle geblieben sind?«

»Oh, das war nicht immer einfach. Zweifellos liegt es in meiner Natur. Früher habe ich es gesagt. Aber dann sind sie eifersüchtig geworden, haben mich gefragt, was ich mache, wenn ich nicht mit ihnen zusammen bin. Jetzt erzähle ich das gleiche wie sie: daß ich verheiratet bin, daß meine Frau nur an ihr Weiterkommen denkt, daß die Kinder schlecht in der Schule sind, daß es mir an Zärtlichkeit fehlt. So ist jeder zufrieden, und es gibt keine Komplikationen ... Ah! Wie schade, wir sind schon da. Ich hätte Ihnen gerne noch weiter aus meinem Leben erzählt ...«

Sie können sich nicht vorstellen, wie zärtlichkeitsbedürftig die Frauen sind ... Und manche Taxifahrer anscheinend genauso! Und ich glaube, im November trifft das besonders zu.

L'Express
1972

Respekt vor welchem Leben?

Man sollte nie aufhören, über das zu sprechen, was uns empört. Man darf nicht zulassen, daß alles wieder normal wird, das heißt, mit Schweigen bedeckt wird. Denn die große Waffe unserer Führungsspitze, in dieser wie auch in anderen Fragen, ist das Schweigen. Schweigen über die Lex Neuwirth, verabschiedet vor fünf Jahren, während die Anwendungsbestimmungen gerade erst erschienen sind. Schweigen über die Information über alle Empfängnisverhütungsmittel oder die Sexualerziehung, Themen, die tabu bleiben. Ergebnis: 1972 nahmen nur sechs von hundert Französinnen die Pille, während es zum Beispiel in Australien dreiunddreißig von hundert waren, obwohl dieses Land nie als eine Hochburg der Lüsternheit gegolten hat!
Doch gerade im Namen dieser Lüsternheit, die von den »Frauen unter Wirkung der Pille« Besitz ergreifen würde, haben zahlreiche Abgeordnete der Mehrheit auf Antrag von Jean Foyer das Projekt Neuwirth zur Information der Öffentlichkeit über kontrazeptive Methoden wieder einmal an eine Untersuchungskommission verwiesen. Begräbnis erster Klasse. »Man darf keine aphrodisische Gesellschaft begünstigen« – das hat Capelle, PDM, tatsächlich gesagt. »Öffnen wir der Jugend nicht die Pforten zur Zügellosigkeit«, fügte Volumard, UDR, hinzu ... Namen, die man sich unter anderen merken sollte.

Wie konnten sich die wenigen weiblichen Abgeordneten der Nationalversammlung die Reden ihrer Kollegen, denen zufolge allein die Angst, schwanger zu werden, die Frauen davon abhalte, ihre sexuellen Instinkte zu entfesseln, anhören, ohne sich zu empören? Wie konnten sie akzeptieren, daß über vierhundert Abgeordnete ihnen Vorschriften machen und bekräftigen, daß allein Repression, verbunden mit sorgsam aufrechterhaltener Unwissenheit, ihre »Tugend« gewährleiste? Eine Tugend, die Jean Foyer so gerne erhalten will, zumindest bei den Armen! Denn sie kann man leichter an der Nase herumführen, sie sind es gewöhnt hinzunehmen, und sie sind es nicht, die vor der Nationalversammlung, im Fernsehen und in der auflagenstarken Presse Zeugnis ablegen.

Glücklicherweise gibt es manchmal »Pannen«. Eine solche war der Prozeß von Bobigny, den man sich nicht gewünscht hatte, schon gar nicht zur Wahlzeit. Aber man sollte sich darüber nicht täuschen: Die Panne war nicht, daß Marie-Claire C. mit sechzehn Jahren von einem Halunken geschwängert worden war, der sie ohne Zögern bei der Justiz denunzierte, als sie abtreiben wollte. Die Panne ist, daß die französische Öffentlichkeit über eine Situation informiert wurde, die jeder lieber vergessen hätte. Und daß die Richter nach ihrem Herzen und Gewissen entschieden haben, ohne ein »nicht angepaßtes und unwirksames« Gesetz buchstabengetreu anzuwenden. Und schließlich, daß Gisèle Halimi es geschafft hat, aus diesem Prozeß ein Exempel zu machen.

Heute sind die Emotionen wieder am Abflauen. Professor Milliez, der den Mut gehabt hat, sich für eine Abtreibung auszusprechen, ist von seiner Ärztekammer gebührend getadelt worden; Pleven hat die richterliche Gewalt wieder zu ihrer Funktion zurückgeführt, die »darin besteht, das Gesetz anzuwenden«. Der Gesundheitsminister konnte so fortfahren mit seiner Taktik, ein Gesetz zu sabotieren, das man zwar unter dem Druck der öffentlichen Meinung verabschiedet hat, aber nur so schlecht wie möglich umsetzen will. Alles war nur eine Panne.

»Normal« ist dagegen die Geschichte von Claudette Houbart. Alles stimmt überein mit dem Gesetz, mit der Moral und dem Berufsethos, wie es von der Ärztekammer definiert ist, die »nicht die Aufgabe hat, Sozialfälle zu bestimmen«.

Claudette, geboren 1943 in Deutschland, Vater unbekannt, wird zwei Monate später bei ihrer Großmutter Madame Maille in Amiens abgegeben. Die Füße des Kindes sind erfroren. Es ist taubstumm. Seine Mutter sollte nicht wiederkommen. Neunzehn Jahre später erfährt Madame Maille durch den Leiter der psychiatrischen Klinik von Saint-Rémy (Département Haute-Saône), daß ihre Tochter seit dreizehn Jahren für unbestimmte Zeit in die geschlossene Anstalt eingewiesen ist. Man wagt kaum hinzuzufügen, daß sie zwischenzeitlich neun weitere Kinder zur Welt gebracht hat, die alle der öffentlichen Fürsorge übergeben wurden. Madame Maille zieht ihre Enkelin allein groß. Allein, weil – allen betroffenen Franzosen ist es wohlbekannt – Einrichtungen für Behinderte in unserem Land auf dramatische Weise unzureichend sind. »Behalten Sie das Kind bei sich, dort wird es ihm noch am besten gehen«, rät ihr der Arzt.

Ergebnis: Claudette lernt nicht sprechen. Nur ihre Großmutter kann in den wesentlichen Dingen mit ihr kommunizieren. Mit zwanzig Jahren kommt Claudette in eine Bekleidungsfabrik, die Firma Dessain, wo sie einige Jahre lang arbeitet. »Am Anfang ging es gut«, sagt Madame Maille. »Aber der Fortschritt hat sie besiegt. Neue Maschinen, schnellerer Arbeitstakt, die Arbeitsleistung ...«

Die Firma Dessain hatte nicht die Mittel, Claudette weiterzubilden. Das ist normal.

Rezession 1969: Aber Claudette muß wieder eine Stelle finden, weil sie sonst ihre Rente als arbeitende Behinderte nicht bekommt. Kein Unternehmen will sie haben. Verständlich, sie ist ja nie in den Genuß rehabilitierender Maßnahmen gekommen. Die für Behinderte reservierten Stellen im öffentlichen Dienst? Ein frommer Wunsch. »Für diese Menschen ist nichts vorgesehen«, sagt Madame Maille resigniert.

Es gibt zwar in Amiens eine »Beschützende Werkstätte«, aber die ist nur für körperbehinderte junge Männer. Auf Intervention der Sozialarbeiterin, die dieser Fall bewegt, kommt Claudette trotzdem hinein. Doch die junge Frau ist dort nicht glücklich. Bei den Lehrlingen in der Firma Dessain war sie in eine normale Welt integriert; der Anblick der Körperbehinderten ist für sie ein Schock und läßt sie ihr eigenes Gebrechen doppelt spüren. Sie nimmt dreizehn Kilo ab; sie leidet an Knochenschwund. Sie fällt in Ohnmacht, hat Schwindelanfälle. »Sie hören zu sehr auf sie«, sagt Hausarzt Huin. »Sie selbst macht sich krank!«

Im Juli bringt Madame Maille ihre Enkelin zu Dr. Sellier, der Vertretung von Dr. Huin. Seit dem 10. Mai hat Claudette keine Regelblutung mehr gehabt. »Blutarmut«, sagt Dr. Sellier. Im August immer noch nichts. »Warum ich nicht rot?« fragt Claudette ihre Großmutter. »Du vielleicht Baby?« fragt sie zurück, aber Claudette protestiert energisch.

Nach einer oberflächlichen gynäkologischen Untersuchung bestätigt Dr. Masson die Diagnose Blutarmut und verschreibt eine Behandlung. Im September beginnt Claudette häufig zu erbrechen. »Leberbeschwerden«, erklären die Ärzte. Kein Mensch denkt an eine Schwangerschaft, die immerhin schon seit dreieinhalb Monaten besteht. Dabei ist die junge Frau achtundzwanzig Jahre alt und körperlich normal entwickelt, »aber die Leute sehen sie einfach nicht als richtigen Menschen an«, sagt ihre Großmutter. Mitte September geht Madame Maille schließlich zu Professor Loriaux, Chefarzt am Krankenhaus von Amiens, der ihr mitteilt, daß ihre Enkelin schwanger ist. Tests bestätigen die Diagnose, und der Professor gibt zu verstehen, dieses Kind käme bei seiner Vorgeschichte besser nicht zur Welt – Claudettes Mutter in einer geschlossenen Anstalt, ein siebzehnjähriger Cousin aufgrund einer Hirnblutung seit der Geburt in einem Pflegeheim. Madame Maille hofft auf eine Abtreibung aus medizinischer Indikation. Der Leiter der »Beschützenden Werkstatt« [*sic*] wird befragt. Er sagt nichts, obwohl jeder weiß, was in der Werkstatt passiert ist. Claudette hat ihrer Großmutter sogar einen Namen genannt, aber offensichtlich nicht begriffen, was mit ihr geschehen war.

Am 7. Oktober muß sie zu einer Blutprobe ins Krankenhaus. Auf Madame Mailles Fragen erklärt Professor Loriaux, man müsse eine Ärztekommission einberufen, das würde eine Weile dauern. Und so verging in der Tat die Zeit.

Am 13. Oktober kommt Claudette ins Krankenhaus, aber ohne irgendwie behandelt zu werden. In gewisser Weise hält man sie unter Bewahrung … bis es schließlich zu spät ist, um etwas zu unternehmen. Erst nach drei Wochen gelingt es Madame Maille, die junge Frau aus dem Krankenhaus zu holen. Doch das Ziel ist erreicht: Es ist zu spät. Die achtzehnte Woche ist vorbei, und nach diesem Termin verweigern selbst englische Ärzte einen Eingriff. Auch in der Schweiz kann die Ärztekammer nichts mehr machen, obwohl das Kind wahrscheinlich anomal sein wird. »Alle französischen Patientinnen kommen zu spät«, sagt ein Verantwortlicher. »Die Ärzte lassen sie warten und verschreiben ihnen Spritzen, die noch nie zu einem Abgang geführt haben.«

In ein paar Wochen wird Claudette ihr Kind gebären. Was für ein Kind? Auf jeden Fall ist sie weder materiell noch geistig in der Lage, es großzuziehen. Die Großmutter ist bald siebzig, sie hat vier Kinder und ihre Enkelin aufgezogen, die nie ganz erwachsen sein wird. Man kann von ihr nicht verlangen, daß sie sich auch noch um dieses neue Leben kümmert. Was nun? Kinder für die Fürsorge produzieren? »Für diese Menschen ist nichts vorgesehen«, sagte Madame Maille. Aber der Staat verlangt, daß sie geboren werden.

Man fragt sich, wer bei dieser Geschichte am unverantwortlichsten handelt. Claudette, taubstumm, die man ein Kind bekommen läßt, obwohl sie dazu verurteilt ist, ihr ganzes Leben lang selbst ein Kind zu bleiben? Die beschützende Werkstätte für junge Männer, die gezwungen ist, eine junge Frau aufzunehmen, weil in der ganzen Gegend sonst keine Stelle für sie da ist? Der Arzt, der nicht einschreitet, was beim augenblicklichen Stand der Gesetzgebung normal ist, der es aber so einrichtet, daß auch niemand sonst einschreiten kann? Die Regierung, die es zuläßt, daß ein Gesetz seit Jahren sechshunderttausendmal pro Jahr verletzt wird, ohne den politischen Mut zu finden, es zu ändern?

Foyer hat es wirklich gewagt, im Hinblick auf Empfängnisverhütung von Demographie zu sprechen. Ein Argument, das genauso schändlich ist wie die Gleichsetzung von Sexualerziehung mit Anstiftung zur Unzucht … und das übrigens von denselben Männern vorgebracht wird. Traum der Technokraten, Michel Debrés und gewiß vieler Industrieller, die ihre Produktion in Planzahlen festhalten wollen, so daß aus Frankreich eine Modellfarm wird, deren jährliche ideale

Wurfzahl von einem Generalsteuerpächter willkürlich festgelegt wird.

All diese Argumente verschleiern in Wirklichkeit nur eine große Angst: die Angst vor der Frauenbefreiung. General de Gaulle, für den die Probleme des Volkes weit mehr zählten als die der Individuen, hat zu diesem Thema einen bezeichnenden Satz geprägt: »Die Pille ist wie das Auto, beides dient dem Vergnügen.« Ähnlich denken heute noch viele Franzosen. Auch hierin ist Claudette Houbarts Geschichte exemplarisch: »Wenn sie sich anschließend ›amüsieren‹ will, geben wir ihr die Pille«, hat ein Frauenarzt zu Madame Maille gesagt. Wieder einmal wird es zu spät sein.

Wann wird man endlich anerkennen, daß der Respekt vor dem Leben beim Respekt vor denen beginnt, die es schenken? Eine einzige Tatsache sollte genügen, um für eine Liberalisierung der Abtreibung zu plädieren: In Schweden findet man praktisch keine Adoptivkinder mehr, aus dem ganz einfachen Grund, weil es keine Kinder mehr gibt, die im Stich gelassen werden. Welche schönere Art und Weise könnte es geben, das Leben und die Zukunft eines Kindes zu respektieren?

Le Point
Januar 1974

Neue Französinnen und alte Frauenfeinde

Wird das eines Tages anders sein?
Wird es eines Tages soweit sein, daß eine Frau, und wenn sie Großmutter ist, mit dem Mann ihrer Wahl, und sei er auch jung, ins Bett gehen kann, ohne daß ihre Persönlichkeit in Frage gestellt wird, ohne daß ihr sozialer und moralischer Status zusammenstürzt, ohne daß man sie als »Bohemienne, Clown oder Verrückte« behandelt?
Diese abwegigen Bezeichnungen – es ist schwer einzusehen, wie allein die Tatsache, sich einen Liebhaber zu nehmen, eine Bürgersfrau in eine Bohemienne verwandeln soll – konnte man kürzlich aus der Feder Jean Dutourds lesen, der uns im Rahmen einer modernen *Menschlichen Komödie* seine persönliche Version eines neuen Frauentyps skizziert hat: »Die supermoderne Oma«. Es sei bemerkt, daß Opa es schon lange fertiggebracht hat, supermodern zu sein! Viele Großväter, ja sogar Urgroßväter haben als Frau oder Geliebte junge und hübsche Frauen, ohne daß es irgend jemandem einfällt, sie als Clown zu bezeichnen. Denn das Alter hat mit der Sache nichts zu tun. Das Geschlecht und nur das Geschlecht zählt. Man kann siebzig Jahre alt sein und unter dem verständnisinnigen Blick der Gesellschaft dennoch ein Mann in jeder Hinsicht. Aber eine Frau, die dieser Bezeichnung würdig ist und die die Fünfzig überschritten hat, muß »sich abschirren«, eine elegante Art zu sagen, daß sie auf Din-

ge verzichten muß, die ihr eventuell noch Spaß machen. Warum? Um wem eine Freude zu machen? Um welcher Moral zu genügen? Ganz einfach, um im etablierten System der Bourgeoisie des 19. Jahrhunderts zu verharren, die für die Frauen Jungfräulichkeit vor der Ehe und, wenn sie ihrem Mann nicht mehr gefiel, Keuschheit predigte, und zwischen beiden sollte sie nichts kennengelernt haben außer der ehelichen Pflicht.

Heutzutage sind viele Frauen aus dieser tristen Aufteilung des Vergnügens ausgebrochen. Nicht aber die Frau, die Jean Dutourd beschreibt. Seine arme Claudine, die er uns als »neue Französin« unterjubeln will, trifft sich an den Nachmittagen, an denen sie sich nicht »bei ihrem Liebhaber auszieht« (der Autor achtet sorgfältig darauf, die Sache ins Vulgäre zu ziehen), »mit ihren Freundinnen zum Tee, die ebenso Großmütter und ebenso blond sind wie sie, und diese Damen unterhalten sich endlos über Babys«. Jede Woche »langweilt sie ihren Friseur mit Lobliedern auf ihre Enkelkinder«. Es ist allerdings Tradition, daß Frauen nur über Entbindungen und Babys reden können, weshalb die Männer sich mit ihnen langweilen. Und schließlich, wenn Claudine einwilligt, eine alte Dame zu sein, »flüchtet sie sich in Bridge und Frömmigkeit«.

Welch unerhörte Modernität! Diese flatterhafte Großmutter, reich und müßig, scheint direkt einem Roman von Marcel Prévost entstiegen.

Dutourd, der sich weigert, die wahren neuen Großmütter zu sehen, glaubt hartnäckig, daß sich nichts geändert habe außer einigen Jahren Aufschub, die wir der Schönheitschirurgie und einer frühzeitig einsetzenden Altersheilkunde verdanken, und daß eine Frau immer eine Frau bleibt, wie man so sagt, wenn man nichts zu sagen hat. Der Beweis? Seine supermoderne Oma kann sich noch so bemüht als Modepuppe verkleiden, letztendlich ist sie doch nichts anderes »als eine biedere Person und ausgezeichnete Großmutter«. Im übrigen sind ihre Eskapaden nichts Ernstes (bei den Frauen ist nie etwas ernst), und zwischen einer Dame von fünfundfünfzig Jahren und einem Liebhaber von zweiunddreißig Jahren kann es wohl nicht um Liebe gehen, da die Dame das Bedürfnis hat, Eric »in möblierten Häusern mit zufällig bekannten Modegecken« zu betrügen. Über fünfzig hat man keine großen Gefühle mehr.

Dieses Bild ist sehr beruhigend für einen bestimmten Typ von Mann. Ach, die Frauen! Komische kleine Biester sind das ... Aber man verzeiht ihnen, denn so liebt man sie. SIE lieben die Frauen so, die Frauenfeinde! Und sie lieben sie nicht nur, sie vergöttern sie! Natürlich unter der Bedingung, daß sie richtige Frauen sind und auf ihrem Platz bleiben – der der beste aller Plätze ist.

Und wenn »Mutter« diesen ausgezeichneten Platz nicht will, wenn sie darauf beharrt, »die Leichtfertige zu spielen«, dann kommt sie eben nach Charenton ins Irrenhaus, wie Claudines Schwiegersöhne und ihre Schwiegertochter sagen, auch sie moderne junge Menschen, die vom Mai 1968 bestimmt nichts mitbekommen haben. Denn hier findet man alles, wie Jean Ferrat es in einem seiner Chansons so schön beschreibt: »Eine ehrbare Frau hat keine Lust.« Und wenn sie mit über fünfzig noch Lust haben will, ist es ein Skandal.

All das wäre kaum von Bedeutung, wenn es nicht dazu beitragen würde, uns einzuwickeln, uns in einen Kokon zu packen, uns einzulullen, uns zu bremsen und uns eben daran zu hindern, neue Französinnen zu werden. Dieses Porträt der reifen Frau von morgen, eine jämmerliche Gans, die sich nur für ihre Falten und für junge Modegecken interessiert,

ist mit jener väterlichen Boshaftigkeit, in jenem herablassenden und biederen Ton gezeichnet, der die Frauen lange Zeit überzeugt hat, man spreche zu ihrem Besten. Wir kennen alle solche Claudines, so wie man blasierte Schriftsteller, dämliche Generaldirektoren oder unredliche Beamte kennt. Die Furcht, ihr zu ähneln, wenn man blond ist und jenseits des von Jean Dutourd festgesetzten Alters einen Liebhaber hat, wäre eine Folge des Masochismus und der Minderwertigkeitskomplexe, die uns so geschadet haben.
Gehen wir nicht in die Falle: Diese Claudine ist nichts anderes als der Selbstbedienungsladen der Frauenfeinde.

Le Nouvel Observateur
Juli 1975

Offener Brief an die Frauenministerin

Wir haben Fortschritte gemacht, liebe Françoise Giroud, man hat Sie nicht als Unterstaatssekretärin für die Strickkunst berufen! Noch vor ein paar Jahrzehnten hat General de Gaulle einem Abgeordneten, der die Einrichtung eines Frauenministeriums vorschlug, tatsächlich geantwortet: »Warum nicht ein Staatssekretariat für das Stricken?« Mit dieser hochmütigen knappen Formulierung brachte er perfekt zum Ausdruck, worauf sich für ihn die Probleme der Frauen reduzierten. Für ihn, aber auch für die meisten Männer, die laut sagen oder in ihrem Innersten genauso denken wie John Wayne: »Ich? Aber ich bin ganz und gar für die Frauenemanzipation. Unter der Bedingung, daß abends das Essen auf dem Tisch steht, können sie alles machen, was sie wollen!« Das ganze Problem der Frauen liegt in dieser Konjunktion: UNTER DER BEDINGUNG, DASS ... Sicher, ihr Handlungsspielraum ist weniger begrenzt als früher. Aber das Schlimme ist nicht, daß dieses oder jenes Recht ihnen immer noch verweigert wird; daß ihnen etwa die Pforten der Académie française verschlossen bleiben. Dieses Detail reizt eher zum Lachen und stellt unsere Akademiemitglieder in eine Reihe mit den Bischöfen des Konzils von Nizäa, die es »menstruierenden Frauen« verboten, eine Kirche zu betreten, damit sie den heiligen Ort nicht beschmutzten. Das Schlimme ist, daß diese Grenzen ihres Spielraums nicht von den natürlichen Fähigkeiten einer jeden Frau bestimmt werden, sondern immer noch vom anderen Geschlecht, und sich an einem Schema von der »richtigen Frau« orientieren, das die Männer selbst erfunden haben und über das sie eifersüchtig wachen. Die Liste der Eigenschaften und Aktivitäten, die unserem Geschlecht geziemen, ist uns stets vom anderen Geschlecht gnädig überreicht worden; im Namen einer Natur, die ebenfalls definiert wurde, ohne uns zu fragen.

Daß man es (und zu Recht) für nötig gehalten hat, 1974 ein Ministerium für Lebens- und Arbeitsbedingungen von Frauen einzurichten, beweist deutlich, daß wir es im Laufe der 1974 Jahre unserer Zeitrechnung nicht geschafft haben, uns auf das Niveau der *Conditio humana* zu erheben. Eine »Lage des Mannes« existiert in der Tat nicht; es gibt die menschliche und dann die weibliche. Ebenso gibt es keine Männerliteratur, sondern einfach Literatur, und dann am Rande die Frauenliteratur; eine Art Handarbeit, die sich zur wahren Literatur verhält wie Militärgeschmetter zur Musik.

Unzählige Jahre über dienten Schweigen und Selbstverleugnung als Lösung für alle weiblichen Probleme. Aber seit ein oder zwei Jahrhunderten hat eine gewisse Zahl von Aufrührerinnen, unterstützt von einigen männlichen Utopisten, begonnen, Rechte zu fordern, die uns heute als elementar erscheinen, wie etwa das Recht auf Bildung, das Recht, über den eigenen Besitz zu verfügen oder das Wahlrecht. Oft hört man, daß diese Kämpfe keine Existenzberechtigung mehr haben und daß man heute keine Feministinnen mehr braucht, weil die Frauen die Gleichberechtigung erlangt hätten. Immer die alte Leier! Man darf nicht darauf hereinfallen. Bereits 1900 hat man sie uns vorgebetet: »Die Frauen haben eine genügend hohe Stufe erreicht. Noch eine Stufe weiter, und sie würden ins Lächerliche gleiten. Stellt man sich viel-

leicht eine Richterin vor? Oder eine Senatorin? Zum Glück für sie, für ihre Würde, für ihren erhabenen Nimbus als Familienmutter und Erzieherin, nimmt der Mann es auf sich, sie an der Schwelle zum Grotesken aufzuhalten.« (Jean Alesson)
Seit einem Jahrhundert muß man anerkennen, daß der Mann es äußerst fürsorglich auf sich genommen hat, unsere Versuche zu ersticken. Wir konnten uns bilden, unter der Bedingung, daß wir keine Blaustrümpfe würden. Wir konnten arbeiten, unter der Bedingung, daß wir untergeordnete Tätigkeiten und niedrigere Löhne akzeptierten. Und unter der Bedingung, daß wir nicht unsere heiligen Pflichten als Mutter und Hausfrau vernachlässigen und abends aufholen, was wir tagsüber nicht geschafft haben. Wir konnten Lust an der Liebe entwickeln, aber so wenig wie möglich (unseres Nimbus wegen) und unter der Bedingung, daß wir jedesmal riskierten, ein Kind zu bekommen und sie mit den gottgewollten Schmerzen bei der Geburt, die von der Ärztekammer so brav perpetuiert wurden, bezahlten.
Und schließlich konnten wir nach der Freudschen Glaubenslehre, die über mehrere Generationen hinweg im Schwange war, auch einen Orgasmus haben, unter der Bedingung, daß wir uns den Normen anpaßten, die den Frauen »die Lust, unten zu liegen« und die höchste Erfüllung um den Preis totaler Unterwerfung unter ihr passives Los zuwiesen.
Und wir sollen das Recht haben, als »richtige Frauen« anerkannt zu werden, unter der Bedingung, daß wir jung und schön bleiben und nicht in die verwerfliche Kategorie der Häßlichen und Alten fallen, die in IHREN Augen nicht einmal mehr ein Geschlecht haben.
Die Lage der Frau ... der Ausdruck ist bezeichnend, suggeriert er doch die Passivität, mit der wir immer noch Bedingungen ausgesetzt sind, die man dem Leben der Frauen auf-

erlegt. Sicher, in Ihrem Ministerium, das für Sie wie für uns das erste dieser Art sein wird, werden Sie punktuelle und vielleicht spektakuläre Erfolge erzielen. Und diese werden wichtig für unser tägliches Leben sein, über das Sie in einem Artikel vom September 1970 sehr zutreffend geäußert haben, daß »die Männer davon nicht die geringste Vorstellung haben, nicht einmal, wenn es um ihre eigene Frau geht«.
Aber heute ist es nicht mehr nur eine Maßnahme, ein Gesetz oder die Abschaffung eines Gesetzes, die die Lage der Frauen umwälzen. Wirklich prägen würde es Ihre Amtszeit, wenn es Ihnen gelänge, nicht nur Gesetze in Angriff zu nehmen, sondern die Lebensgewohnheiten selbst zur Debatte zu stellen; und nicht nur die Lebensgewohnheiten, sondern die geheimsten und eingewurzeltsten Strukturen der Geschöpfe beiden Geschlechtes. Bei diesem schwierigen Umschwung warten wir auf Sie. Sie sind die Erste auf diesem seltsamen, unklaren und vielgestaltigen Posten. Sie profitieren von der Verblüffung der einen und der Hoffnung der anderen. Sie können überraschen, Ihrem Handeln einen Ton und einen Stil geben, die beinahe ebenso wichtig sind wie Ihr Handeln selbst. Denn abgesehen von der Abtreibung sind die wesentlichen Entscheidungen bereits getroffen, zumindest theoretisch. Es geht nicht mehr nur darum, seine Geburten zu planen und endlich den Eindruck zu haben, daß man sein Leben als Frau selbst in die Hand nimmt und nicht nur erträgt. Es geht nicht mehr nur darum, ohne böse Folgen abtreiben zu können und den Frauen die freie Verfügung über ihren Körper zuzugestehen, obwohl das noch ein Ziel ist, das erreicht werden muß, und sogar eines der Kriterien für Ihren Erfolg. All das wird erreicht werden, und zwar schneller, als man denkt. Man erinnere sich, es ist noch kein Jahrhundert her, daß die schmerzfreie Geburt, heute etwas

ganz Legitimes, in den Augen der Kirche suspekt und verwerflich und nach Meinung der Ärzte wenig wünschenswert schien; und daß die Teilnarkose, die Königin Viktoria sich bei der Geburt ihrer vielen Kinder geben ließ, in konformistischen Kreisen auf Empörung stieß. Man kann daran ermessen, welch unumkehrbarer Weg zurückgelegt worden ist, und folgern, daß vieles, was unsere Heuchler (darunter leider viele Abgeordnete) heute noch entrüstet, morgen als elementare Grundlage jeder Freiheit gelten wird.

Doch über die Gesetze hinaus geht es darum, das Klima zu verändern. In der Vergangenheit gab es einen Fixpunkt, der jede Möglichkeit zu wirklicher Freiheit blockierte: die Unterwerfung der Frau unter ihre biologische Funktion. In einer Zeit, als man sechs Kinder zur Welt bringen mußte, um vielleicht zwei durchzubringen, konnte sie sich diesem Los nicht entziehen. Heute sind die Prognosen anders. Wenn man dieser Funktion keine Kontrolle auferlegt, kann sie sogar zu einer Gefahr werden. Auf jeden Fall ist die Empfängnisverhütung, die in den kommenden Jahren beträchtliche medizinische Fortschritte machen wird, eine Revolution, die alle Grundlagen der weiblichen Mentalität und das gesamte Kräfteverhältnis zwischen ... Samenfaden und Eizelle umwälzen wird. Sie treten nun in diesem entscheidenden Augenblick an. Sie müssen mit allen Mitteln in diesen Prozeß eingreifen, mit Informationszentren, Familienplanung, Eheberatungen, der Presse und anderen Veröffentlichungen und vor allem dem Fernsehen, diesem Instrument zur Popularisierung von Kenntnissen; und auch mit der Sprache, der Art, wie man Dinge benennt, Probleme anspricht und die Frauen beachtet. Während das Alter der Volljährigkeit auf achtzehn Jahre herabgesetzt worden ist, können wir nicht die letzten Minderjährigen der Erwachsenenwelt bleiben.

Werden Sie es erreichen, daß ein Journalist, der im Radio von der Pressekonferenz François Mitterrands für Frauen berichtet, nicht mehr sagt: »Er hat vor einem Publikum von Rosen gesprochen, die nicht mehr ganz taufrisch waren ...«? (Ein Ausdruck, den Sie selbst unter vielen anderen bereits angeprangert haben.) Und er, der Journalist? Kann man sich eine Frau vorstellen, die sich im Radio über sein Gebiß oder seine Kahlköpfigkeit lustig macht? Wie unpassend ein solches Verhalten wäre, zeigt deutlich, wie demütig Frauen die Erniedrigungen durch die Männer immer noch hinnehmen.
Werden Sie es erreichen, daß man uns endlich nicht mehr als Rosen, sondern ganz einfach als vollwertige Menschen betrachtet, die ebenso wie die Männer das Recht auf eine gewisse Häßlichkeit und ein gewisses Alter haben, ohne daß man sie deshalb an den Pranger stellt oder auf den Schrott wirft wie einen abgenutzten Gegenstand?
Ich weiß, daß Freud unser Schicksal als Objekte skizziert hat und daß es schwierig ist, sich von diesem Erbe freizumachen. Die Natur habe die Frauen durch Schönheit, Liebreiz und Güte zu etwas anderem bestimmt, sagte er, »... die Stellung der Frau wird keine andere sein können, als sie ist, in jungen Jahren ein angebetetes Liebchen, und in reiferen ein geliebtes Weib.«
Und was bleibt, wenn man weder Ehefrau noch Mutter ist? Nichts, wenn man Freud Glauben schenkt. Die Männer haben ihre eigene Partei ergriffen. An Ihnen ist es, unsere Partei zu ergreifen.
Werden Sie es erreichen, daß die Frauenpresse uns hilft, das Joch von Schönheit, Oberflächlichkeit und Verantwortungslosigkeit abzuschütteln, das man so gern das Ewig-weibliche nennt? Daß diese Presse für uns ein Bild konzipiert, das »die Würde in andere Dinge legt als in die Tugenden des Veil-

chens, das bescheiden in der Hitze des Herdes vor sich hinwelkt«, wie Sie einmal geschrieben haben; daß sie uns ermutigt, endlich einmal anders zu leben als durch andere? Werden Sie uns genügend Selbstvertrauen geben, nicht länger die Erpressung durch Liebe zu fürchten, die so lange Zeit jede Frauensolidarität gelähmt hat?
Welche von uns hat nicht an dem einen oder anderen Abend einen dieser Schönredner und großen Frauenliebhaber – die ausgemachtesten Frauenfeinde – zitieren gehört, was Charles Nodier seinen Leserinnen vor hundertfünfzig Jahren in echt männlicher Treuherzigkeit gesagt hat: »Wie, meine Damen! Für welche erbärmlichen gesellschaftlichen Rechte, die Ihnen die universelle Regel verweigert hat, wollen Sie sich der Gefahr aussetzen, unseren Schutz und unsere Liebe zu verlieren?«
Man könnte meinen, Dutourd oder Lartéguy zu hören!
Werden Sie uns endlich, wenn schon nicht von dieser Art Sprache, so doch zumindest von der Angst vor dieser Sprache befreien, und damit zugleich vom Mythos der »wahren Frau«? Es gibt keine falsche Frau, sondern einfach nur Frauen, ebenso unterschiedlich und ungleich, wie es auch die Männer sind. In Ihrem Leitartikel, in dem Sie unter dem Titel »Ein so hübsches Programm« Ihre Vorhaben schildern, haben Sie den Wunsch geäußert, Heftigkeit und Pedanterie durch ein wenig Humor und Fröhlichkeit zu ersetzen. Wenn man weiß, daß seit 1758, als die erste Frauenzeitschrift gegründet wurde, keine einzige humoristische Frauenzeitung herausgekommen ist, kann man Ihnen nur beistimmen, daß die so unheilbar ernsten Frauen daraus einen unerwarteten Gewinn ziehen könnten.
Sicher, Sie werden einige schändliche Gesetze attackieren und sich, wie Sie schon vor vier Jahren geschrieben haben,

»mit der Stadtorganisation, den Arbeitszeiten, der Rente mit fünfundfünfzig Jahren für die einen oder dem Eintritt oder der Rückkehr ins Berufsleben mit vierzig Jahren für die anderen, der weiblichen Berufsbildung, der Änderung des Steuerrechts für weibliche Familienvorstände etc.« beschäftigen, »ein Kampf, der allein schon ein Leben ausfüllen würde ...«

Aber die Frauenfeindlichkeit? Sie läßt das fortbestehen, was man die Lage der Frau nennt. Früher war sie Teil einer allgemeineren Haltung und erfüllte das Bedürfnis, die gewinnbringende Unterdrückung der Gruppen zu rechtfertigen, die durch ihr Geschlecht, ihre Gesellschaftsklasse oder ihre Hautfarbe benachteiligt waren. Aber die Schwarzen haben ihre Unabhängigkeit erreicht, und die Proletarier haben sich vereinigt. Allein die Frauen bleiben gefügig und uneins, behindert durch das ganz spezielle und oft köstliche Band, das sie mit ihren »Unterdrückern« vereint.

Auch die Männer bleiben Gefangene des Frauenbildes, das sie selbst entworfen haben. Als Valéry Giscard d'Estaing drei Frauen in die Regierung berief, waren wir enttäuscht, aber nicht erstaunt zu hören, daß eine sich mit den Kindergärten, die andere mit den Gefängnissen befassen würde, und daß man Madame Simone Veil, die für andere Funktionen prädestiniert schien, mit dem Gesundheitswesen betraute. Der neue Präsident wird es wieder einmal nicht gewagt haben, die Frauen aus ihren traditionellen Aufgabenbereichen zu holen.

Auch Sie, Frau Ministerin, haben einen höchst weiblichen Posten inne. Ich wünsche uns, daß Sie Erfolg haben werden. Und wäre der schönste Beweis für ihren Erfolg paradoxerweise nicht, wenn nach Ihrer Amtszeit kein Staatssekretariat zur Lage der Frau mehr nötig wäre?

Le Quotidien du médecin
1976

Die Probleme der Empfängnisverhütung über Vierzig

Es ist heikel, wenn jemand, der kein Spezialist ist, in einer solchen Zeitschrift ein medizinisches Thema aufgreift. Aber wenn es ein Gebiet oder eher ein Problem gibt, das weit über die medizinischen Gegebenheiten hinausgeht und den intimsten und am tiefsten verwurzelten Teil jeder Frau und auch jedes Mannes betrifft, so ist es dieses. Ich spreche darüber also … als potentielle Patientin, als Frau und stärker noch als Feministin. Denn man kann nicht über Empfängnisverhütung, Sterilität, Geburt oder Wechseljahre sprechen, ohne sich an das erdrückende Gewicht zu erinnern, das ein altüberkommenes Tabu um alles, was den weiblichen Körper angeht, auf unserem Denken und unserem Verhalten lasten läßt – auf dem der Ärzte ebenso wie auf dem ihrer Patientinnen. Fast in allen Kulturen findet man dieses Phänomen, daß die weiblichen Organe sozusagen »auf den Index« gesetzt werden, ein beunruhigendes Zeichen für die »Gynophobie«, wie es der Psychiater William Lederer in einem kürzlich erschienenen Buch nennt.
Für die klassische arabische Medizin hatte das weibliche Geschlecht ganz einfach keine »beschreibbare Form«. Die berühmten europäischen Medizinschulen des Mittelalters, in Padua oder in Montpellier, erwähnten die Geburtshilfe nicht einmal, dieses »Gebiet, das die guten Sitten, die Religion und

die menschliche Achtung verbieten«. Und noch vor zweihundert Jahren konnte ein Naturforscher wie Linné zu Beginn seiner Naturgeschichte schreiben: »Ich mache mich nicht an das Unterfangen, die weiblichen Organe zu beschreiben, denn sie sind abscheulich.«

Man könnte Tausende von Beispielen dieser systematischen Ausgrenzung aufzählen, und es ist beeindruckend, was die Männer alles erfunden haben, um ihre – entweder direkte oder symbolische – Ablehnung der weiblichen Natur zum Ausdruck zu bringen. Sprechen wir gar nicht von der Klitorisbeschneidung, eine direkte Beeinträchtigung der Weiblichkeit, die heute noch Millionen von Mädchen verstümmelt und von einem Schweigen gedeckt wird, das man als stillschweigendes Einverständnis bezeichnen kann. Unsere jüdisch-christliche Kultur ist auf anderen Wegen ebenso weit gegangen, indem sie vor allem im Mittelalter den Mythos der Unbefleckten Empfängnis durchsetzte, der jede Frau, die einen normalen Gebrauch von ihrem Körper macht, *ipso facto* als unrein erklärt. Auf der männlichen Sexualität liegt keinerlei Bannfluch. Aber da allein die Jungfrau Maria »ohne Sünde empfangen« hat, bedeutet ein Kind zu bekommen für alle anderen Frauen eine Schuld, die gebüßt werden muß. Man stelle sich vor, was erst der Beischlaf *ohne* Empfängnis (das heißt *mit* Empfängnisverhütung) bedeutet: eine doppelte Sünde!

Dieselbe strafende Haltung gilt für die Geburt: »Die Schmerzen bei der Geburt sind gottgewollt, und der Tod im Kindbett ist der Tribut, den Gott von den Frauen für die Freuden der Mutterschaft verlangt.« Unter solchen Umständen wurde es sinnlos und sogar schädlich, die erbärmlichen Bedingungen zu verbessern, unter denen die Frauen so viele Jahrhunderte lang ihre Kinder zur Welt brachten, um den Preis einer dra-

matischen Sterblichkeitsrate. Und wenn sich die Kirche erst vor kurzem noch so gesträubt hat, die von Fernand Lamaze entwickelte psychoprophylaktische Geburt anzuerkennen, so deshalb, weil sie den Fehler hat, sich »schmerzfreie Geburt« zu nennen, und der Klerus immer noch nicht bereit war, Geburt von Strafe zu trennen und die Frauen nicht für ihre Sexualität zu züchtigen.
Dieselbe Einstellung findet man auch zur Regelblutung, die als verwerflicher Zustand gilt, in dem man die Frauen wie Pestkranke behandeln muß. Für Mohammed war »die Menstruation ein Übel. Haltet euch fern von den Frauen, bis sie wieder rein sind.« Im alttestamentlichen Buch Mose heißt es: »Die Frau, deren Blut fließt, bleibt sieben Tage lang unrein, und jeder, der sie berührt, ist ebenfalls unrein bis zum Abend.« Mehrere Jahrhunderte lang durften Frauen während der Menstruation oder kurz nach der Geburt keine christliche Kirche betreten.
Allein durch die einfache Tatsache, daß sie existiert und funktioniert, machte die Frau sich also schuldig. Ab der Pubertät war sie, wie Alfred de Vigny gesagt hat, »das kranke und zwölfmal unreine Kind«. Diese Vorstellung von Unreinheit war fest in den Köpfen verwurzelt. Und man kann sich mühelos vorstellen, bis zu welchem Maße diese Verbote, diese Urteile und diese Moral die Frauen jahrhundertelang mit Schuldgefühlen erfüllt und traumatisiert haben. Selbst die Unwissendsten haben sie erlebt und erleben sie heute noch in ihrem Unterbewußtsein.
Daraus folgt, daß »Frauenkrankheiten« keine Krankheiten wie andere sind. Sie sind weniger sauber, man kann sie weniger leicht eingestehen. Sie sind eher unvermeidbare Verhängnisse, die zur Natur der Frauen selbst gehören. Das geht so weit, daß ihre Bezeichnungen ebenso wie die Bezeich-

nungen der weiblichen Geschlechtsorgane tabuisiert wurden. Nur ein Beispiel: Bis vor wenigen Jahrzehnten existierte in den anatomischen Illustrationen des Grand Larousse keine Klitoris! Es war üblich, daß die Frauen untereinander durch die Blume über diese mysteriösen Beschwerden flüsterten – und ihre eigene Unwissenheit förderte jeden Aberglauben –, die zu ihrer Situation gehörten und die sie resigniert ertragen sollten, als handle es sich um eine Art Fluch und als sei es nicht schicklich, von der Medizin Heilung zu verlangen.

Für die lange Stagnation der Gynäkologie und der Geburtshilfe gibt es keine anderen Erklärungen als diesen hartnäckigen Widerstand der ganzen Gesellschaft gegen jede Veränderung und jeden Fortschritt, wenn es sich um die Frauen handelte. Und man muß sagen, daß die Ärzte sich in dieser Hinsicht oft eher wie Kirchenmänner als wie Wissenschaftler verhalten haben.

Wer von uns erinnert sich nicht an eine Mutter oder Großmutter im »unaussprechlichen Alter«, die ihre Hitzewallungen, Beschwerden und Migränen verschämt verbarg, als seien sie ein schändlicher Makel, für den es kein Heilmittel gab? Denn zu den verschwommenen Schuldgefühlen als Frau kam noch die Erniedrigung, alt zu werden, die von der Öffentlichkeit, von der Presse (leider auch der Frauenpresse) und der Welle des Jugendkultes, einziger und höchster Wert, den es unter Strafe seines Lebens zu erhalten galt, genährt, ja sogar verschlimmert wurde.

Diese Betrachtungen, die vielleicht außerhalb des Themas zu liegen scheinen, halte ich im Gegenteil für seinen Mittelpunkt, denn sie zeigen, in welch schwierigem Klima Frauen von über Vierzig heute die Probleme anpacken, die Empfängnisverhütung und Menopause für ihr Sexualleben aufwerfen. Endlich beginnt man, die Wechseljahre nicht mehr als unvermeidliches Unglück zu betrachten, dessen Folgen man ertragen muß – unter dem Vorwand, sie seien eine *natürliche* Erscheinung. Die Natur war immer eine bequeme Ausrede, wenn es um die Frauen ging! Sind Krankheit und Altern nicht auch natürliche Erscheinungen? Und war es nicht immer die Rolle des Arztes, sich dieser Natur entgegenzustellen oder sie zu überlisten?

Trotz der verspäteten, aber raschen Entwicklung des Denkens auf diesem Gebiet bleibt offensichtlich noch eine mehr oder weniger ausgesprochene Mißbilligung angesichts dieses zusätzlichen Lebens, das die Frauen heute fordern. Ebenso wie eine ungestrafte Sexualität dank Empfängnisverhütung stoßen die Verlängerung der Sexualität und das »Umschiffen« der Klippe Menopause auf einen unterschwelligen, aber zähen Widerstand. Wie jede neue Freiheit stellt auch diese das schwierige Kräftegleichgewicht zwischen Mann und Frau in Frage. Und man muß zugeben, daß unsere patriarchalische Gesellschaft bisher sehr gut gefahren ist mit der Situation, wie sie war. Der heftige Widerstand, auf den die Gesetzgebung zur Schwangerschaftsunterbrechung gestoßen ist und immer noch stößt, ist ein neuerlicher Beweis dafür. Man nahm es philosophisch hin, daß jedes Jahr 500 000 bis 800 000 Abbrüche vorgenommen wurden, aber unter der Bedingung, daß es heimlich und mit Schuldgefühlen geschah.

In einem geringeren Ausmaß ist auch die Menopause eine Schlacht, die es zu gewinnen gilt. Eine Schlacht, deren Ausgang die Hälfte der Menschheit während der Hälfte ihres Lebens betrifft! Die zweite Lebenshälfte, richtig. Aber diese zweite Hälfte, die sich mehr und mehr verlängert, muß schließlich gelebt werden, und zwar gut gelebt. Die Frauen werden sich immer weniger damit abfinden, sie in einer gewissen Scham und einem gewissen Schweigen als reduzierte Existenz zu erleben.

Heute kommt es häufig vor, daß eine Frau, die sich auch nach Einsetzen der Wechseljahre empfängnisverhütende Mittel verschreiben lassen will, sich wie eine Betrügerin vorkommt, die versucht, das Gesetz zu manipulieren! Sicher müssen auf diesem Gebiet, für das sich die Medizin erst seit (zu) kurzer Zeit interessiert, noch viele Fortschritte gemacht werden, aber es scheint, daß vor allem das Denken hinterherhinkt. Immer noch bringt man die Moral oder seine persönliche Vorstellung vom Platz der Frauen in der Gesellschaft und der Rolle, die ihnen zustünde, ins Spiel, während es längst an der Zeit wäre, daß die Betroffenen selbst ihre Wünsche und ihre Entscheidung, wie sie leben wollen, äußern.

Die Probleme, die in den Bereichen Fortpflanzung und Liebe auf Frauen über Vierzig einstürmen, sind oft Probleme, die die Gesellschaft, in der sie leben, geschaffen und ihnen aufgezwungen hat. Wenn es ihnen einmal gelingt, aus dieser langen Konditionierung auszubrechen, werden sie entdekken, daß Empfängnisverhütung mit über Vierzig nichts weiter als ein einfaches Problem technischer oder medizinischer Kompetenz ist, die das Dasein erleichtern und lindern soll, so gut es geht, und so schließlich die Qualität jedes Lebens bis zur äußerst möglichen Grenze verbessert.

Szenen aus dem Ehelebeno der Analphabeten des Gefühls

Gewalt ... Pornographie ... Das sind seit einigen Jahren die unerschöpflichen Quellen des Kinos. Aber nun erzwingt sich ein Neuankömmling, den man für ausrangiert gehalten hatte, Zugang zum Markt: das verheiratete Paar. Drei Filme, die in Frankreich fast gleichzeitig herausgekommen sind, erzählen fast genau die gleiche Geschichte: das Protokoll eines Scheiterns. *Eine Ehe* von Lelouch, schematisch und böse, Bilderbogen zweier verpfuschter Leben, unterstrichen vom Dialog zwischen Gehörlosen; *Ein lustiges Leben* von Claude Chabrol; und vor allem die *Szenen einer Ehe* von Ingmar Bergman, der uns zweieinhalb Stunden lang, ohne einen Augenblick von seinem Thema abzuweichen, und sei es nur für eine Landschaftsaufnahme, mit der Lupe zwanzig Jahre im Leben eines Mannes und einer Frau vorführt, die sich zuerst in der Ehe und später bei einer noch komplizierteren Scheidung bekriegen.

Woher kommt diese plötzliche Begeisterung für die gute alte Ehe, die der Kassenschlager des Boulevardtheaters war? Genau daher, weil es etwas Neues gibt: Die gute alte Ehe stirbt. Und sie stirbt, weil wir zur Zeit ein seltenes Phänomen miterleben, ohne das es bei den lebenden Arten jedoch keine Weiterentwicklung gibt und das man Mutation nennt. Und sie betrifft nur einen Teil des Paares; es ist die Frau, die gegenwärtig mutiert.

Seit Jahrhunderten kannte man sie gut, die Frauen! Oder man glaubte zumindest, sie gut zu kennen. Nun ist alles in Veränderung begriffen, und man stellt nicht ohne Bestürzung fest, daß das Ewig-weibliche vielleicht nicht ewig ist. Man entdeckt, daß die Frauen, über die Freud nach dreißig Jahren Studien gesagt hat, sie seien für ihn »der schwarze Kontinent« geblieben, vielleicht der letzte unbekannte Völkerstamm auf dieser Erde sind.
Da eine Zutat dieser wunderbaren Mischung, die ein Paar darstellt, seine Natur geändert hat, ist die gesamte Alchimie der Zweierbeziehung durcheinandergeraten. Mit der stillschweigenden oder resignierten Einwilligung der Teilnehmer schien das Kräfteverhältnis ein für allemal festgelegt zu sein. Die Waage schien im Gleichgewicht ... zwar saßen darauf ein Schwergewicht und ein Leichtgewicht ... aber dank der Schönheit, diesem Falschgeld, schien alles austariert. Und plötzlich war das Gleichgewicht zerstört. Einige Frauen hatten die Kühnheit besessen, nicht mehr die angeborene Unterlegenheit zu spüren, die doch zuerst von den Kirchenvätern und dann vom Vater der Psychoanalyse gepredigt worden war. Sie begannen, ihr wahres Gewicht auf die Waagschale zu legen, und die Männer, die nicht noch überlegener werden konnten, fanden sich plötzlich auf gleicher Stufe mit ihrer Partnerin. Aber wenn man die absolute Herrschaft gekannt hat, erlebt man Gleichheit als unerträgliche Unterlegenheit! Es ist diese ganze Geschichte des gestörten Gleichgewichts, die Bergman uns in den *Szenen einer Ehe* – wo man zusieht, wie eine Frau nach und nach ihre Persönlichkeit bildet, während der Mann die seine auflöst – unter dem Mikroskop zeigt.
Die Tragik dieser Ehe, die Tragik all dieser zerbrochenen Ehen, liegt entgegen dem Anschein nicht bei der Frau – son-

dern beim Ehemann. Denn er hat sich in der vergangenen Zeit nicht verändert. Er fühlt sich unschuldig, er hat nichts Böses getan – jedenfalls nicht mehr, als er immer getan hat –, er hat sich eher gebessert, da er einverstanden damit war, auf die himmelschreiendsten Privilegien, die ihm die (von ihm verfaßten) Gesetze einräumten, und die auffallendsten Formen der häuslichen Sklaverei zu verzichten. Also? Er hätte schließlich hoffen können, daß alles besser gehen würde. Aber ganz und gar nicht, das Gegenteil ist eingetreten. Man begreift sein Unverständnis.

Letztes Jahr hat der wunderbare Film von Yannick Bellon, *Befreiung aus der Ehe*, der so viele Frauen erschüttert und so viele Männer geärgert hat, ebenfalls diese Krise einer Ehe dargestellt: die zweite Geburt einer Frau. Dazu genügt ein Schock, fast immer derselbe: Ein Mann geht fort – ein banales Unglück, das bisher immer nur Tränen und Verzweiflung ausgelöst hat. Marianne, Bergmans Heldin, die sich damit begnügte, nur »Johans Frau« zu sein, ist fünfunddreißig, als Johan ihr mitteilt, daß er ein neues Leben beginnen wird. Wenn man von einem Tag auf den anderen plötzlich nicht mehr die Frau von jemandem ist, muß man die Frau in sich selbst entdecken. Mit diesem rührenden guten Willen, den viele Frauen im Unglück zeigen, fragt sie sich zuerst, welchen Fehler sie in ihrem Eheleben begangen hat, so daß Johan sie verläßt.

Auf Anraten eines Psychologen beginnt sie, ein Tagebuch zu führen und entdeckt dabei, daß sie seit ihrer Kindheit immer das gemacht hat, was man ihr gesagt hat. »Ich habe nie gedacht: Was will ich? Sondern was will man, daß ich es will ... Mama bestrafte meine Bemühungen um Persönlichkeit, um vorbildliche Frauen aus uns zu machen. Wenn ich mich hübsch und zuvorkommend zeigte, sah ich, daß mein Betragen sich lohnte. Also habe ich schließlich mein Spiel versteckt und nur noch versucht zu gefallen ... Das war der große Betrug der Pubertät.« Eine ergreifend zutreffende Formulierung.

Als Johan zurückkommt, findet er nicht mehr die ideale und langweilige Frau vor, die er verlassen hatte, sondern ein undurchsichtiges, zerrissenes, bereichertes und daher begehrenswertes menschliches Wesen. Banale und traurige Wahrheit. Zweifellos ist es für diese beiden zu spät, obwohl sie in der Verwirrung dieser Trennung, die kein Ende findet, ihre glühendsten Augenblicke und ihre tiefsten Wünsche erleben. Obwohl Johan, herabgestiegen von seinem Podest und ohne den männlichen Panzer, der ihm die Persönlichkeit ersetzte, endlich selbst verletzlich und rührend geworden ist. Da bekäme man Lust, ihn zu lieben. Jetzt müßten sie sich lieben.

Aber »wird es dir möglich sein, mich nicht mit deiner weiblichen Kraft zu erdrücken?« fragt Johan Marianne. Und sie antwortet: »Das wird schwierig.«

Es sind nicht die Männer und Frauen dieser Generation, die es verstehen werden, die Gefahren und das Glück der Gleichheit in der Liebe auf sich zu nehmen. Sie gehören zu einer Zwischengeneration. Wie Bergman sagt, sie sind erst »die Analphabeten des Gefühls«.

Brief an das junge Mädchen, das ich nicht gewesen bin

Junges Mädchen von früher, junges Mädchen vor dem Krieg oder in den vierziger Jahren, Du, das von der Freiheit träumte wie von einem unerreichbaren Land, das moralische Gefängnis, in dem Du gelebt hast, hatte zugegebenermaßen wenigstens den Vorteil, Dir die Ängste und Probleme der Entscheidung zu ersparen. Es ist schwer, ein freies Mädchen zu sein, und noch schwerer vielleicht, ein »befreites« Mädchen, dem seine Freiheit wie ein wunderbares und geheimnisvolles Geschenk ohne Gebrauchsanweisung in den Schoß gefallen ist. In der Zeit, als Juliette Greco sang: »Mädchen, kleines Mädchen, wie bist du hereingefallen ...«, in der Zeit junger Mädchen aus gutem Hause und entehrter lediger Mütter, nahmen Tugend und Moral für Dich oft die Stelle der Freiheit ein. In dieser Zeit wußtest Du, was Du zu antworten hattest, wenn Deine »Flirts« zudringlich wurden: »Nein, nein, ich bin Jungfrau ...«; oder: »Nein, ich habe zu große Angst, mein Vater würde mich umbringen, wenn ich mit einem Kind ankäme ...« Und diese Gründe wurden auch anerkannt von einer Generation junger Männer, für die Jungfräulichkeit noch ein Tabu war und Schamhaftigkeit das Kleinod weiblicher Tugenden. Diese Gründe hielten junge Mädchen, die wußten, daß ihr Wert auf dem Heiratsmarkt von der Intaktheit einer Membran namens Jungfernhäutchen abhing, lange Zeit auf dem rechten Weg. Das war zweifelsohne lächerlich, aber es war eindeutig. Sicher, man kämpfte mit sich, und manchmal wurde man im Morgengrauen auch vom Wolf gefressen, wie Monsieur Seguins freiheitsdürstende Ziege, aber jeder blieb in seiner Rolle, und der junge Mann fühlte sich im Fall einer Niederlage nicht in seiner männlichen Ehre angegriffen. Kurz gesagt, wir hatten eine Entschuldigung unserer Eltern und der Gesellschaft, um uns der männlichen Begierde zu entziehen.

Heute ist es aus mit dem guten alten Verteidigungssystem: Du bist hilflos, kleines Mädchen, gegenüber einem Mann, der glaubt – oder doch so tut –, daß Deine Freiheit die Freiheit ist, alles zu machen, egal was. »Du nimmst die Pille, oder nicht? Also kein Problem ...« Oder: »Du willst doch wohl nicht sagen, daß du Jungfrau bist? Warum machst du dann so ein Getue?« Oder: »Du sagst, daß du ein emanzipiertes Mädchen bist, also spiel nicht die eingebildete Pute.«

Diese heute sehr häufige Art der Argumentation, der viele junge Mädchen hilflos gegenüberstehen, verrät uns, daß sich im Unbewußten des Mannes nichts verändert hat. Immer noch die alte Alternative zwischen Mama oder Nutte, immer noch die Überzeugung, daß die Frau dafür geschaffen ist, beschützt zu werden, eingeschlossen ins Haus und Gefangene einer rigiden Moral, denn sie erwarte nur eine Lockerung der Sitten, um ihrer wohlbekannten Sinnlichkeit freien Lauf zu lassen. Wir müssen uns das bewußt machen: Unsere Freiheit ist strenggenommen eine unerträgliche Vorstellung für viele Männer, die sich seit Jahrhunderten in der beruhigenden Gewißheit wiegen konnten, es gebe eine männliche Freiheit, die ihre, die richtige, und eine weibliche Freiheit – vorsichtig und sorgsam dosiert, denn die Frauen sind schwache und machtlose Geschöpfe (gegenüber wem?), die man beschützen muß, auch vor sich selbst.

Die Parlamentsdebatten über Empfängnisverhütung und Abtreibung, beides von den Abgeordneten (96 von 100 männlich) so lange abgelehnt, haben deutlich gezeigt, daß allein der Gedanke, die Frauen hätten ein Recht, über ihren Körper zu verfügen, sie bis in die tiefsten Schichten des Unbewußten erboste. Unsere gewählten Abgeordneten, die unsere Väter, Brüder und Ehemänner sind, haben bei dieser Gelegenheit erschreckende und aufschlußreiche Sätze von sich gegeben: »Empfängnisverhütung wäre nur eine Ermunterung zur Pornographie ... Sie wollen die allgemeine Unzucht akzeptabel machen ... die schweinischen Seiten der menschlichen Seele ausnützen ... die Armee des Lasters ermutigen ... den niederen Instinkten von mondänen Kurtisanen des 16. Jahrhunderts schmeicheln ...« etc. Die Lektüre der Debatten zwischen 1973 und Ende 1974 ist erbaulich, denn die Argumente beruhen auf jenem abstoßenden Postulat: Die Frauen warten nur auf die straffreie Sexualität, um sich aufzuführen wie Huren!

Heute, da junge Männer und Frauen einander frei gegenüberstehen, beide frei über ihren Körper verfügen können, Lust empfinden können, miteinander schlafen können oder nicht, müssen wir wohl die Wahrheit ergründen. Bisher hast Du es selten gewagt zu sagen: »Ich will nicht, weil du mir nicht gut genug gefällst.« Aus Gewohnheit oder um die so verletzliche männliche Eitelkeit zu schonen, hast Du moralische oder technische Gründe genannt, Dich in Spitzfindigkeiten verloren und den Mann in dem Glauben gelassen, im Falle sexueller Befreiung würden sich alle Mädchen in eine willige und entzückte Beute verwandeln.

Nun, diese Befreiung ist da! Und logischerweise wundern sich die Jungen, daß es noch Mädchen gibt, die sich verweigern. »Hast du etwas gegen mich?« fragen sie und wollen

nicht zugeben, daß es nicht genügt, wenn man nichts GEGEN jemanden hat, sondern etwas FÜR ihn haben muß.
Und so geben viele Mädchen nach, weil sie den Kampf satt haben und um zu beweisen, wie frei und modern sie sind, während es doch von wahrer Modernität zeugen würde, sich endlich einmal zu sagen trauen, daß die Liebe, auch die körperliche, kein Automat ist, und daß Freiheit auch heißt, NEIN sagen zu können.
Aber Du wirst viel Mut brauchen, um bei den Jungen diese freundschaftliche Offenheit durchzusetzen. Zu viele von ihnen, mit deren Ehre es nicht weit her ist, fühlen sich verletzt oder werden brutal, wenn man ihrer Begierde nicht nachgeben will.
Und die Jungen müssen sehr bescheiden sein, sie müssen ihre Jägermentalität aufgeben, um zu akzeptieren, daß ein Mädchen (»ein Freiwild und nur ein Frauenzimmer«) ihnen ganz gelassen sagt, daß es keine Lust auf sie hat.
Auch das ist die sexuelle Revolution. Und dann kann die Liebe beginnen, dem ähnlich zu werden, was sie sein sollte.

Einfach eine Gaunerei

Ich weiß, daß man über die »Geschichte der O« schon zu viel geredet hat. Unter filmkritischen Gesichtspunkten wurde gesagt, diese Produktion von Just Jaeckin sei »von einer Art Drugstore-Erotik ..., ein aseptisches Produkt, das kaum den impotentesten Voyeur aufregen kann» (Henri Chapier). Unter literarischen Gesichtspunkten wurde an »die finstere Schönheit des Romans, dessen ganzer Wert in der Art des Schreibens liegt« (Michael Mohrt), erinnert. Aber man hat wenig unter weiblichen Gesichtspunkten über diesen Film gesprochen und wollte so, unter dem Vorwand, es sei eine sehr alte Tradition – Alter garantiert aber nicht Wahrheit –, glauben lassen, daß Erotik mit einem Schuß Sadomasochismus beide Partner glücklich mache, da sie weibliche Passivität und natürliche männliche Aggressivität befriedige.

Oft wurde gesagt, der Film sei langweilig, verpfuscht, kalt; der Roman dagegen sei bewundernswert, pervers, asketisch (genau) und von einer »unglaublichen Zurückhaltung« [*sic*].

Aber man hat nicht gesagt, zumindest nicht nachdrücklich genug, daß dieses Machwerk, vor allem seine Lancierung durch die Werbung und seine Behandlung in der Presse, eine riesige Kampagne waren, um wieder einmal die »Frau gleich Objekt« in der niederträchtigsten Version einzuspannen, und daß es bei Mann und Frau die schlimmsten Neigungen ermuntert: beim Mann den Rausch absoluter Macht,

bei der Frau die Berauschung an Opfer und Unterwerfung, egal unter wen oder was.
Schon sehr lange lassen sich die Frauen in der Tat von den höchsten Autoritäten (die davon, nebenbei gesagt, auch am meisten profitieren) überzeugen, daß sie zum Leiden geboren sind und das auch noch genießen.
Von Tertullian bis zum Apostel Paulus, von Rousseau (»Die Frau ist geschaffen, um dem Mann nachzugeben und seine Ungerechtigkeiten zu ertragen«) bis Balzac (»Machen Sie sich keine Gedanken über ihr Gemurre, ihre Schreie und ihre Schmerzen; die Natur hat sie schaffen, um alles zu ertragen: Kinder, Schläge und Strafen des Mannes«), Nietzsche nicht zu vergessen (»Sie sind ein Besitz, ein Eigentum, das man einschließen muß, Geschöpfe, die zur Dienerschaft gemacht sind«), haben sich die meisten Philosophen und Schriftsteller wie durch ein Wunder zusammengeschlossen, um uns zu versichern, Natur und Vorsehung hätten den Mann zum Herrn der Schöpfung gemacht. Wir dagegen seien nur geboren, um ihnen zu gefallen, sie zu lieben und ihnen zu dienen. Pech gehabt!
Sehr lange haben die Frauen sich jegliche rechtliche Existenz und jedes Bürgerrecht nehmen lassen; sie sind von der Autorität des Vaters nur freigekommen, um unter die des Ehemannes zu fallen, und haben noch bis vor nicht einmal zwanzig Jahren Napoleons Denkmal der Frauenfeindlichkeit, dem Code civil, gehorcht, dessen Artikel 1124 ganz offen erklärte: »Keine Rechte im juristischen Sinn besitzen Minderjährige, verheiratete Frauen, Kriminelle und geistig Behinderte.« Gleichgestellt mit Minderjährigen und Geistesgestörten. Pech gehabt!
Und sehr lange haben sie sich einreden lassen, die Schmerzen bei der Geburt seien notwendig und erlösend, denn sie

seien der Preis der Liebe, den nur die Frauen zahlen müssen. Pech gehabt!

Seit ein, zwei Jahrhunderten haben einige heroische Hausfrauen, unterstützt von mutigen und hochherzigen Männern (Condorcet, Fourier, Saint-Simon, Stuart Mill etc.; diese Namen sollte man nicht vergessen), versucht, das Joch der Tradition abzuschütteln und etwas zu erreichen, das heute als elementarste Gerechtigkeit erscheint: daß die Erklärung der Menschenrechte auch für die Frauen gilt.

Natürlich stießen sie auf den geifernden Widerstand der übrigen Männer, die sich wie alle Privilegierten an ihre Privilegien klammerten, aber leider auch auf den der meisten Frauen. Man hatte ihnen auch geschickt gedroht; behauptet, daß sie in diesem Kampf ihre Chancen auf Heirat einbüßen würden, ihre einzige ehrenhafte Zukunft, ja sogar ihre Weiblichkeit ginge verloren – dieser geheimnisvolle Zustand, den kein Psychiater, nicht einmal Freud, wirklich definieren konnte, den man aber anscheinend wie einen Regenschirm oder eine Handtasche verlegen kann!

Heute beginnt man sich auf beiden Seiten darüber klar zu werden, daß diese wissenschaftlichen Pseudoargumente nicht mehr waren als eine Erpressung, die den Status quo aufrechterhalten sollte; daß die unabhängigen Frauen, die »Männerberufe« ausüben, keine unfruchtbaren Weiber oder vertrockneten Intellektuellen geworden sind, daß die Männer sie trotzdem lieben, vielleicht mehr und besser … (siehe Masters und Johnson).

Kurz, die langwährende Panik der Frauen beginnt nachzulassen. Und das erschütterte die gute alte Tradition der weiblichen Unterwürfigkeit, die Grundlage männlicher Überlegenheit. Diese Bedrohung mußte pariert werden; ein spektakulärer Coup mußte her.

Und das ist geschehen: »Die Geschichte der O« und ähnliche Machwerke wollen ganz einfach eines der ältesten und trostlosesten Frauenbilder wiederbeleben und ermutigen bei den Männern Nostalgiegefühle und barbarische Verhaltensweisen.

Daß es kleine Angestellte in Anzug und Weste berauscht, nackte Mädchen in Ketten in ihrer Gewalt zu haben, ist erbärmlich, aber man kann es verstehen: Sie identifizieren sich eben zum Billigpreis mit den Eroberern heroischer Zeiten, die ihre nackten Gefangenen hinter ihren Pferden mitschleiften, bevor sie sie vergewaltigten. Damals war es wenigstens Dschingis-Khan! Oder Tamerlans Horden! Die Beutestücke konnten sich sagen, sie seien Opfer im Strudel der Geschichte …

In dem Schloß, in dem die O und ihre Gefährtinnen eingeschlossen leben, das Kleid ständig hochgeschürzt, damit sie jeden Augenblick »dienen« können (die Pfadfinderdevise »allzeit bereit« sei diesen Herren vorbehalten), brauchen sie schon eine gehörige Portion Phantasie und verbundene Augen, um sich die Vorzüge der bleichen Schlafzimmerdespoten vorzustellen, die sie ihren ebenso kindischen wie einfallslosen Launen unterwerfen.

Und wir, das weibliche Publikum, brauchen eine gehörige Portion Gefügigkeit, um die Äußerungen, die man in einer gewissen Presse lesen konnte, oder die bestürzenden Thesen der Werbung, die bis in manche Frauenzeitschriften vorgedrungen ist, zu schlucken.

Aber beunruhigend ist es, daß eine seröse Wochenzeitschrift *(Express)* ein Machwerk, in dem angeblich eine nahezu politische Botschaft und die Hoffnung auf eine bessere Verständigung zwischen den Geschöpfen liegt, auf das Titelbild setzt und ihm sieben Seiten Farbphotos zur Verfügung stellt

– mehr als jemals einem Erdbeben oder den Olympischen Spielen.
Es ist ärgerlich und grotesk, daß man Frauen in einer Werbungskampagne für Leserinnen hartnäckig versichert, die »Geschichte der O« könne sie nicht schockieren, »denn jede Frau wird sich mit O, Ebenbild der Wollust selbst, identifizieren« (Werbetext, der den Film in Frauenzeitschriften lanciert hat).
Um diese kühne Behauptung zu illustrieren, zeigt man uns den »Gewinn« dieser Wollüstigen auf Knien, den Kopf gesenkt, Handschellen an den Gelenken und ein Hundehalsband um den Hals; einige blutige Kratzer über der Brust, nun ja, aber so fein und von einem so schönen Rot ... Das soll das Bild der Wollust sein?
»Jede Frau wird stolz sein, die Moral des Films zu entdecken: O, die Unterworfene, ist in Wirklichkeit die wahre Siegerin«, resümiert der Autor dieses Meisterwerkes an Heuchelei, mit einem Argument, das fast schon auf naive Weise durchblikken läßt, welchen Bammel die Männer davor haben, ein freies Geschöpf zu lieben.
Aber worüber sollen die Frauen Sieger sein? Über den schwachsinnigen jungen Mann, der so unfähig ist, seine Liebe auszuleben, daß er sie durch einen anderen leben lassen muß? Über Sir Stephen, dem nichts Aufregenderes einfällt, als der O, um sich ihrer Person zu versichern, einen Ring nicht an den Ringfinger zu stecken – wie vulgär –, sondern um die Vagina zu legen? Wie jämmerlich!
Jean-Jacques Pauvert hat recht gehabt, die »Geschichte der O« zu veröffentlichen; Régine Deforges hat recht gehabt mit ihrem Kampf um ein Asylrecht in der erotischen Literatur. Jaeckin und seine Kollegen haben ihre Gründe, immer mehr pornographische Filme zu machen; die Zuschauer haben die

ihren, um in diese Filme zu gehen oder solche Bücher zu lesen.
Jeder muß seine Phantasien bannen und seine Neurosen so gut wie möglich unter Kontrolle halten können, und man muß zugeben, daß nicht jeder sich ein Schloß O oder die Schauspielerinnen zu einem solchen Psychodrama leisten kann.
Die Gaunerei dabei ist, daß man uns Frauen diese prähistorische Form der Liebe als Befreiung und Neuheit verkündet. Als ob sie neu und voller Herrlichkeit wäre, wird so unter der mehr oder weniger künstlerischen Verpackung von Erotik oder Pornographie der alten Figur des kleinen Sadisten wieder zu Ehren verholfen. In Wirklichkeit ist diese Sexualität, die sich nur durch Gewalt oder die Erniedrigung eines Menschen ausdrückt, nichts als die angeblich neue Erscheinungsform einer Moral, die so alt ist wie die Sünde.
Wir sollten uns nicht von den weisen Äußerungen über das »geheimnisvolle Gleichgewicht der Gewalt« (Jean Paulhan) oder den »erstaunlichen Versuch einer Frau, die Liebe von der Last der Leibeigenschaft zu befreien« (Madeleine Chapsal) beeindrucken lassen, selbst wenn sie von Männern oder Frauen kommen, die als intelligent gelten.
Die »Geschichte der O« beruft sich auf unrettbar veraltete Phantasien und verewigt das liebgewordene Bild der unterworfenen Frau, das viele nicht ohne Beunruhigung und Bedauern verschwinden sehen.
Sein wurmstichiger »Machismo«, die Reitpeitsche (von Hermès) als Moment verliebter Verklärung und die Abgeschlossenheit als sicherstes Mittel, um den Schlüssel zum Herzen der Frau zu finden, haben schon lange jeden revolutionären Wert verloren.
Statt »prophetisch für die Zukunft der Frauen« scheint mir

dieses Werk weit eher extrem rückständig, ja sogar kolonialistisch zu sein. Um die Unterwerfung der Frau in der Liebe zu rechtfertigen, erinnert Jean Paulhan in seinem Vorwort zu Pauline Réages Roman daran, daß auf Barbados 1838 zweihundert Schwarze gegen die Abschaffung der Sklaverei revoltierten. Man könnte viele analoge Beispiele anführen, das jüngste sind wohl die Harkis, die einheimischen Hilfssoldaten der französischen Armee im Algerienkrieg, ohne daß man damit Kolonialkriege oder Sklavenhändler rechtfertigen würde.

Auch wenn ich damit als naiv eingestuft werde, glaube ich, daß Männer und Frauen sich bemühen, aus den alten Geleisen herauszukommen; ich wünsche mir, daß die Vorstellung von einem Liebhaber, der seiner Geliebten zum Abschluß einen Stempel mit seinem Monogramm auf den Hintern drückt, so wie man sein Vieh mit Brandzeichen markiert, bald nur noch zum Lachen reizt.

Die kommenden Generationen sind dabei, die Liebe von solchen Abgeschmacktheiten und deren Accessoires zu befreien. Sie suchen im schönen und schwierigen Bemühen um Gleichheit in der Liebe das Heilmittel für viele alte Frustrationen.

Soll sich auspeitschen, wer will, um Freiheit in der Abhängigkeit zu finden, denn, Teufel sei Dank, die Sexualität ist eine individuelle Sache, aber man soll keine Doktrin daraus ableiten. Lassen wir uns nicht im Namen unserer Weiblichkeit einen Ring durch die Nase ... oder sonstwo ... ziehen, und lassen wir uns nicht von diesen Knecht Ruprechts der Liebe – in Wirklichkeit nur die Impotenten des Alltagslebens – von oben herab behandeln.

Wenn die schulische, familiäre, religiöse und kulturelle Zensur durch ein Wunder endlich aufhören würde, die Lust in den Bereich des Nichtsagbaren zu verbannen; wenn man seine »erotischen Bedürfnisse« von ganzem Herzen, mit legitimem Appetit und gelegentlich mit ein wenig Humor stillen könnte: welch plötzliche Erleichterung für alle, die an der Liebe kranken, für die Impotenten, die Frigiden, die Ängstlichen, die Männer mit vorzeitigem oder verspätetem Samenerguß, für Männer, die Angst vor Frauen haben, und Frauen, die Angst vor Männern haben, und für alle anderen! Das wäre die wahre Befreiung.

Und wenn diese »seit Jahrtausenden Stummen«, die Frauen, es endlich wagen würden, die Wahrheit zu sagen, ihre Wahrheit, nicht die, die man ihnen einflüstert, dann, glaube ich, gäbe es nicht viele Mesdames X, die gerne leben würden wie Mademoiselle O.

Marie Claire
Oktober 1976

Die Ehefrauen im Juli

»Die zwei großen Möglichkeiten, die das Schicksal der Frau bis vor nicht allzu langer Zeit bot, waren einerseits Prostitution in verschiedenen Formen und andererseits die Ehe und das damit verbundene gesellschaftliche Leben, wo die Frau allen dient und als Einzelperson aufgefressen wird.«

Wer zwei Ferienmonate am selben Ort verbringt, hat jeden Sommer Gelegenheit, diese Meinung von Levi-Strauss auf amüsante Weise veranschaulicht zu sehen: die plötzliche Veränderung der Julifrauen, wenn der August kommt. Sie heißen weiterhin Madame Jacques Dupont oder Madame Jules Durand, aber im Juli sind Jacques und Jules nicht da, und das macht den ganzen Unterschied!

Die Julifrauen sieht man nicht mit vollbepackten Einkaufskörben am Arm vorbeihasten. Mittags kommt aus den Kaminen ihrer Villen kein Rauch. Keine deprimierenden Geschirrstapel zum Abwaschen, von denen man die Fliegen verjagen muß. Der Grill, der vor allem zur Unterhaltung der Familienväter dient, die nie in Versuchung kommen würden, sich aus dem simplen Kochtopf zu bedienen, ist ans Ende des Gartens verbannt. Von elf Uhr bis drei Uhr nachmittags sind Madame Jacques und Madame Jules mit den Kindern am Strand. Wenn sie zurückkommen, stellen sie rasch ein Picknick zusammen, essen eine Tomate und ein hartes Ei, essen irgendwann zu Abend. Keine Blanquette mehr, die man während der schönsten Stunden des Tages lange schmort, keine Vormittage, die verdorben sind, weil man in Geschäften, die für ein 345-Seelen-Dorf gedacht sind, Schlange stehen muß. Wenn man das Brot vergißt, ißt man einen Zwieback.

Man ißt himmlisch schlecht in den männerlosen Haushalten im Juli ...

Wenn man dann die Ehefrau, braungebrannt und verjüngt wie ein Mädchen, das die Schule geschwänzt hat, eines Tages sorgenvoll vorbeihetzen sieht, eine Liste in der Hand, gebeugt unter der Last von Lebensmittelvorräten oder einer Kiste Wein und Spirituosen, kann man mit Sicherheit vorhersagen, daß die Ankunft des Gatten bevorsteht. Alles wird wieder in die gewohnte Ordnung kommen; Madame Jules wird sich brav wieder in ihre Rolle einfügen.

Letztes Jahr Ende Juli, als ich wieder einmal die erstaunliche Veränderung meiner Nachbarinnen beobachtete und sah, wie sich Unordnung und Abwechslung am 31. verflüchtigten wie Aschenbrödels Kutsche, las ich gerade zufällig das hervorragende Buch *Die Sprachdiebinnen* von Claudine Hermann, das an manchen Stellen exakt diese eheliche Metamorphose zu beschreiben scheint:

»Sie ist daran gewöhnt, sich einzuschränken, ihr Handeln zu kontrollieren, und jetzt geht sie daran, ihre eigene Persönlichkeit nach einem Schnittmuster auszuschneiden ... Es gibt keine Frau, die sich nicht anders verhält, wenn ihr Liebhaber oder ihr Mann dabei ist. In dem Augenblick, wo der Mann auf sie zukommt, zeichnet sich auf ihrem Gesicht eine Aufmerksamkeit ab, die äußerst seltsam ist. Sie kontrolliert und festigt Gesichtszüge und Körperhaltung und wird von einer gewissen Spannung und Unruhe erfaßt, die mit Freude oder Feindseligkeit verbunden sein kann, doch immer vollzieht sich eine Veränderung, eine Art von Berichtigung wie in einer Klasse bei Eintritt des Direktors.«

Können sich diese »Direktoren« vorstellen, was für fröhliche junge Gören ihre Frauen während ihrer Abwesenheit zu sein vermögen? Natürlich behaupte ich nicht, daß sie elf Monate im Jahr Märtyrerinnen sind. Ich stelle fest, daß sie anders sind, wenn sie frei sind, und vielleicht mehr sie selbst. Aber ebenso wie Claudine Hermann glaube ich, daß das traditionelle Familienoberhaupt, durchdrungen von seiner natürlichen Rolle – eine Spezies, von der es leider noch unzählige Exemplare gibt –, lieber nicht wissen will, daß seine Frau außerhalb seines Blickfeldes eine andere ist. Denn sonst wäre er gezwungen, sich ein paar Fragen zu stellen.

»Wenn er durch Zufall – und mit welcher Verblüffung – erfährt, welche Veränderung sich an seiner Frau in seiner Abwesenheit vollzieht, dann wirft er ihr oft Falschheit und Verlogenheit vor, und das wird auch dem Dienstmädchen vorgeworfen, das man dabei überrascht hat, wie es mit dem Briefträger in einem anderen Ton, mit einer anderen Stimme und mit anderen Ausdrücken redet als mit dem Hausherrn«, fährt Claudine Hermann fort. Welch scharfe Beobachtungsgabe.

Sicher wird man sagen, daß auch die Männer ein anderes Verhalten an den Tag legen, wenn ihre Frauen nicht da sind; aber der Unterschied ist, daß wir das wissen. Es gibt eine richtiggehende Männerliteratur, die die Männerkameradschaft feiert, die wahre Freundschaft unter Kumpeln, die Frauen nie kennenlernen werden, die zotengewürzte Derbheit, die sich weit weg von den »braven Frauen« entfaltet.

Der Unterschied ist auch, daß der Mann ein Recht auf eine eigene Existenz und ein individuelles Benehmen hat, während die Frau daran gewöhnt worden ist, nur durch und für einen Mann und Kinder zu existieren. Ohne Mann fühlt sie sich irgendwie schuldig, ohne ehrenwerten Platz in der Gesellschaft und ohne wirkliche Identität. Sie hat noch nicht die Freiheit gehabt, sich ihre eigene Persönlichkeit zu schaffen: »Ihr Bild ist abgeschlossen, es ist das vom Mann gezeichnete, das seinen Freuden und seinem Frieden angepaßte, es ist ein Bild, das versteinert.«

Aber dennoch, fast überall beginnt man mittlerweile zu ahnen, daß die Dinge auch anders sein könnten. Die Frauen entdecken langsam, daß sie ausgeglichener und glücklicher sein könnten – und als Folge daraus auch ihre Familien –, wenn sie es wagten, ein wenig mehr sie selbst zu sein, auch auf ihre eigenen Neigungen und Wünsche zu achten, sich das Eheleben nicht systematisch als ein Geben von ihrer Seite, sondern als gegenseitigen Austausch vorzustellen. Die fröhliche Julimentalität müßte ganz einfach ein wenig auf die übrigen Monate des Jahres abfärben.

Marie Claire
Februar 1977

Der antifeministische Terror

»Die armseligen Abkömmlinge Simone de Beauvoirs, Halimi und Konsorten ..., ihre trübselige Schar von Suffragetten, nicht genügend gebumst, geschmacklos angezogen, die moralisch eine unförmige Klitoris schwenken ... Männerfresserinnen ... das Syndikat der Wechseljahre ... Schreckbilder von Eierstockbienen ...« (Pascal Jardin, in der Männerzeitschrift *Lui.)*
»Mütter im Kampf in ihren Küchen, Mädchen im Kampf an der Sexfront, intellektuelle Schnepfen, schwachsinnige Lesben und militante Kämpferinnen der Frauenbewegung MLF ... schmuddelige Haare und schlaffe Körper ... Hysterie, Dummheit und Mittelmäßigkeit ...« (*Minute*, Bericht über eine feministische Versammlung 1974.)
»So etwas kann man nicht vögeln ...« (Jean Cau). »Unfruchtbare, ausgehungerte Megären, alte Hutzelweiber, schlecht gefickte Emanzen, pensionierte Philosophielehrerinnen« (Lartéguy), etc.
Wo findet man diese Beleidigungen unterhalb der Gürtellinie, diese krankhafte Zurschaustellung von Haß? Auf Flugblättern? Als Graffiti?
Nein, in der großen Presse, in luxuriös aufgemachten Magazinen oder in Büchern, die in Auflagen von Zehntausenden verkauft werden. Oft hat man den Feministinnen vorgeworfen, sie seien männerfeindlich, voller Haß, aggressiv

oder gewalttätig – kurz, sie übten einen Anti-Männer-Terror aus.

Aber wo sitzen die wahren Terroristen? Wer verbeißt sich als erbitterter Feind in wen? Wer schlägt unter die Gürtellinie (eure Organe funktionieren nicht, ihr seid steril), wer wird derb und obszön (eure Klitoris ist unförmig!), wer erpreßt (ihr werdet alt, wenn wir uns nicht herablassen, euch zu vögeln)? Läßt sich ein einziges Buch einer Frau anführen, ein einziger feministischer Artikel, selbst in den radikalen Veröffentlichungen der MLF, eine einzige Fernsehsendung, wo wir es gewagt hätten, ebenso verächtliche und gehässige Erklärungen abzugeben wie diese Frauenhasser, die im übrigen talentierte Schriftsteller oder kompetente Journalisten sein können?

Doch anscheinend verursacht allein der Gedanke an die Emanzipation der Frauen bei manchen Männern Ausschläge, die sich bei gewissen Autoren als neurotische Tobsucht äußern. Findet man in Simone de Beauvoirs feministischem Klassiker *Das andere Geschlecht* eine einzige Beleidigung? Kann man sich vorstellen, daß sie ihre Gegner als prostatische Schreckbilder bezeichnet? Oder als Penissyndikat?

Hat man in der Geschichte des Feminismus je gesehen, daß eine dieser mutigen Wegbereiterinnen, die für so vernünftige Ziele wie das Recht auf Bildung, die juristische Gleichheit oder das Wahlrecht kämpften, Haß oder Gewalt eingesetzt hat? Im Gegenteil, sie alle stießen auf die unerbittliche Gegnerschaft von Männern und Institutionen. Man hat Frauen aufgrund ihres Feminismus ins Gefängnis gesteckt. Nie jedoch wurde ein Mann wegen Frauenfeindlichkeit bestraft.

Die Tatsachen sind eindeutig. Und trotzdem, unter dem billigen Vorwand von ein wenig Kriegsgeschrei, vor allem aus den USA, oder einiger lautstarker Demonstrationen, hat man versucht, die öffentliche Meinung und vor allem die der Frauen – was für ein Glücksfall für die Chauvis, daß sie Frauen gegen Frauen ausspielen können! – gegen die »Megären« aufzuhetzen, die es wagten, zu protestieren und Forderungen zu stellen, anstatt sich brav männlichen Gesetzen zu fügen.

In ihrer unbewußten Furcht, das gute alte Kräfteverhältnis zwischen Mann und Frau könnte sich ändern, in ihrer Unfähigkeit, das wunderbare Risiko der beiderseitigen Gleichberechtigung einzugehen, flüchten allzu viele Männer in Verachtung, Ironie oder Böswilligkeit. Lesbierinnen und Feministinnen werden in einen Topf geworfen, um glauben zu machen, daß Feministinnen nur lesbisch sein können. Lange Zeit ist es geglückt, sie als Hysterikerinnen und häßliche Entlein hinzustellen, um glauben zu machen, daß Feministinnen frustrierte Weiber sind. Man tat so, als fürchte man, daß die Feministinnen die Rechte der Männer antasteten, während sie doch einfach nur die eigenen Rechte erlangen wollten. Soll das etwas so Schlimmes sein? Die Feministinnen sind nicht gegen die Männer, sondern gegen die Frauenfeinde. Noch richtiger wäre es zu sagen, daß Feministinnen nicht GEGEN Männer sind, sondern FÜR Frauen. Und es wäre zum Verzweifeln, wenn man den Frauen nicht Gerechtigkeit widerfahren lassen könnte, ohne daß die Männer sich verraten oder beleidigt fühlten.

Marie Claire
März 1977

Meine Hähne sind los, paßt auf eure Hühner auf

Tagtäglich liest man heute – und nicht nur in der Sensationspresse – Berichte über Vergewaltigungen oder über Vergewaltigungsprozesse. Es wird nicht mehr vergewaltigt als früher, aber es wagen einfach mehr Frauen, Anzeige zu erstatten. Das ist in sich bereits ein Fortschritt: Information ist der unerläßliche Auftakt jeglicher Aktion.

Wenn es einen Bereich gibt, in dem das Gefängnis eine abschreckende Wirkung haben kann, dann scheint es mir der Bereich sexueller Aggression zu sein. Die Feststellung, daß eine kollektive Vergewaltigung, wie es zu oft nach einem feuchtfröhlichen Tanzabend passiert, nicht ein Ausdruck verzeihlicher überschäumender Männlichkeit ist, sondern fünf bis zwanzig Jahre Gefängnis einbringen kann, verändert die Gegebenheiten des Problems völlig … und das Umfeld von Vergewaltigungen …

Denn die Vergewaltiger, wie man heute weiß, sind sehr selten Perverse oder Sexbesessene. Es sind normale Leute, die unsere Väter, unsere Männer oder unsere Freunde sein könnten, und die nur zu Vergewaltigern werden, wenn sich die Gelegenheit bietet, weil sie sich immer schon im voraus von einer Gesellschaft, die solchen Eskapaden zu nachsichtig begegnet, freigesprochen fühlen!

»Meine Hähne sind los, paßt auf eure Hühner auf«, sagten

die Mütter der »Hähne« vor noch nicht allzu langer Zeit gerne und fanden es vollkommen normal, daß ein »Hahn« das »Huhn« mißbraucht, wenn letzteres den Fehler begeht, ihm über den Weg zu laufen. Man akzeptierte, daß es in der Natur der Hähne lag, aggressiv zu sein, und in der Natur der Hühner, sich hereinlegen zu lassen.
Man fand auch folgendes Bild: »Wenn die Hühner Zähne haben werden.« Nun, alles ist möglich: Die kleinen Hühner von heute haben manchmal Zähne, Schnäbel und Krallen. Aber die Presse kommentiert Vergewaltigungen immer noch mit der Mentalität einer »Hahnenmutter«. Davon zeugt dieses erst kurz zurückliegende Beispiel: »Zwei junge Nordafrikaner von fünfundzwanzig und sechsundzwanzig Jahren wurden vom Versailler Schwurgericht zu acht Jahren Zuchthaus verurteilt, weil sie eine einundfünfzigjährige Schuldirektorin vergewaltigt hatten. Das Opfer hat ein so tiefes Trauma erlitten, daß es sich immer noch in einer neuropsychiatrischen Klinik befindet.«
Die Vergewaltigung war lange geplant, hieß es weiter in dem Artikel, doch der Staatsanwalt hatte aufgrund des *sexuellen Notstands* von Immigranten mildernde Umstände beantragt. Man spricht häufig über den sexuellen Notstand mancher Bevölkerungsgruppen, männlichen natürlich: die Immigranten, die Behinderten, oder sogar manche armen Perversen, die eigentlich spezielle Krankenschwestern bräuchten, wie es heißt ... Sicher kann ihre Situation vor gewisse Probleme stellen. Aber das sind IHRE Probleme. Sie dürfen nicht auf Kosten unschuldiger Frauen ausgetragen werden, die dem sexuellen Gleichgewicht dieser oder jener Gruppe von Individuen geopfert werden.
Und wer spricht von der sexuellen Not der vergewaltigten Frauen und jungen Mädchen? In Troyes stürzte sich am

14. Dezember eine Achtzehnjährige aus dem dritten Stock eines leerstehenden Hauses, in dem sie vergewaltigt worden war, nachdem der Mann sie mit Fußtritten und Faustschlägen »verführt« hatte. Eine einundfünfzigjährige Schuldirektorin ist immer noch traumatisiert von der kollektiven Vergewaltigung, der sie vor fast einem Jahr zum Opfer gefallen war. Und wie viele andere sind nach einer eingestandenen oder verschwiegenen Vergewaltigung, die nicht weiter auf dem Gewissen des Täters lastet, psychisch oder sexuell traumatisiert fürs Leben?

Wo liegt die wahre sexuelle Not?

Man darf sich nicht davor fürchten, die Wahrheit zu sagen. Schluß mit diesem Schweigen, das einer Komplizenschaft gleichkommt und auf jeden Fall ein strafloses Davonkommen bedeutet. Man muß DARÜBER sprechen, um die Männer abzuschrecken, aber auch und vor allem, um die Frauen zu stärken. Es gibt andere Lösungen, als sich umbringen zu wollen oder wahnsinnig zu werden, wenn einem DAS passiert ist.

Nicht länger sollen die Frauen nach einer Vergewaltigung die Schande und die Scham tragen müssen, sondern die Männer.

Marie Claire
Juli 1977

Das ewige Unschuldslamm

Die meisten Leserinnen werden sich an die erschütternde Tragödie, die sich vor ein paar Wochen in Dieppe zugetragen hat, erinnern: Eine einundzwanzigjährige junge Frau hat ihre beiden Kinder, ein und drei Jahre alt, verhungern lassen. Man erinnert sich auch an die entsetzte Reaktion der gesamten Presse.

Aber wer hat darauf hingewiesen, daß man bei der Geschichte EINEN vergessen hat? Der ewig Vergessene bei solchen Geschichten, das ewige Unschuldslamm: der Vater! Ich habe seither mehrere Briefe bekommen, alle von verlassenen Frauen, die wissen, wovon sie sprechen: Allein haben sie die Kinder aufgezogen, um die sich die Väter nicht mehr kümmerten, und allein haben sie die materiellen Belastungen und die Verantwortung auf sich genommen, die jede Erziehung mit sich bringt, mit allem, was das an Opfern, an Einsamkeit und verpfuschtem persönlichen Leben bedeutet. Natürlich auch an Freude.

Aber wenn das alles so lustig wäre, warum haben die Väter so selten Lust, die Freude zu teilen? Und warum sieht man bei einem solchen Prozeß nur eine Angeklagte: die Mutter? »Stirbt der Mutterinstinkt aus?« fragt ein männlicher Journalist in einer Aufwallung tugendhafter Entrüstung.

Sicher, diese Geschichte ist schrecklich. Aber was hat der Mutterinstinkt dabei zu suchen? Zwei Kinder, für die man verantwortlich ist, egal, ob es die eigenen sind oder nicht, sterben zu lassen, ist entsetzlich. Kann man sich vorstellen, bei welcher Verzweiflung, in welcher Gefühlsnot ein Mensch angelangt sein muß, wie sehr er allen Lebensmut verloren haben muß, um ein solches Verbrechen zu begehen? Auf einer solchen Stufe des Unglücks von Mutterinstinkt zu reden, ist Heuchelei. Und der Instinkt für Liebe? Der Instinkt für Glück? Ebenfalls verschwunden bei diesem erschütternden Debakel.

Man erinnert sich an eine andere Geschichte, über die kürzlich zu lesen war: die Geschichte des siebzehnjährigen Mädchens aus einer Familie mit zwölf Kindern, das in der elterlichen Wohnung ganz allein ein Kind zur Welt brachte und es anschließend sofort tötete, damit die Eltern es nicht schreien hörten. Niemand in der Familie hatte bemerkt, daß sie schwanger war. Niemand hatte gehört, wie sie entband. Sie wurde nur verhaftet, weil man die Leiche des Neugeborenen in einem Sumpf in der Nachbarschaft entdeckte. Sie hatte nicht einmal so viel Selbsterhaltungstrieb, um ihr Verbrechen besser zu verbergen.

Auch hier stelle man sich die neun Monate der Angst vor, die Panik, als die ersten Schmerzen einsetzten, den Horror, mit siebzehn schmachvoll, ganz allein, ohne eine helfende Hand, auf den Fliesen eines Badezimmers entbinden zu müssen … Wie kann man es wagen, in solchen Fällen von Mutterinstinkt zu sprechen?

Die Biologie lehrt uns, daß unter bestimmten Bedingungen selbst die fundamentalsten Instinkte aussetzen. Arten, die zu zahlreich werden, pflanzen sich nicht mehr fort, Vögel töten ihren Nachwuchs im Ei, von der dunklen Notwendigkeit geleitet, die lebenswichtige Ordnung wiederherzustellen. Auch Menschen können an einen Punkt gelangen, an dem elementare Gefühle und Mechanismen außer Kraft gesetzt sind. Zweifellos sind sie verantwortlich für ihre Tat. Aber sie sind nicht die einzigen Verantwortlichen.

Wann wird man endlich beschließen, bei Angelegenheiten, die ihre Kinder betreffen, auch die Väter vor Gericht zu zitieren? Wann wird man anerkennen, daß sie die ersten waren, die das Kind verlassen haben?

Während Sie diese Zeilen lesen, sind die beiden Frauen im Gefängnis. Welche Gedanken quälen sie? Welches Los erwartet sie? Die Väter trinken mit ihren Freunden einen Aperitif, gehen zur Arbeit oder sitzen als Familienoberhäupter mit anderen Kindern am Tisch … den ehelichen.

Schon viel zu lange ist es die Norm, daß die ledigen Mütter allein für einen »Fehltritt« bezahlen, den man nur zu zweit begeht, und daß die Väter sich benehmen wie die ewigen Unschuldslämmer.

Marie Claire
Oktober 1977

Die Ausbeutung der Frau durch die Frau

Den Frauen Schuldgefühle einreden, ach, der gute alte Dreh! Er hat dazu gedient, daß wir so viele Jahrhunderte lang unter Schmerzen geboren haben, sogar noch nach Entdeckung der Anästhesie. Er hat uns so lange Scham über unseren Körper empfinden lassen, über unsere spezifischen Organe, über unsere Lust. (Für die Frauen wurde die Formulierung von der »ehelichen Pflicht« maßgeschneidert, und zwar mit einem ganz genauen Ziel.) Man könnte noch tausend andere Beispiele anführen.

Wir beginnen uns von all diesen Erpressungen der Weiblichkeit freizumachen, bleiben aber durch unser Erbe immer noch zu verwundbar. So wäre ich auch fast auf ein Argument »hereingefallen«, das immer häufiger in bestimmten Presseorganen, vor allem linken, angeführt wird, und mit dem man berufstätigen Frauen vorwirft, daß sie manchmal einen Teil der Hausarbeit von anderen Frauen übernehmen lassen. Dabei handle es sich um eine Ausbeutung der Frau durch die Frau, um eine »Reproduktion kapitalistischer Strukturen auf der häuslichen Ebene«, also um einen unzulässigen Machtmißbrauch, der einer Feministin unwürdig sei.

Betrachtet man dieses Argument genauer, bemerkt man, daß es so geschickt die Privilegien der Ehemänner und die Knechtschaft der Ehefrauen verewigt, daß man meinen könnte, ein Mann habe es erfunden. Die Begeisterung der

Männer für die Haushaltsarbeit kennt man ja, und so bedeutet dieses Argument tatsächlich, daß man wieder einmal alle Lasten des gemeinsamen Haushalts den Ehefrauen aufbürdet, selbst wenn sie einen eigenen Beruf ausüben. Na schön, sollen sie Bürgermeisterinnen, Ärztinnen oder Leiterinnen eines Unternehmens sein … aber unter einer Bedingung: daß sie zuerst ihren Beruf als Ehefrau ausfüllen. Eine Verpflichtung, die gute Chancen hat, ihnen den Zugang zu wichtigen Posten und zu interessanten Berufen zu verwehren.
Doch es kommt noch schlimmer, denn dieses Argument hat eine doppelte Stoßrichtung: Nicht zufrieden damit, daß es uns wieder zu Kochtopf und Besen zurückschickt, drückt es wieder einmal die vollkommene Verachtung der Gesellschaft für die Hausarbeit aus, während es gleichzeitig die wunderbare Berufung der Frau feiert. Wenn man erklärt, daß eine Frau, die sich von einer portugiesischen Immigrantin das Geschirr spülen läßt, diese Portugiesin ausbeutet und erniedrigt, gibt man ja wohl zu verstehen, daß diese Arbeiten diejenigen degradieren, die sie ausführen. Natürlich sind sie nicht so verächtlich, daß ein Mann sie nicht von seiner Frau verlangen könnte … aber doch so sehr, daß eine Frau sie nicht von einer anderen Frau verlangen kann! Ein ziemlich verqueres Argument!
Und ein niederträchtiges Argument, denn unter seiner pseudosozialen Allüre setzt es die triste Mentalität der Bourgeoisie aus dem 19. Jahrhundert fort, die den Begriff des »Mädchens für alles« erfunden hat (ebenso wie den der »ehelichen Pflicht«), und die sich dieser Kategorie von Arbeiterinnen gegenüber, von denen sich heute keine mehr so nennen läßt, ebenso benommen hat. Diese Bezeichnung, die auf eine Vielfalt von Talenten hätte hinweisen können, ist zu einem Synonym für Sklaverei geworden. Wie sollte eine Hausfrau

keine Komplexe haben angesichts einer Arbeit, die jedermann als den letzten aller Berufe zu betrachten scheint, während er ihn doch jeder Frau (wenn es denn seine ist) heiß empfiehlt?
Wenn man erklärt, es sei unwürdig, diese Arbeit von jemandem zu verlangen, erniedrigt man die Frauen, die sie tun – entweder weil sie es wollen oder weil sie es müssen –; damit verewigt man das traditionelle Ghetto der Hausarbeit. Damit setzt man stillschweigend voraus, daß alles besser ist, als zu putzen ... daß es viel anerkennenswerter ist, acht Stunden am Tag in einer Telefonzentrale oder an einem Montageband zu verbringen, als seine Haushaltsarbeit oder die von anderen zu erledigen, selbst wenn man dabei höheren Lohn bekommt.
Die Lösung eines Teils von Problemen in der Partnerschaft und bei der Chancengleichheit von Jungen und Mädchen liegt darin, daß man sich Hausarbeit und Kindererziehung *teilt*. Aber man fragt sich, welches Wunder die nächste Generation von Familienvätern dazu bringen sollte, solche Aufgaben auf sich zu nehmen, die man nicht einmal von einer bezahlten Arbeiterin zu fordern wagt.

Marie Claire
1977

Damespiel

Es wird in der Regierung nicht mehr von »weiblichen Lebens- und Arbeitsbedingungen« geredet. Gut, die Gastarbeiter. Die Immigranten aus den überseeischen Gebieten, die Handwerker und die kleinen Geschäftsleute, die Veteranen, die Jugendlichen und die Sportler; das geht alles weiter. Aber von den Frauen hat man genug gesehen und gehört. Die Männer haben ihren guten Willen genügend bewiesen, indem sie akzeptierten, daß Françoise Giroud mitten im Ministerrat, während es doch so viele wichtige Themen zu behandeln gab, mehrmals über Frauenprobleme gesprochen hat. Die meisten dieser Männer haben ihre Ungeduld übrigens nur schlecht verborgen. Papa war bereit, eine Partie Dame mit seiner Tochter Françoise zu spielen. Er tat sogar, als würde er sich für ihre Züge interessieren ... »Ein Frauensekretariat? Wenn du willst; aber wir spielen ohne Einsatz: kein Budget, keine Macht.«
»Und jetzt, meine Große, Schluß mit dem Spiel; Papa muß sich wieder um die Inflation kümmern. Es war eine schöne Partie. Du machst wirklich Fortschritte ... du machst mir fast schon angst ...« Abgang Françoise.
Die Lebens- und Arbeitsbedingungen von Frauen gibt es natürlich weiterhin. In der Arbeit, zu Hause, in Büchern, im Fernsehen, in der Presse. Es gibt sie weiterhin, und zwar genau deshalb, weil wir es nicht schaffen, daß die Männer

dieses Problem zugeben. Spezifische Frauenbedingungen? Was soll das denn sein? Die meisten Männer sind immer noch der Ansicht, daß »die Mehrheit sich nach der wohltuenden Ergebenheit unter ihren legitimen Besitzer sehnt, so wie es in der biophysischen Natur jeder normalen Frau festgelegt ist«, wie ein Leserbriefschreiber im *Nouvel Observateur* feststellt. Er prahlt damit, die Frauen gut zu kennen – besser als sie sich selbst. Und vor allem meint er, daß dieses ganze schädliche Aufhebens um Vergewaltigung, wie es »die Damen vom MLF, Gisèle Halimi und Konsorten« betreiben, nur dem Bedürfnis einiger »Anormaler« nach hysterischer Geschäftigkeit entspringt.
Wie viele Männer – und Frauen – leben tatsächlich mit dieser beruhigenden Gewißheit, daß die Unzufriedenen, die Forderungen stellen, krank oder verrückt sind? Wie lange wollen sie uns noch hartnäckig beibringen, was in ihren Augen eine richtige Frau ist? (In derselben Zeitung spielte auch General Westmoreland vor kurzem Psychiater, indem er erklärte, Frauen, die zur Armee wollten, seien anormal.) Wie lange noch werden wir Angst haben, in ihren Augen keine normale Frau zu sein ... oder eine Mutter, die diesen Namen verdient ... eine *richtige* Frau, oder wie die übrigen anerkannten Attribute lauten? Wann werden wir selbst entscheiden, daß wir ganz normal sind, daß Frauen, die kein Kind haben wollen, normal sind, daß Brigadegeneralinnen normal sind, oder kurz, daß die Verschiedenartigkeit normal ist?
Was wissen sie denn wirklich über uns, unsere »rechtmäßigen Besitzer«, außer *dem*, was sie selbst beschlossen haben, daß wir es sind oder daß wir es sein sollen? Und sie kämpfen hartnäckig, um nichts zu wissen, um nichts zu verstehen. Verleger und Buchhändler verbreiten Werbetexte, in denen sie diesen oder jenen Roman »allen Erwachsenen, die gerne

nachdenken«, empfehlen, oder irgendeinen Abenteuerroman für »alle, die es gerne spannend haben«. Das schöne Buch von Andrée Chedid, *Le Sommeil délivré*, die packende Geschichte einer arabischen Frau, Gefangene einer unerbittlichen Tradition, die sie allmählich in Schweigen und Nichtexistenz einmauert, wird als »vor allem für die Frauen bestimmt« angekündigt – ist das für Männer nicht interessant? Sie behaupten, uns zu kennen, als hätten sie uns gemacht. Werden sie es eines Tages akzeptieren, von der Vorstellung, die sie sich über uns zurechtgelegt haben, abzuweichen, so bequem und so beruhigend sie auch sein mag? Auf jeden Fall wird uns niemand mehr im Ministerrat vertreten. Welche Erleichterung für diese Herren, daß es hier keine Frauen mehr gibt, die sie mit Frauenproblemen belästigen. Nur noch drei auf sechsunddreißig. Wenn es um die Lebensbedingungen von Frauen geht, werden sie künftig darüber sprechen können, wie sie es immer getan haben und wie es ihnen bestens paßt: unter Männern.

F Magazine
Januar 1978

Betet zu Gott, SIE wird euch erhören

»Fünfzig Prozent der Menschheit sind Frauen« – ein bekannter Slogan der Frauenbewegung MLF. Anscheinend stellen auch die »lieben Brüder« der christlichen Religion langsam fest, daß fünfzig Prozent der Brüder Schwestern sind! Daher wurde in Brüssel eine internationale Gruppe von Katholiken und Protestanten, Priestern und Laien gegründet, deren Anliegen es ist, »dem Sexismus in der Kirche in all seinen Formen ein Ende zu setzen«. Und diese Gruppe, »Frauen und Männer in der Kirche«, läßt unter den heiligen Gewölben eine ganz überraschende Sprache erklingen:

Mann: »Dafür, daß wir die Frau zu oft in stereotype Rollen gepreßt haben, die der verführerischen Eva oder der jungfräulichen Mutter, und ihre ursprüngliche Persönlichkeit verkannt haben, bitten wir dich um Vergebung.«

Frau: »Dafür, daß wir Komplizinnen dieser falschen Verhältnisse waren, weil wir in unserem Bedürfnis zu gefallen zu weit gegangen sind oder weil wir unsere Mutterrolle bis zum Exzeß verherrlicht haben, bitten wir dich um Vergebung.«

Mann: »Dafür, daß wir uns die Frauen zu leicht dienstbar gemacht haben, weil wir ihnen die Aufgaben übertragen haben, die uns als eines Mannes unwürdig erschienen, bitten wir dich um Vergebung …«

»Männer und Frauen in der Kirche« ist also keineswegs ein Ausschuß für gute Werke, sondern eine wagemutige Gruppe, deren Anliegen viel weiter gehen als die gewohnten frommen Wünsche oder die Hoffnung auf bessere Tage ... Diese Vereinigung hat vor kurzem eine Sammlung veröffentlicht, »Texte und Experimente zu einer nicht-sexistischen Liturgie«, in der seltsame Zeremonien beschrieben sind, die in manchen Kirchen Belgiens und der USA begangen werden und die sich zum Ziel gesetzt haben, die alten Dämonen der jüdisch-christlichen Frauenfeindlichkeit auszutreiben.

So besaßen etwa Christen in Milwaukee, die sich endlich der neurotischen Frauenfeindlichkeit der Kirchenväter bewußt geworden waren, den Wagemut, bei einer Messe zum Jahrestag des amerikanischen Frauenwahlrechts ein wenig orthodoxes »Bußgebet« zu rezitieren:

»Herr, erlöse uns von der Tradition des Tertullian, der die Frauen die Tore zur Hölle genannt hat.

Herr, erlöse uns von der Tradition des Thomas von Aquin, der die Frauen mißglückte Männer genannt und ihren Nutzen nur in der Fortpflanzung gesehen hat.

Herr, erlöse uns von der Tradition des Apostels Paulus, der ...«

Es dauerte zu lange, die endlose Liste dieser Vorsänger der Frauenfeindlichkeit zu zitieren, die sich allein befugt fühlten, im Namen Gottes zu sprechen.

Dafür muß man jedoch auf die schönste und wagemutigste dieser Infragestellungen weiblicher Rollen aufmerksam machen, die der protestantischen Gruppe »Sojourner Truth« (Name einer schwarzen amerikanischen Sklavin, die für die Abschaffung der Sklaverei und für Frauenrechte kämpfte), die sich der Technik des Psychodramas bedient, um die unbewußten Mechanismen bloßzulegen, die die weibliche Unterordnung verewigen. Den Gläubigen wird ein regelrechtes Happening geboten, dessen Titel bereits eine Provokation ist: »Hexe, Jungfrau oder Prostituierte, brechen wir den Bann«. In diesem szenischen Spiel gibt es einen Sprecher und neun Darstellerinnen: drei Hexen, eine in schwarzem Umhang mit Kapuze, die zweite in Morgenrock, Pantoffeln und Lockenwicklern (die Hausfrau) und die dritte in einem Karateanzug (die militante Feministin); weiter drei Jungfrauen, eine Jungfrau Maria in Blau und Weiß, eine Nonne mit Flügelhaube und eine Verheiratete in unbeflecktem Kleid; schließlich noch drei Prostituierte, eine als »französische Hure« [*sic*], eine als heilige Prostituierte aus der Antike und eine Ehebrecherin in einem grauen Wollkleid mit einem großen A darauf, dem Buchstaben der Schande. Alle sind in Ketten.

»Die Kirche hat stets jungfräuliche oder geschlechtslose Frauen gepriesen«, verkündet der Sprecher, »und die geschlechtlichen Frauen verfolgt: Die Schwachen und die Opfer wurden Prostituierte genannt, die Starken, Unabhängigen und Aufrührerischen nannte man Hexen.«

Die Jungfrauen treten nach vorn und erklären, daß die Kirche, indem sie Jungfräulichkeit gleichsetzt mit dem Guten, den Frauen einen Teil ihrer Persönlichkeit raubt und kein positives Vorbild einer starken, geschlechtlichen und guten Frau schafft. »Wir wollen keine Ehefrauen mehr sein, die sich demütig hinter ihren Männern halten, keine abgeleitete Form der Nonne, keine Damen in Wohltätigkeitsvereinen; wir wollen keine blassen Kopien mehr sein, keine bescheidenen, murmelnden, unscheinbaren, geopferten, ausgelöschten Kreaturen, in Krepp gekleidet. Wir weisen das zerstörerische Bild der Jungfrau zurück!« Die drei Jungfrauen werfen ihre Ketten ab und überlassen die Bühne den Hexen.

Die Hexen erinnern daran, daß im 15. und 16. Jahrhundert drei Millionen Frauen, darunter Jeanne d'Arc, als Hexen ver-

brannt wurden. Daß heute noch moderne Hexen wie aufrührerische oder rebellische Frauen verfolgt oder lächerlich gemacht werden.
»Wir sind keine Hexen, weder die Feministinnen noch die Hausfrauen, weder die emanzipierten noch die alten Frauen. Wir sind auch keine Heiligen, wir sind Menschen.« Die drei Hexen lassen ihre Ketten fallen, und nun kommen die Prostituierten mit ihrer Erklärung an die Reihe, werfen ihre Ketten ab und mischen sich unter die anderen Frauen, während die Anwesenden zu einer allgemeinen Diskussion aufgefordert werden.
»Und jetzt«, schließen die Priesterinnen, die die Messe zelebriert haben, »sind wir auf einer anderen Reise unterwegs, auf der Reise zu einer anderen Seinsweise, zu einer neuen Definition von uns selbst, durch uns selbst. Wir laden Sie ein, mit uns zusammen das Brot zu brechen und den Kelch zu trinken.«
Man findet in dieser subversiven und mutigen Sammlung noch viele andere Beispiele. In einer Zeit, in der selbst die Nonnen das Schweigen brechen, um gegen »den Infantilismus zu protestieren, in dem man sie hält« (vgl. die *Ménagères du Christ*, erschienen in Rom), in einer Zeit, in der man so viel davon spricht, das Leben zu verändern und sich neue zwischenmenschliche Beziehungen vorzustellen, wünscht man sich, daß der provokatorische Mut der »Frauen und Männer in der Kirche« auch die Frauen und Männer in den politischen Führungsspitzen, am Arbeitsplatz und – was noch schwerer ist – Frauen und Männer in der Partnerschaft ein wenig inspiriert. Wie lautete der Slogan der *Alliance Jeanne d'Arc*, der ersten feministischen katholischen Bewegung, gegründet 1911? Betet zu Gott, SIE wird euch erhören. Vielleicht.

F Magazine
Februar 1978

Sechs Frauen im Knopfloch

Valéry Giscard d'Estaing liest *F Magazine.* Diese Schlußfolgerung drängt sich auf, wenn man die Aktion »Frauenförderung« analysiert, die unser Präsident in großer Eile und zur Überraschung aller unternommen hat. Catherine Nay hat in unserer ersten Nummer geschrieben, daß unsere Teilnahme »am Regierungsgeschäft« zwar nicht gleich Null sei, aber den internationalen Stand nicht erreiche (der von Schweden angeführt wird). In Frankreich selbst hatte Jacques Chirac mit fünf Frauen in der Regierung den Rekord gehalten. Jetzt ist er um eine Kopflänge geschlagen: Barre hat sechs! Nicht für lange Zeit, denn sechzig Tage nach ihrer Beförderung werden sie den kaum ausgeschöpften Etat wieder abgeben müssen ...
Die Konjunktur wird es ihnen nicht erlauben, eine glänzende Rolle zu spielen, aber was macht das schon? Nicht ihr Programm hat Monsieur Giscard d'Estaing interessiert, sondern ihr Geschlecht. Man verlangt von ihnen nicht, daß sie etwas *tun*, sondern Frauen zu *sein.* Sie spielen innerhalb der Regierung dieselbe Rolle wie die meisten Kandidatinnen bei der Wahl, die man in selbstmörderische Wahlkreise expediert: Man verlangt nicht von ihnen, daß sie sich *wählen lassen,* sondern daß sie als Frauen *anwesend* sind. Unsere sechs Damen bilden im wesentlichen ein Sträußchen, das sich der Präsident und sein Premierminister während des Wahl-

kampfs ins Knopfloch stecken können: »Seht doch, wie sehr wir Blumen lieben.«

Werden die Frauen für dieses Geschenk in letzter Minute empfänglich sein? Man darf es bezweifeln. Der Präsident erinnert an den Ehemann, der den Geburtstag seiner Frau vergessen hat und überstürzt noch ein viel zu großes Geschenk besorgt, das sie weder will noch braucht.

Doch außer einigen Oppositionszeitungen hat die Tagespresse kaum auf den lächerlichen Charakter dieser Aktion hingewiesen. Gewisse Zeitungen, die immer noch hartnäkkig alles, was weiblich ist, auf die galante Art abhandeln, entblödeten sich nicht, von Charme zu sprechen, wo es um Kompetenz hätte gehen müssen: »Begrüßen wir den Tag, an dem die Regierung Frankreichs beweist, daß die Frauen charmant bleiben können, selbst wenn man in ihre Hände fällt, ohne ihnen in die Arme zu fallen«, hat Pierre Sainderichin in *France-Soir* geschrieben, im Stil eines »alternden Beaus«, wobei man sich nur wundern kann, daß ein Journalist, der jünger als hundert Jahre ist, ihn noch verwendet.

»Wenn man über Frauen schreibt, muß man seine Feder in den Regenbogen tauchen und die Zeilen mit Puder aus Schmetterlingsflügeln überstäuben«, schrieb Diderot in seinem *Brief über die Stellung der Frau*. Aber das war vor zweihundert Jahren, als die Männer noch glaubten, ein Übermaß an Galanterie könne ein Übermaß an Ungerechtigkeit überdecken!

Giscard d'Estaing setzt auch heute noch auf Charme. Die letzten Meinungsumfragen haben gezeigt, daß sich bei den Frauen eine Strömung zugunsten der Linken abzeichnet und daß sie womöglich nicht »richtig« wählen. Da er 1974 gerade noch einmal von ihren Stimmen gerettet wurde, muß unser Schlauberger kalkuliert haben, daß es leichter sei, ein paar

Frauen für ein paar Wochen in die Regierung zu nehmen, um weibliche Wählerstimmen zu gewinnen, als eine der hundertundeinen Maßnahmen umzusetzen, die Françoise Giroud vorgeschlagen hat. Drei beförderte Frauen, um drei Millionen von ihnen für sich zu gewinnen, die noch zögern, wie es heißt, ist wirklich nicht sehr teuer bezahlt ... wenn es funktioniert.

Aber allein die Tatsache, daß man uns täuschen will, indem man den Anteil von 14,6 Prozent Frauen in der Regierung (die im übrigen leicht absetzbar sind, während eine Abgeordnete für fünf Jahre gewählt ist) vorzeigt wie eine Siegesfahne, sollte uns die Augen für einige Wahrheiten öffnen. Unser Platz wird knauserig bemessen, und die Politikerkaste nimmt uns außerhalb der paar Wochen vor oder nach einer Wahl nur in sehr geringem Maße ernst. Erst wenn die Ernennung einer Frau eines Tages nicht mehr Wirbel erregt als die eines Mannes und nicht mehr als Alibi für eine Wahl dient, dann wird man von Gleichberechtigung sprechen können.

Aber die Frauenfrage ist heutzutage ein Dorn im Auge der Männer, vor allem der Politiker geworden. Wir waren nichts, und nun sind wir 52 von 100 ... Also, eine Sonderschicht Feminismus! Jedem sein Pensum über dieses Thema: »Während dieser Legislaturperiode habe ich mich nicht genügend mit den Lebens- und Arbeitsbedingungen der Frauen befaßt.« Um das aufzuholen, wollte Valéry Giscard d'Estaing seine Regierung zu der »mit den meisten Frauen weltweit« machen. Es war höchste Zeit. Aber zwei Kleinigkeiten hat er vergessen: daß weibliche Regierung noch lange nicht feministische Regierung bedeutet, und daß es die Mischung ist, die zählt, beim Kuchen wie bei Ministerien! Ein Frauenanteil von 14 Prozent ist weit geringer als in Norwegen (4 Frauen von 16,

das heißt 25 Prozent), Schweden (5 von 20) oder selbst in der Bundesrepublik Deutschland mit 3 Frauen von 17. 6 Frauen von 12, das wäre eine Revolution, aber 6 Frauen von 41 ist ein Almosen – oder eben ein Täuschungsmanöver. Der Präsident hat es als »technische Umbildung« bezeichnet. Heißt das, daß er das Geschlecht als Regierungstechnik betrachtet?
Wenn man weiter Frauenministerien einrichtet und wieder auflöst und die Frauen hierhin und dorthin dirigiert, wird man eines baldigen Tages vielleicht feststellen, daß sie nicht mehr die brave alte Haut sind, die sie immer waren.

F Magazine
März 1978

Der New Look der Frauenfeindlichkeit

Die Frauenfeindlichkeit ist dabei, ihr Gesicht zu verändern. Wo sind die führenden Köpfe des traditionellen Antifeminismus, die noch vor ein paar Jahren so hurtig herbeigeeilt waren, um zu versichern, daß wir eine Übergangsform zwischen Mensch und Amöbe seien? Sie sind verschwunden oder sie schweigen. Eine vor kurzem ausgestrahlte Sendung von *Apostrophe* über den Feminismus hat nur einen einzigen armen Tropf gefunden, der noch wiederholte: »Die Macht der Frauen – Stop!« (Das ist der Titel seines Buches.) Bei Gisèle Halimi, Martine Portnoë und Michèle Perrein, die er so auf ihren Platz verwiesen hat, erregte er damit nur noch offene Heiterkeit. In Wahrheit wagt es kein Schriftsteller, der dieser Bezeichnung würdig ist, heute mehr, diesen erbärmlichen Standpunkt öffentlich zu verteidigen. Nicht daß die Frauenfeinde ihre Meinung geändert hätten ... Antifcminismus ist nur keine sehr ehrenwerte Haltung mehr. Daher rührt die Begeisterung, wenn eine Person weiblichen Geschlechts auftaucht, die ihnen die Arbeit abnimmt, so daß sie sich nicht die Hände schmutzig machen müssen.
Dieses Jahr ist die Überläuferin vom Dienst Annie Le Brun (vergessen Sie diesen Namen rasch wieder), die ein giftiges Büchlein veröffentlicht hat, in dem in systematischer Gehässigkeit so unterschiedliche Schriftstellerinnen wie Simone de Beauvoir, Marie Cardinal, Marguerite Duras, Annie Leclerc,

Hélène Cixous oder Christiane Rochefort in einen Topf geworfen werden. (Übrigens auch ich. Es hätte mich gedemütigt, wenn man mich verschont hätte.) In einer Zeit, in der sich der männliche Sexismus nicht mehr allzu offen zu zeigen wagt, rekrutiert er seine Verbündeten, wo es nur geht, und eine Frau, die unterschiedslos auf alles losgeht, was sich an Weiblichem nur rührt, ist ein Glücksfall, den man sich nicht entgehen läßt. Man gibt ihr Buch heraus, man umwirbt sie, man durchleuchtet sie, hin und wieder herrscht man sie auch an; und honigsüße Journalisten tun so, als wären sie überrascht von ihren Aussagen, die so wunderbar mit dem übereinstimmen, was sie sich nicht mehr öffentlich zu sagen trauen! »Sie meinen also, alle Feministinnen seien neurotisch? Wie interessant.« »Sie glauben also, weibliche Solidarität sei wertloser Schrott? Und wenn die Feministinnen *ihre* Klitoris-Beschnittenen, *ihre* Vergewaltigten und *ihre* Prostituierten haben, so nur deshalb, um sich selbst besser herauszustellen?«

Es ist ein gefundenes Fressen für unsere lieben Phallokraten, und man muß sich nur ihre Mienen auf dem Bildschirm ansehen, wie zufriedene Kater, wenn sie die naive Maus dirigieren, um sich davon zu überzeugen, daß diese »Judasfrauen« für sie ein Geschenk des Himmels sind.

Dabei bietet nichts einen tristeren Anblick als eine frauenfeindliche Frau. Es ist eine Frau, die einen Teil ihrer Weiblichkeit leugnet, um sich mit dem Männerclan zu verbünden, der sie dafür insgeheim verachtet. Früher benutzte man solche Überläufer kaum. Sie begnügten sich, in Salons und Alkoven laut ihren Abscheu vor Aufrührerinnen, Suffragetten und anderen militanten Feministinnen zu verkünden, und die Männer tätschelten ihnen den Hintern, um ihnen für diese Dummheit zu danken, die ihren Interessen so nützlich war. Heute schieben die Männer sie nach vorn, diese »Sandwichfrauen« des Antifeminismus, und reichen sich diese Kollaborateurinnen, die so brav die Dreckarbeit für sie erledigen, sogar von Land zu Land weiter. Der Gemeinsame Markt der Frauenfeindlichkeit.

Bestimmt erinnert man sich noch an die Amerikanerin Marabel Morgan und ihr Buch *La Femme totale.*

1973 war die Anglo-Griechin Ariana Stassinopoulos an der Reihe, den primären Antifeminismus mit ihrem Buch *Femme-Femme* zu verkörpern.

In jüngster Zeit wurden die aufeinanderfolgenden Bücher der Deutschen Esther Vilar sofort ins Französische übersetzt und weidlich ausgeschlachtet, darunter auch ihr neuestes, *Das Ende der Dressur*, eine Ansammlung von Unwahrheiten und Paradoxa über das Martyrium der Ehemänner, das hoffentlich keine Ehefrau liest, ohne schallend zu lachen.

»Ich verstecke mich unter den Röcken von Madame Annie Le Brun, die auf ihrem Photo jung und schön aussieht«, schrieb Louis Pauwels vor kurzem, entzückt, daß er sagen konnte, ohne es selbst sagen zu müssen, der »Feminismus ist ein degenerierter Gedanke«.

Daß Louis Pauwels, Bearbeiter eines so berühmten Denkmals an Frauenfeindlichkeit, wie es Montherlants *Die jungen Mädchen* sind (vor kurzem im Fernsehen gelaufen – wie man sich wiedertrifft!), voller Begeisterung dem Feminismus die Totenglocke läutet, ist normal. Traurig macht es jedoch, daß auch Journalist*innen* gegen den »ideologischen Terror, den die Priesterinnen des Feminismus ausüben«, zetern. Anstatt von Terror oder »Gynokratie« zu reden, anstatt große Worte zu schwingen, wäre es ehrlicher, an ein paar Zahlen zu erinnern. Sprechen wir über Politik, da der Zeitpunkt gerade günstig ist: Wie vielen Frauen haben die großen Parteien bei den Parlamentswahlen eine Chance gegeben? Es sind noch weniger, als Sie glauben. Kaum über hundert Kandidatinnen! O ja, prima haben wir sie terrorisiert, unsere Politiker! Und Madame Annie Machin will uns glauben machen, es sei Schluß mit dem Feminismus? Angesichts dieser Zahlen möchte man eher sagen, es sei höchste Zeit, daß der Feminismus beginnt.

F Magazine
April 1978

Der Preis einer Frau

»Zwanzig Jahre, das ist doch nicht möglich! ... Anzeige erstatten heißt, das repressive System zu unterstützen ... Wir wollten keine Gefängnisstrafe ...« Diese bestürzten Reaktionen der Frauen, die im Schwurgericht von Beauvais anwesend waren, als das Urteil gegen den Algerier Lakhdar Setti – zwanzig Jahre Gefängnis wegen drei Vergewaltigungen – verkündet wurde, zeigen deutlich die Widersprüche und die Probleme im Bewußtsein der Frauenbewegung. »Wir wissen nicht mehr, was wir tun sollen, wir stecken in einer Sackgasse«, haben Colette Auger, Monique Antoine und Josyane Moutet aus dem Anwaltskollektiv, das Carole, eines der Opfer, vertrat, erklärt.
In der Tat wollten die meisten vergewaltigten Frauen, die den Mut hatten auszusagen, ebenso wie die Verbände, die sie unterstützten, nicht erreichen, daß dieser oder jener Vergewaltiger zu immer härteren Gefängnisstrafen verurteilt wird; sie wollten vor allem, daß die Gesellschaft erkennt, in welchem Maße sie für Vergewaltigungen verantwortlich ist, weil sie in ihrer Kultur wurzeln. Immer schon sind sie von Männern toleriert worden, da man der Ansicht war, ihre Sexualität sei nicht zu unterdrücken, und von Frauen wie eine Schicksalsgegebenheit ihrer weiblichen Lebensbedingungen erduldet worden. Gegen diese Nachsicht einerseits und diese Resignation andererseits galt es, sich zur Wehr zu setzen.

Und diese Weiterentwicklung im Denken vollzieht sich im Augenblick. Liest man in der Presse von vor nur fünf oder sechs Jahren nach, ist man verblüfft, wie sehr sich der Tonfall verändert hat. 1978 lacht man nicht mehr hämisch über vergewaltigte Frauen. Das Opfer wird nicht mehr systematisch als schuldig oder provozierend hingestellt, und die Öffentlichkeit ist gezwungen, einer lästigen Wahrheit ins Gesicht zu sehen: Vergewaltiger sind nur sehr selten pervers oder anormal. Weiter wollte man uns glauben machen, die Schuldigen seien Individuen, die sich in einem sexuellen Notstand befänden, Immigranten vor allem. Das ist statistisch falsch. (Nebenbei gesagt, Lakhdar Setti war verheiratet und übte einen Beruf aus, er war Radiomechaniker.) In Wirklichkeit sind Vergewaltiger fast nie sexuell Ausgehungerte ... Es sind Männer, die geprägt sind durch eine absurde und gefährliche Vorstellung von Männlichkeit und die den zynischsten Machtmißbrauch betreiben, die unverschämteste Bekundung ihrer Verachtung für das andere Geschlecht, bisher ermutigt durch ein Schweigen, das einem geheimen Einverständnis glich.

Sicher, fünf, zehn oder gar zwanzig Jahre Gefängnis für eine Tat, die man jahrhundertelang praktisch straflos begehen konnte, scheint ungeheuer ungerecht. Aber die Vergewaltiger von heute zahlen für alle ihre ohne Strafe davongekommenen Vorgänger mit. Die Gesellschaft ist heute unter dem Druck der Feministinnen gezwungen, dieses weltweit begangene Verbrechen, das aber immer hinter einer Mauer des Schweigens verborgen wurde, aufzudecken. Sie ist gezwungen worden zu reagieren, und augenblicklich sehen wir eine unverhältnismäßige Repression. Aber das Wesentliche bestand darin, die öffentliche Meinung und die Justiz zu zwingen, endlich die Augen zu öffnen. Die Prozesse, die man öffentlich gemacht hat, die Entdeckung der schmutzigen Realität einer Vergewaltigung (etwa in Yannick Bellons schönem Film *Das Ende der Nacht*) und die von den Frauenbewegungen und besonders von Gisèle Halimi und *Choisir* inszenierte Kampagne standen unbestreitbar am Anfang dieser Bewußtwerdung.

Wie soll man also aus dieser Sackgasse herauskommen? Manche fangen an, den Frauen, die Anklage erheben, Schuldgefühle einzureden, als sei sexuelle Aggression die einzige, die man nicht juristisch verfolgen könne. Madame Josyane Moutet hatte im Laufe eines bewegenden Plädoyers den Mut, »den Embryo einer Lösung« vorzuschlagen. Gestützt auf einen Artikel in der Strafverfahrensordnung beantragte sie für Setti Strafaussetzung mit Bewährung. Aber vor allem schlug sie in einem Interview mit der Zeitung *Libération* eine andere Annäherung an das Problem vor: »Vielleicht sollte man Schadensersatz fordern, weil man damit bei einem anderen Symbol wäre als dem Gefängnis. Wenn man einen Autounfall hat und Invalide bleibt, findet man es ganz normal, eine finanzielle Entschädigung zu fordern und auch den Preis für den Schmerz zu taxieren. Warum verdreht man die Augen bei dem Gedanken, dasselbe bei einer Vergewaltigung zu tun, die ebenfalls einen physischen und seelischen Schmerz bedeutet? Tatsächlich haben wir aufgrund der Unterdrückung, die wir erlitten haben, die sexuelle Gewalt über jede andere Gewalt gestellt. Aber nun sind wir dabei, sie auf eine so hohe Stufe zu stellen, daß es gefährlich wird. Es wäre Zeit, eine Vagina wieder ihrem angemessenen Platz zuzuordnen, wenn ich es einmal so zu sagen wage, und nicht die Überbewertung des Phallus durch die Überbewertung der Vagina zu ersetzen und zu wiederholen, was die Männer seit Jahrtausenden mit ihrem Geschlecht gemacht haben. Eine Vergewaltigung greift die körperliche und seelische Unversehrtheit der Frauen an, das muß ›wiedergutgemacht‹ werden, genauso, als handle es sich um irgendeine andere, fundamental das Leben betreffende Tat.«

Worte, die vielleicht schockierend wirken, die aber, wie mir scheint, den Weg zu einer weniger emotionalen und vernünftigeren Haltung öffnen können. Nach so vielen Jahrhunderten des Tabus über die weiblichen Geschlechtsorgane hat eine bestimmte feministische Strömung, aus einem verständlichen Wunsch nach Kompensation heraus, zu einer Art Heiligenverehrung des weiblichen Körpers geführt. Aber erlangen wir die wahre Befreiung nicht eher durch eine »Normalisierung«, durch eine »Banalisierung« der Sexualorgane? »Das wesentliche Sexualorgan des Mannes ist das Gehirn«, hat Freud gesagt. Wenn man sein innerstes Selbst aus einer physischen Beziehung herauszuhalten versucht, müßte dieser Akt sich dann nicht auf eine erlittene Gewalttat reduzieren, die aber beim Opfer nicht mehr Scham und Schmach nach sich ziehen sollte als ein Angriff mit der Waffe oder Prügel von der Polizei? Der Vergewaltigung einen mythischen Wert einzuräumen, hinzunehmen, daß sie eine Bedrohung für unser seelisches Gleichgewicht oder unsere Selbstachtung bedeutet, daß sie etwas anderes ist als ein abstoßender, widerwärtiger Akt, heißt, daß man die traditionelle Sicht übernimmt, die die Männer den Frauen aufgezwungen haben. Es heißt, das alte Urteil des Thomas von Aquin zu akzeptieren: *Tota mulier in utero.*

Nach Jahrtausenden, in denen ihr Marktwert vor allem von ihrer Jungfräulichkeit abhing, ist es schwer für die Frauen, die Vorstellung zu akzeptieren, daß ihre Sexualorgane nur den Wert haben, den sie selbst ihnen einräumen, und daß sie nicht ihr ganzes Sein symbolisieren. Das wäre vielleicht das sicherste Mittel, um über so ein Erlebnis hinwegzukommen, ohne ein Trauma fürs ganze Leben zu behalten oder sein Sexualleben oder seine Liebesfähigkeit beeinträchtigt zu sehen. Diese Erpressung, eine Frau müsse sich nach einer Vergewaltigung schämen, hat in der Vergangenheit so viele Frauenleben zerstört und verewigt das schwachsinnige Kräfteverhältnis, das schon viel zu lange die Beziehung zwischen Mann und Frau bestimmt hat. Und das heißt auch, einer niederträchtigen Handlung, die den erbärmlichen Täter weit mehr degradiert als das weibliche Opfer, zu viel Ehre einzuräumen.

F Magazine
September 1978

Ein drittes Kind für die Alten

Es ist noch nicht so lange her, daß bärtige Staatsmänner die Französinnen beschworen, dem Vaterland Soldaten zu schenken. Aber heute weiß jeder, wem Kriege nützen, und Péguys schreckliche Verse »Glücklich die reifen Ähren und das niedergemähte Getreide« sind ersetzt worden durch ein Gedicht Préverts, das unserem Empfindungsvermögen angemessener ist: »O Barbara! Was für eine Idiotie, der Krieg ...«

Da der Tod auf dem Schlachtfeld oder unter den Trümmern einer bombardierten Stadt nicht mehr »das schönste Schicksal« ist, beschwören unsere Staatsmänner, die keine Bärte mehr tragen, sondern den Kurzhaarschnitt der dynamischen Führungskraft, die Französinnen heute, ihnen Verbraucher für die Industrie und Beitragszahler für die Rentenkasse zu schenken. Zweifellos ist es weniger empörend, einen Verschmutzer von Wegwerfwindeln, einen Verzehrer von Babynahrung, einen Käufer von Schallplatten oder Mopeds und ein Pflichtmitglied in der Sozialversicherung zu fabrizieren als Kanonenfutter. Aber abgesehen davon, daß das eine das andere nicht ausschließt, fragt man sich, ob die Tatsache, daß man eine Frau auffordert, im Namen des hehren Ziels Produktivität oder im Namen des ebenso hehren Ziels Sozialversicherung ein drittes Kind zu bekommen, nicht ein noch abstoßenderes Kalkül bedeutet. Muß man dann statt

»Gefallen für Frankreich« auf die Grabsteine setzen lassen »Geboren für die Rentenversicherung«?
Daß ein Wirtschaftsexperte sich Frankreich als Modellfarm vorstellt und berechnet, daß man im Idealfall 800 000 junge Kälber bräuchte, damit die Sache rentabel ist, mag vielleicht interessant sein. Vorausgesetzt, man vergißt nicht, daß es der höchste Traum des Ökonomen wäre, die Weibchen zum Stier zu führen, bis die erwünschte Befruchtungszahl erreicht ist und keine mehr, oder besser noch, all diese Damen künstlich zu befruchten, um Zeit zu gewinnen, da die Natur einen zu großen Teil für so unnütze Nebensächlichkeiten wie Laune, Zufall und ... Lust reserviert. Sicher, solche Berechnungen haben ihren Nutzen und liefern gewisse Eckdaten, aber daß man versucht, die Frauen – und auch die Männer, denn sie sind ebenfalls betroffen – in die ökonomische Planung miteinzubeziehen, daß man sie als schlichte Reproduktionsinstrumente ansieht, scheint mir gleichermaßen ein entehrendes Vorgehen wie ein psychologischer Irrtum zu sein.
Solange Michel Debré mit tremolierender Stimme ein Frankreich von 70 Millionen Einwohnern besang, zuckten die Frauen nur die Achseln, während sie vergebens versuchten, ihr Kind in einer Krippe unterzubringen, es in der Schulkantine anzumelden oder eine Lehrstelle für es zu finden. Aber die Propaganda wird umfassender. Die »Egoistinnen« ohne Kind oder die »Faulen«, die nur eines haben, werden anfangen, sich für das Defizit in der »Bilanz« verantwortlich zu fühlen, wenn sie nicht aufpassen! Man hat in der Tat festgestellt, daß die Frauenbäuche unersetzliche Produktionsstätten sind, und daß die vereinte Wirkung von Empfängnisverhütung und Emanzipation die Gefahr mit sich bringt, daß die Frauen unempfänglich für die ökonomischen Erforder-

nisse und die dringenden Bitten der Machthaber werden. Diese Furcht, Kinder und Geburten könnten der Kontrolle durch das System entschlüpfen, hat selbst die Besten infiziert, da im vergangenen Juni und Juli Evelyne Sullerot höchstpersönlich, früher Feministin und Soziologin, heute Soziologin und Feministin, auf den Wellen von France-Inter anläßlich ihres demographischen Berichts an den Wirtschafts- und Sozialrat einen kaum verhüllten Appell zur Produktivität der Gebärmutter verbreitete.

»Frauen, produziert uns ein drittes Kind«, das war der Kern ihrer Aussage, nicht etwa, damit wir alle glücklicher sind oder damit ein kleiner Mozart oder ein künftiger Einstein größere Chancen haben, das Licht der Welt zu erblicken, sondern ganz simpel, um unsere Rentenkassen zu füllen. Eine erbärmliche Motivation, und man versteht, daß sie die Angesprochenen nicht besonders begeistert!

Daß eine niedrige Geburtenrate Probleme aufwirft und ein gewisses finanzielles Gleichgewicht in Gefahr bringt, ist bedauerlich. Aber ein Kind kann in keinem Fall als Lösung dienen, in einer Wirtschaftskrise noch weniger als in einer Ehekrise. Machen sich die Politiker, die uns einreden wollen, Kinder für die alten Menschen zu bekommen, eigentlich klar, daß sie einem Umkehrschluß erliegen, wie er in der Satirezeitschrift *Charlie-Hebdo* parodiert wird? Früher hat man die Sozialversicherung für die *Menschen* eingerichtet, und jetzt wird absurderweise gefordert, daß man Menschen für die *Sozialversicherung* produzieren soll!

Man kann sich fragen, wozu unsere Technokraten, unsere Absolventen der ENA und unsere Politiker nütze sein sollen, wenn nicht gerade, um sich Lösungen zur Sicherung eines angemessenen Lebens im Alter auszudenken, ohne sich die Frauenbäuche dienstbar zu machen, damit diese ihnen eine bereits fertige Lösung präsentieren! Eine Lösung, die zudem in einen Teufelskreis mündet, denn heute mehr Kinder in die Welt zu setzen, bedeutet für übermorgen zusätzliche Großeltern, die man wiederum unterstützen muß, indem man mehr Kinder in die Welt setzt. Wozu soll es gut sein, in einem hochentwickelten Land zu leben, wenn man uns Lösungen vorsetzt, die bereits Neandertalerinnen und Neandertalern zugänglich waren?

Dieses berühmte dritte Kind, das die weitere Berufstätigkeit der Mutter problematisch macht, von dem man weiß, daß es die Lebensbedingungen der Eltern tiefgreifend verändert, werden sich die Frauen kaum mit gerührten Moralpredigten über die Freuden der Mutterschaft oder zu offenkundig eigennützigen Versprechen einreden lassen. Eine so wichtige und folgenschwere Entscheidung wollen sie heute selbst treffen. Aber können sie ihre Macht überhaupt abschätzen? Stellen wir uns vor, eine genügend große Anzahl von Frauen erklärt, sie weigere sich, ein Kind zu bekommen, bis die Regierung ihre Hauptforderungen erfüllt hat ... (Ein angenehmes Detail: Geburtenstreik bedeutet heute nicht mehr wie zu Lysistratas Zeiten den Liebesstreik ...) »Gebt uns zuerst Kinderkrippen, Sportplätze, erträgliche Arbeitsstellen und menschliche Städte, dann setzen wir anschließend glückliche Kinder in die Welt«, würden diese Frauen fordern, wie es übrigens fast alle Frauen in Evelyne Sullerots Sendungen vorschlugen – und die so ein Verantwortungsbewußtsein bewiesen, von dem diejenigen nicht geplagt werden, die uns sagen: »Kriegt zuerst die Kinder, hinterher sehen wir weiter.«

Man kann sich die Panik vorstellen, den Ansturm von Parlamentariern und Parteien, die wie durch die Berührung mit einem Zauberstab plötzlich die Dringlichkeit von Reformen

und die absolute Priorität sozialer Einrichtungen entdekken …
Schließlich ist es erlaubt, von einer richtiggehenden feministischen Kampagne und der umwälzenden Wirkung, die sie haben könnte, zu träumen … »Die Utopie«, so Victor Hugo, »ist die Wahrheit von morgen.«

F Magazine
Oktober 1978

Mode: der Terror hört nicht auf

»Die acht Schlüsselideen, die man unbedingt aufgreifen muß ... Das obligatorische Accessoire ... Tragen Sie Epauletten ... Sofort kaufen, damit sie 1979 up to date sind ...«
Meine erste Regung, als ich nach dem Urlaub die ersten Frauenzeitschriften aufschlug, war ganz einfach Wut. Diese Ukasse, die vom Himmel fallen, um mir mein Aussehen zu diktieren, und die willig Eingang in alle »unsere« Zeitschriften gefunden haben (außer *F Magazine*), ohne daß jemand es wagt, sie in ihren manchmal grotesken Aspekten zu diskutieren oder zu ironisieren, schienen mir zu den schönsten Tagen von »Frau-Objekt« zurückzuführen. Dabei glaubten wir seit etwa zehn Jahren, in zweifelloser Naivität, die Mode gezähmt zu haben. Man machte ein wenig, was man wollte, oder interpretierte sie frei je nach Geschmack und Körperbau und viele glaubten, das sei eine unumkehrbare Tendenz und eine der Errungenschaften des Feminismus.
Doch keineswegs. Unser Körperbau würde die Modeschöpfer höchstens stören. Daß ihre Mode nur von Mannequins unter dreißig, die zugleich größer als 1,70 sind und weniger als 55 Kilo wiegen, getragen werden kann, betrachten sie nicht als ihr Problem. Es ist unsere Angelegenheit, uns anzupassen, wie wir es übrigens auch immer getan haben. In diesem Herbst braucht man einen kleinen Kopf, extrem breite Schultern und aufdringliche Schenkel. Wir werden wieder

lernen müssen, auf Pfennigabsätzen zu gehen, und haben nur die Wahl zwischen zwei Arten von Schönheit: Schlafwagenmadonna oder Gestapomajorette.
Sicher kann man sagen, daß die Frauen keine Püppchen mehr sind und sich widersetzen können. Aber man hat sie so lange konditioniert, einem typischen Bild zu ähneln, und die Medien haben so ausgefeilte Techniken, um uns ein Produkt aufzudrängen, ein Bedürfnis oder eine Gewohnheit zu schaffen, daß es äußerst schwierig ist, nicht im gleichen Tritt zu marschieren, und sei es im Stechschritt.
Im Augenblick halte ich mich persönlich noch gut. Aber ich mache mir nicht zu viele Illusionen: Denn jedesmal, wenn die Mode eine vollkommene Kehrtwende macht – im allgemeinen eher aus kommerziellen als aus ästhetischen Gründen –, wird derselbe Prozeß in Gang gesetzt:
Phase 1: In der ersten Woche greift man in die vollen, um das Auge zu gewöhnen. Man präsentiert die Silhouette der neuen Frau, wie sie von den Modeschöpfern gesehen wird, als sei diese Form das einzig Selbstverständliche. Angesichts dieser schauderhaften Figuren brechen die »alten Frauen«, die entdecken, daß sie ihre Garderobe vom letzten Jahr auf den Müll werfen können, erst einmal in lautes Gelächter aus. (Aber wer zuletzt lacht, lacht am besten.)
Phase 2: In der zweiten oder dritten Woche werden die Karikaturen auf den Modeseiten etwas schwächer ... Oder hat sich das Auge schon daran gewöhnt? Man kann seinen Glockenrock, sein Bohèmekleid oder seine Clogs noch tragen, aber in den Schaufenstern sieht man bereits nur noch die absolut flachen Kreppmokassins der englischen Queen auf Balmoral, oder die Pumps, die Simone Signoret in *Dédé d'Anvers* getragen hat. Die »Zugpferde« von ganz Paris, die in den Wochenzeitschriften abgebildet sind, tragen mit der

größten Selbstverständlichkeit Landserschiffchen, Pagenkäppis, Epauletten und ein Arsenal an Straß- oder Plastikaccessoires; und die durchschnittliche Leserin kommt sich langsam altmodisch und etwas verstaubt vor.
Letzte Phase: In der vierten Woche ist der Coup geglückt. Man findet Schulterpolster in allen Kurzwarenläden, unsere besten Freundinnen erscheinen eines schönen Morgens als Operettenmilitärs mit athletischen Schultern oder als Vamps aus den dreißiger Jahren, und knurrend kaufen wir uns ebenfalls diese Schulterpolster, die wir heute so komisch finden, und sei es nur, damit wir mit unserem alten Blazer nicht aussehen wie mickrige Mäuschen mit Schultern wie Flaschenhälse!
Beunruhigen sollte uns an dieser Mode von 1979, daß sie nach zehn Jahren sympathischer Phantasie und Anarchie (auch für unsere Budgets sympathisch) wieder an die Methoden und Bilder der Vergangenheit anknüpfen will: Kleider, die einzwängen, Schuhe, die nicht zum Laufen, sondern zum Gefallen gemacht sind, lächerliche Hütchen, damit man uns auf der Straße nachpfeift ... Und warum nicht morgen zurück zum erstickenden Korsett, zur Tournure, die den schönsten Schmuck der Frau zur Geltung bringt, und vor allem auch zu dem köstlichen Spatzenhirn, das damit einhergeht?
Denn im Namen des Ewig-weiblichen hat man immer versucht, uns unsere Moden und unser Verhalten aufzuoktroyieren, indem man uns einredete, unsere Weiblichkeit sei schrecklich gefährdet und wir könnten sie jeden Augenblick verlieren, so wie man einen Regenschirm verlegt, wenn wir nicht wortwörtlich die Ratschläge befolgen, die man uns väterlich erteilt. Werden wir uns diesmal wieder von dieser Erpressung beeindrucken lassen?

»Absätze von zehn oder gar elf Zentimetern Höhe verleihen Ihnen eine selten erreichte Weiblichkeit«, versichert uns ein Poet der Schuhmode. »Sie schweben über der Erde«, verspricht ein anderer, als bestünde Weiblichkeit darin, nicht mit beiden Beinen auf der Erde zu stehen. »Tragen Sie abends ein Smoking-Kostüm«, rät ein dritter.
Es ist klar: Wenn wir uns weigern, uns als Liftboys oder Politessen zu verkleiden, wenn wir den engen Rock ablehnen, der uns, selbst wenn er bis zum Hüftknochen geschlitzt ist, daran hindert, zum Bus zu rennen oder in ein Auto zu steigen, wenn wir uns gegen Reithosen, Soldatenmäntel oder paillettenbesetzte Trainingshosen für den Abend sträuben, so weigern wir uns, richtige Frauen zu sein. Und so sind wir wieder zurückversetzt in das vorausgegangene Kapitel unserer Geschichte, in dem wir regelmäßig bedroht wurden, unsere Weiblichkeit zu verlieren, wenn wir studieren oder uns mit Sport oder Politik befassen wollten!
Fast wäre man versucht zu glauben, diese Mode sei von Frauenfeinden ausgebrütet worden, die sich wieder nach der Frau sehnen, die für die Erholung des Kriegers geschaffen ist, so schwierig, wie es für manche unter uns sein wird, sie zu tragen ... Wie soll man zum Beispiel bei einer Versammlung ernstgenommen werden, wenn man seine Beine bis zum Strumpfhaltergürtel (dieses Jahr sehr empfohlen) zeigen muß, um auf ein Podium zu klettern? Wie soll man in einem Nazi-Gehrock mit falschen Orden zu den Wahlen fürs Europaparlament antreten? Wie soll man in einem Poncho und einem weichen Hut à la Bäuerin vom Titicacasee über das Elend der Dritten Welt sprechen?
Aber wir sind erst bei Phase 2 ... Noch ist nicht alles verloren. Und wenn die Frauen einfach weiter das trügen, was sie mögen, und nicht das, was sie zu mögen haben? Wenn sie

die Kühnheit besäßen, manchmal nein zur Mode zu sagen, anstatt sie wie eine Naturkatastrophe hinzunehmen? Wenn etwa die Mode der Pfennigabsätze auf die Nase fiele, anstatt uns in diesen Schuhen auf die Nase fallen zu lassen? Auf jeden Fall würde damit vermieden, daß das Parkett in Versailles oder im Louvre wieder ruiniert wird, ganz zu schweigen von den Leiden, die man Tausenden unschuldiger Zehen erspart …

Die Mode ändert sich, das gehört zu ihrem Wesen. Aber auch wir haben uns verändert. Und vielleicht sind wir nicht mehr bereit, alles zu tragen.

F Magazine
November 1978

Wir, die kleinen Luder, die Weibchen, die Frauenzimmer

Voix de femme: »Hallo, Benoîte Groult? Guten Tag. Wir hätten gerne Ihre Mitarbeit bei unserer neuen Morgensendung. Eine zweistündige Sendung für Frauen, aber wir wollen vor allem keine ›Frauensendung‹.«
Ich: »Sie wollen sich also nicht auf oberflächliche Dinge beschränken?«
Voix de femme: »Genau.«
Ich: »Sie wollen eine ernste, eine engagierte Sendung machen?«
Voix de femme: »O nein, wir wollen vor allem keine ›feministische‹ Sendung.«
Ich: »Weder Frauensendung noch feministische Sendung, was dann? Welches Adjektiv bleibt uns dann noch: eine weibliche Sendung? Oder ein Programm für Damen?«
Voix de femme (mit einem Lachen): »Gräßliche Vorstellung! Nein, in gewisser Weise eine Sendung für … äh, Individuen … für Menschen einfach.«
Aha. Kurz, es handelte sich darum, eine Sendung für Frauen zu machen, aber man traute sich nicht, sie mit einem der bezüglichen Adjektive zu bezeichnen, weil sie alle abschätzig sind – oder geworden sind! Selbst wenn sie anfangs keinerlei abwertende Nuance hatten, haben sie eines nach dem anderen eine lächerliche, verletzende oder sogar beleidigen-

de Konnotation bekommen. Und so wissen wir nicht mehr, wie wir uns bezeichnen sollen, oder wir wissen buchstäblich nicht mehr, »wo wir uns einordnen« sollen.
Denn wir müssen uns einer Tatsache stellen: Die große Mehrheit aller Wörter, die Frauen, ihre Funktionen oder ihre Organe bezeichnen, sind derart diskreditiert, daß Bild oder Status der Frau systematisch in Mitleidenschaft gezogen wird, während die Wörter, die Männer bezeichnen (männlich, maskulin, mannhaft), ihre neutrale oder positive Bedeutung behalten haben. Wenn es darum geht, männliche Verhaltensweisen zu kritisieren, hat man neue Begriffe eingeführt, so wie »Macho« oder »Phallokrat«. Bei Frauen dagegen, so betonen Linguisten heute, dienen dieselben Worte dazu, sie zu bezeichnen und sie herabzuwürdigen, und alle weiblichen Attribute können eine negative Bedeutung annehmen. Schlimmer noch, sie sorgen für eine absichtliche Gleichsetzung von Frau und Prostituierter, da jedes Wort, das sich auf Frauen bezieht, auch als Bezeichnung für eine Prostituierte dienen kann (vgl. das Wort *fille* oder im Deutschen den Bedeutungswandel des Worts *Dirne*), während umgekehrt jedes Synonym für Hure auf die Frau im allgemeinen angewandt werden kann (vgl. im Französischen *nana* oder *souris*, ursprünglich Bezeichnungen für Prostituierte, heute allgemein als Synonym für Mädchen gebräuchlich). Ein ausgezeichnetes Buch über den Sexismus in der Sprache ist Marina Yaguellos *Les Mots et les Femmes.*
Warum hat die Sprache in allen patriarchalischen Gesellschaften eine so konstante Verachtung der Frau transportiert und damit als Instrument einer Abwertung des Weiblichen in all seinen Aspekten gedient?
Warum lassen die Worte »Weib«, »Weibchen«, oder »weibisch« heute an kriecherische Unterwürfigkeit, an Feigheit oder an

Lüsternheit denken, während es anfangs lediglich die Gefährtin des Mannes bezeichnete und nichts aus der Beobachtung der Tierwelt diese Bedeutungsverschiebung rechtfertigt? (Das Wort »männlich« – »männisch« gibt es nicht – wird für Tier wie für Mensch verwendet und ist nie abwertend.)
Warum ist das französische Wort *garce*, im Mittelalter die völlig ehrenwerte weibliche Form zu dem heute noch ohne pejorativen Sinn gebräuchlichen *garçon*, so schnell zum Synonym für »sittenloses Mädchen, Hausdrachen« (Petit Larousse) geworden, während die maskuline Form noch vollkommen akzeptabel ist?
Warum sind die Nachsilben -esse oder -ice im Französischen trotz zahlreicher gegenteiliger Versuche unerbittlich abwertend? Warum findet man in den Lexika sechshundert Begriffe, die Frauen kennzeichnen oder vielmehr disqualifizieren, die alle potentielle Huren oder Hexen sein könnten (für Männer gibt es etwa zehn vergleichbare Ausdrücke)? Frauen sind je nach Alter Pummel, Strichmädchen, alte Araberweiber (*moukères*), junge Japanerinnen (*mousmés*), paradiesische Jungfrauen (*Huris*), Schnallen, alte Schachteln, Dampfwalzen.
Und warum kann man nicht sagen: »Sei eine Frau, mein Mädchen«?
Niemand, weder ein Linguist noch ein Philosoph, hatte es früher interessant gefunden, den sexistischen Aspekt der Sprache in patriarchalischen Gesellschaften zu untersuchen. Dank Simone de Beauvoir, die das als erste in Angriff genommen hat, beginnen wir heute zu erahnen, daß die Sprache nur ein Element in einem engen Gesamtzusammenhang von Verhaltensweisen ist und daß sie Strukturen und Mentalitäten am klarsten enthüllt. Mit ihren Tabus, Regelwidrig-

keiten und Stereotypen erfüllt sie die Funktion, die herrschende Ideologie zu fixieren und zu rechtfertigen. Ein Beispiel: Von den 1300 Synonymen für »Koitus« definieren ihn lediglich 80 vom weiblichen Standpunkt aus, während die meisten anderen einen feindseligen oder aggressiven Sinn haben. Ein Mann »legt eine Frau aufs Kreuz«, eine Frau »läßt sich aufs Kreuz legen« – aber ohne sexuellen Anklang bedeutet »sich aufs Kreuz legen lassen«, daß man ziemlich blöd ist ... Kein Kommentar nötig! Ebenso gibt es 550 Wörter für »Penis«, praktisch alle positiv oder hyperbolisch, im Gegensatz zu 800 beleidigenden oder schmutzigen Synonymen für die weiblichen Geschlechtsorgane.

Was nun? Sich über die Wörterbücher hermachen?

In den USA ist diese Reform auf jeden Fall mit Unterstützung der Bundesadministration und zahlreicher Verleger in Angriff genommen worden, die »nicht-sexistische Instruktionen« für Autoren von Schulbüchern, Essays, Geschichtswerken u. ä. herausgeben. Man hat bereits sehr positive Resultate erzielt, etwa die immer häufigere Verwendung des Kürzels *Ms* anstatt Miss oder Mrs (die nach Meinung der Feministinnen nicht das weibliche Geschlecht, sondern den verheirateten oder ledigen Status der Frau bezeichnen) in offiziellen Formularen und der Presse. Außerdem hat man weibliche Formen geschaffen oder andere neutralisiert: etwa *chairperson* statt *chairman.* Doch wie nicht anders zu erwarten, entging auch diese Aktion nicht den Spötteleien der traditionellen Frauenfeinde. Um die feministischen Initiativen lächerlich zu machen, kehren sie alle augenscheinlich männlichen Silben bis ins Absurde um: statt Manhattan Personhattan, statt Ile of Man Ile of Person, statt Boykott Girlkott. Die besten Grammatiker in Frankreich sind einverstanden, aber man muß es immer wieder sagen: Es müßte heißen

Minister*in*, Staatssekretär*in*, Stadträt*in*; diese Formen versto-ßen weder gegen die Grammatik noch gegen die Vernunft. In anderen Fällen muß man eben Neues erfinden. Damit eine Sprache lebendig bleibt, muß sie sich den Lebensgewohnheiten anpassen und vielfältiger werden. Aber wenn einmal die erste Frau in die Académie française gewählt werden wird, möchte ich trotzdem wetten, daß man sie als »Madame l'Académicien« begrüßt – Barbarismus hin oder her, die Frauenfeindlichkeit dieser Versammlung geht weit über ihren Purismus hinaus! Sollen wir in Zukunft vielleicht sagen »Herr Au-pair-Mädchen« oder »Herr Pflegemutter«?

Bleibt nur zu hoffen, daß die Weiber, die Luder und die alten Schachteln, die entdecken, wie weit die Frauenfeindlichkeit reicht, nicht ein Gefühl der Rachsucht verspüren, das in Wörterbüchern noch keinen Namen hat, aber gut »Misandrie« heißen könnte. Diese Etappe würden wir uns gern ersparen.

F Magazine
April 1979

Als Mädchen geboren, so ein Pech!

Es scheint, daß die Gleichberechtigung der Frauen eine unbestrittene Tatsache ist. Das antwortet man uns zumindest heute, wenn man vom feministischen Kampf spricht: »Ihr könnt nach Hause gehen. Gut, es sind noch einige Verbesserungen nötig, aber niemand glaubt mehr an eure Minderwertigkeit.«

Niemand mehr? Aber ja, und zwar sehr furchterregende kleine Personen, denn sie werden die Gesellschaft von morgen sein: die Kinder. Und die Antworten, die sie vor kurzem bei einer Umfrage gegeben haben, zeigen deutlich, daß sich nichts verändert hat, daß die nächste Generation das Leben mit den gleichen sexistischen Vorurteilen beginnt, mit denen wir heute solche Probleme haben.

Bereits Anfang des Jahrhunderts stellte Havelock Ellis, einer der ersten Sexologen, fest, daß nur ein Junge von hundert gerne ein Mädchen gewesen wäre. 1975 zeigte die Umfrage der Psychologin Madeleine Laïk, wie sie in ihrem Buch *Fille ou garçon* darlegt, daß dieser Prozentsatz unverändert ist. Die Meinung der überwiegenden Mehrheit kann man in einem Satz zusammenfassen, auf den man ständig stößt: »Mädchen sein, so was Blödes!« Dagegen stellt Simone de Beauvoir in *Das andere Geschlecht* fest, daß 75 Prozent der Mädchen lieber Jungen gewesen wären.

Wie sollte man sich auch wundern, daß kleine Mädchen sich

in ihrer Haut nicht wohl fühlen, wenn man anhand der zitierten Beispiele Madeleine Laïks erfährt, daß die Frauenfeindlichkeit bei Kindern und Narren »jede Vorstellung übersteigt«, zweifellos, weil *sie* laut zu sagen wagen, was viele nur denken? In dieser Hinsicht besteht kein Unterschied zwischen den Kindern aus der progressiven Jugendpsychiatrieeinrichtung Bonneuil, die Maud Mannoni befragt hat, und den Kindern aus den Grundschulen. Außer daß man sich in Bonneuil noch weniger um Formen schert: »An dem Tag, an dem Frauen gleich sind wie Männer, mach ich Harakiri.« »Wozu soll es gut sein, einer Frau seinen Namen zu geben, wenn die Frauen keine Dienerinnen mehr sind ...« »Später einmal werde ich Frauenmörder.«

Alle Umfragen treffen sich am selben Punkt: »Mädchen flößen entweder Abscheu ein oder versinken in Bedeutungslosigkeit.« Masochistisch, überempfindlich, feige, verlogen, unfähig, affektiert und noch dazu Petze: Mädchen werden abgewertet im Hinblick auf ihre Spiele, ihren Körper, ihre Arbeit und ihre Intelligenz.

Aber 1979? Nach Jahren der Koedukation, nach jahrelangem feministischem Kampf, nach jahrelangen Bemühungen vieler Mütter, die jede Diskriminierung vermeiden wollten – wie steht es da mit den sexistischen Stereotypen?

Um diese Frage zu beantworten, hat die Wochenzeitschrift *Pif* im letzten Monat die Ergebnisse einer Umfrage bei 628 elf- bis dreizehnjährigen französischen Kindern veröffentlicht. Bei den Mädchen kann man zwar feststellen, daß ihr Selbstbild positiver geworden ist, aber bei den Jungen nimmt man kaum eine Veränderung wahr. Die häufigsten Adjektive, um Mädchen zu charakterisieren: kokett, geschwätzig, eifersüchtig, ängstlich, launisch und noch dazu Petze. Das traurige Ideal vieler Jungen bleibt das »nette Mädchen«, das

»mit seiner Puppe in der Ecke bleibt und ihnen nicht lästig wird«.

Manche werden sich fragen: »Aber woher haben sie das bloß, diese kleinen Monster?« Der Bericht Monique Pelletiers an den Erziehungsminister Christian Beullac gibt uns die Antwort: aus Schulbüchern und einem großen Teil der Kinderbücher. »Dumm, inkompetent, ängstlich, emotional und materiell vom Vater abhängig«, so ist das Bild der Frau in Schulbüchern, wie es Jacqueline Wolfromm, Abgeordnete der Ile-de-France für Frauenfragen, in ihrer Untersuchung festgestellt hat.

Bereits vor drei Jahren reklamierte die erste der »101 Forderungen« Françoise Girouds die Gründung einer Kontrollkommission für Schulmaterialien, um »Stereotype, die männliche und weibliche Vorzüge gegeneinandersetzen«, zu eliminieren. Vor einem Jahr hat die »Union des femmes françaises« dem Erziehungsministerium ein erdrückendes Memorandum über fünfzig Schulbücher der Primarstufe übergeben.

Schlußfolgerung des Memorandums: Die Schulbücher tun nicht nur nichts gegen das negative Frauenbild, sie bestärken es noch. Außerdem stimmen sie nicht einmal mehr mit der Realität überein, sondern zeigen einen Frauentyp, der aus dem 19. Jahrhundert stammt! Die Frau im Schulbuch ist nicht berufstätig, es sei denn als Lehrerin oder Bäuerin (die nie auf einem Traktor sitzt, sondern die Hühner füttert), sie ist nie ledig oder geschieden und »erscheint nie als mündiges und verantwortliches Geschöpf, sondern nur als Ehefrau und Mutter, immer abhängig, oft passiv«. Ihre Welt beschränkt sich auf die Küche. Von Mamas Freizeit ist nie die Rede, denn Sport, Reisen und andere Vergnügungen sind Papa vorbehalten. Die Männer beteiligen sich überhaupt nicht an

Hausarbeiten. Sie allein sind mit Fahrrad, Motorrad, Auto oder Pferd unterwegs. Und sie allein schmieden Pläne oder treffen Entscheidungen.
Die gleichen Schlußfolgerungen finden sich im Bericht Monique Pelletiers: »Kleines Mädchen oder alte Frau, Bürgersfrau oder Dienstmädchen, die Frau wird immer als schwach dargestellt, was oft durch Armut oder Krankheit symbolisiert wird. Wenn Frauen ihre Jugend und Schönheit verloren haben, die ihnen den Schutz des Mannes einbringen, geraten sie in Armut, es sei denn, sie sind listig und werden böse Feen oder trunksüchtige und geizige alte Weiber. Die Frauen der Bourgeoisie sind entweder Ignorantinnen oder eingebildete und oberflächliche Damen, und auf jeden Fall sind sie nicht fähig, eine Maschine zu bedienen. Außer Madame Curie gibt es also keine berühmte Frau unter all den Helden, die man den französischen Grundschulklassen als Vorbilder vermittelt.« »Ich glaube nicht, daß dahinter wirklich ein böser Wille steckt«, sagt Jacqueline Wolfromm ganz freundlich. »Wir schlagen vor … wir regen an … wir würden uns wünschen …«, sagen seit Jahren höflich die Abgeordneten oder Beauftragten, deren Berichte sich ohne Ergebnis auf den Schreibtischen der Minister stapeln. Solange sie »nette Mädchen« bleiben, die »den Jungen nicht lästig werden«, solange keine Kontrollkommissionen für Schulbücher geschaffen werden, die zu fünfzig Prozent aus Frauen bestehen, wird sich nichts verändern. Man müßte, nein, man *muß* boykottieren und Forderungen stellen. Es ist höchste Zeit, daß die Schule nicht mehr systematisch künftige Frauenfeinde heranzieht.

F Magazine
Mai 1979

»Noch« schön

Mit vierzig Jahren hat man das Gesicht, das man verdient, sagt man oft. Wir auf jeden Fall nicht. Wir haben das Gesicht der Jugend, das einzig gesetzlich autorisierte – oder wir haben es nicht mehr.
Ein stillschweigendes, unerbittliches Gesetz, das in keinem Gesetzbuch festgelegt ist, aber überall gilt, in der Presse (einschließlich der weiblichen), in der Werbung, im Kino, für all die obligatorisch jugendlichen Gesichter der Mannequins, der Fernsehansagerinnen, der Stewardessen oder Hostessen, kurz, für alle Bilder, die uns in den Augen der Öffentlichkeit repräsentieren.
Man könnte meinen, es gehe einzig und allein darum, dem männlichen Publikum zu gefallen, auf Kosten des weiblichen Publikums, dem systematisch jedes Bild verweigert wird, sobald das schicksalhafte Alter überschritten ist, das aus den meisten Medien ausgeschlossen oder sogar lächerlich gemacht wird.
Man könnte meinen, daß die Fortschritte des Feminismus und das Auftreten weiblicher Persönlichkeiten, die ihre Existenz dem verdanken, was sie *im* Kopf haben, und nicht nur dem, wie ihr Kopf außen aussieht, würde das Feld weiblicher Existenz erweitern. Man hoffte, endlich verschiedenartigere Gesichter zu sehen, schöne Falten, die Intelligenz und Humor signalisieren, interessante Gesichter, Häßlichkeit vol-

ler Charme ... einfach eine andere Form der Schönheit, denn Schönheit hat tausend Facetten.
Aber man muß sich den Tatsachen beugen: dem ist nicht so. Im Gegenteil, der Terror der Jugend ist rigoroser denn je. Und selbst die emanzipiertesten Frauen lassen sich einschüchtern oder entmutigen, weil alle wissen, daß sie früher oder später Opfer dieses Terrors sind oder sein werden. Denn in einer engstirnigen Gesellschaft, die Verführer mit grauen Schläfen voll Nachsicht und alte Männer, die junge Mädchen heiraten, voll anzüglicher Komplizenschaft betrachtet, sind die Frauen, die so geschmacklos sind, auf die Fünfzig zuzugehen, aufgefordert, sich im Hintergrund zu halten. Man duldet sie höchstens unauffällig, bescheiden und ergeben. Im übrigen sind sie schon suspekt, sobald sie vierzig sind, und alle Mittel, selbst die niederträchtigsten, werden mobilisiert, um ihnen klarzumachen, daß Alter bei ihnen eine unverzeihliche Schuld ist.
Es brachte noch nie große Ehre ein, einen Uterus und Eierstöcke zu haben; das hat uns schon Thomas von Aquin deutlich gesagt. Aber wenn diese Organe aufhören zu funktionieren, ist es noch schlimmer. Zu sagen, eine Frau sei »in den Wechseljahren«, ist im Augenblick der letzte Schrei, um sie abzuwerten, bestenfalls mit amüsierter Verachtung, schlimmstenfalls voller Haß. Nicht mehr fruchtbar und immer noch keinen Penis, also wirklich, so etwas Häßliches! Der gute Lamennais, der nicht gerade von feministischen Anwandlungen geplagt wurde, hat es uns schon im 19. Jahrhundert gesagt: Eine Frau über vierzig »ist sozusagen ein drittes Geschlecht. Wenn sie ihre jugendliche Anmut verliert, wird sie zu einer Art Mischform, weder Mann noch Frau, deren Psychologie noch erforscht und die noch mehr im Zaum gehalten werden muß als das junge Mädchen.«

Es gibt heute noch viele Lamennais … Die Sendung *Apostrophes* brachte vor kurzem ein Programm zum Thema »Ärzte und Kranke«, mit Professor Hamburger, Professor Couvelaire, Dr. Tournaire, Sabine de la Brosse und Rosemonde Pujol. Professor Couvelaire erklärte mit unsäglich derber Galanterie, er würde »einer hübschen Frau keine Brust abnehmen«, bei den anderen dagegen (Seitenblick auf die ältere Rosemonde Pujol, die seiner Ansicht nach mit Sex nichts mehr zu schaffen hat) könne man ruhig schneiden. Mit dieser ungeheuerlichen Äußerung, gefolgt von zahlreichen anderen, erlaubt es sich dieser alte Kerl, weil er ja ein Mann ist, über das Aussehen und das Sexualleben von viel jüngeren und weitaus besser erhaltenen Gesprächspartnerinnen zu urteilen! Welchen Skandal gäbe es, wenn eine es sich herausgenommen hätte, auf den eventuell mitgenommenen Zustand der Prostata des Professors oder das Niveau seiner Leistungen im Bett anzuspielen!

Es ist dabei wirklich eigenartig, daß die Frauen es immer noch hinnehmen, sich danach beurteilen zu lassen, ob man noch mit ihnen ins Bett gehen kann, selbst in der Öffentlichkeit vor Millionen Zuschauern, während den Männern niemals ein Stigma des Alters oder ein Gebrechen vorgeworfen wird. Und zu Recht.

Wie können wir erreichen, daß auch das Umgekehrte gilt? Wie soll man dieser Angst entkommen, seine Identität zu verlieren, vom Blick eines Mannes abhängig zu sein?

Dazu wäre es schon einmal nötig, daß Frauenzeitschriften, die doch eigentlich in unserem Interesse und nicht gegen uns publiziert werden sollten, sich nicht länger als resignierte Komplizen dieser trostlosen Ideologie hergeben. Daß ein Wochenblatt für Frauen in einem Artikel über Romy Schneider nicht mehr schreibt: »Eine vierzigjährige Frau, *immer*

noch schön.« Romy Schneider ist nicht *immer noch* schön, sie ist ganz einfach schön. So schön, wie man mit vierzig Jahren sein kann, und manchmal mehr als mit zwanzig. Was bei ihr genau der Fall ist. Aber dieser unvermeidliche Verweis auf das zwanzigjährige Herzchen bestätigt das Schönheitsideal, das die schlimmsten Phallokraten voll Sadismus entwickelt haben und das wir auch noch akzeptieren.
Es wäre nötig, daß eine andere Zeitschrift damit aufhört, Schminktips zu geben, die bei Vierzigjährigen aufhören, als sei die Situation danach ohnehin hoffnungslos.
Daß *Playboy* und seine Nacheiferer, die Leib- und Magenblätter der frustrierten alten Kerle, uns weiterhin als Sexualobjekte terrorisieren, ist verständlich. Aber wir? Warum akzeptieren wir die männlichen Spielregeln? Wenn wir nicht mehr ekstatisch vor dem Macho oder aus Angst vor dem Urteil irgendeines männlichen Wesens, so häßlich es selbst auch sein mag, zittern; wenn wir offen über die infantilen Covers mancher *Männer*magazine lachen (z. B. die Nummer eins von *Il*, auf der ein Mann, der Männlichkeit mit Flegelei verwechselt, eine Frau kräftig ohrfeigt); wenn eine Reihe »hübscher Frauen« nicht länger die Komplizinnen der Männer sind und für ein galantes Kompliment ihre älteren Geschlechtsgenossinnen der gemeinen Verachtung, die morgen auch ihnen entgegenschlägt, überlassen (ich denke etwa an Sabine de la Brosse, Autorin von *Ich habe den Krebs durchlebt*, die dem Arzt für sein Kompliment über ihre Brust dankte und zuließ, daß Rosemonde Pujol aufgrund ihres Alters gedemütigt wurde) – dann werden wir vielleicht weniger vor dem Alter zittern.
Wir brauchen Humor, Frauensolidarität und, wenn nötig, auch Frechheit. Und obendrein das Recht, alt zu werden, ohne uns zu schämen. So wie die Männer.

F Magazine
Juli/August 1979

Die Parias des 20. Jahrhunderts

Es gibt noch ein Ghetto in Frankreich. Ein Ghetto, das jeder kennt, in das Millionen von Menschen verbannt sind und das jeder vergessen möchte: die Alten (13 Prozent der Französinnen und Franzosen). Von Zeit zu Zeit durchdringt eine Tragödie – Selbstmord, Mord oder Skandal – die gepolsterte Mauer des Schweigens, hinter die wir diese »unnützen Esser« abschieben, die unproduktiven alten Menschen, die von der Gesellschaft nur noch als Tote auf Bewährung angesehen werden.

Daher rührt unsere Bestürzung, wenn wir brutal mit einer Realität konfrontiert werden, die all die beruhigenden Albernheiten widerlegt, die wir in bezug auf das Alter im Kopf haben.

Das Verbrechen in der Rue Poncelet – ein Titel à la Edgar Allan Poe –, begangen letzten Monat, unterscheidet sich in seiner fast rituellen Grausigkeit in nichts von anderen Verbrechen dieser Art, die in einer bestimmten Sorte von Zeitungen genüßlich breitgetreten werden. Seine einzige Besonderheit liegt darin, daß es um ein *crime passionnel* unter fast Achtzigjährigen geht. Und es schockiert uns genau deshalb so sehr, weil es uns zwingt, eine bequeme Meinung zu revidieren: Im Gegensatz zu dem, was wir gerne denken, sind alte Menschen noch fähig zu Leidenschaften, zu Begierden, zu Haß. Das ist beunruhigend.

Denn einer der großen Skandale, fast schon ein Verbrechen unserer Gesellschaft ist die Art und Weise, wie alte Menschen auf der Karte der Lebenden ausradiert werden. Um die humanistische Moral, zu der sie sich bekennt, mit der barbarischen Behandlung in Einklang zu bringen, die denen zuteil wird, die ihr nicht länger dienen (und vor allem denen, die am härtesten gedient haben: den Armen), war eine Rechtfertigung nötig: Daher setzt man voraus, daß alte Menschen zu Weisheit und ruhiger Heiterkeit gelangt oder so gleichgültig oder resigniert sind, so daß es gestattet ist, sich nicht länger für ihr Los zu interessieren. Alte Menschen sind so unsere modernen Parias geworden, eine Kaste von Unberührbaren, die Selbstverleugnung und Verachtung für die Freuden dieser Welt praktizieren muß, bei Strafe, sonst in Schande zu geraten. Wenn sie Leidenschaften zeigen, ist das ein Skandal. Wenn sie noch Begehren spüren, erregen sie Abscheu; wenn sie Eifersucht oder Gewalt an den Tag legen, machen sie sich lächerlich. Und ihre Sexualität, da sind wir ganz streng, kann nur abstoßend oder grotesk sein.

Nach der Ermordung der siebenundsiebzigjährigen Pierrette durch die fünfundachtzigjährige Jeanne, die ihr vorwarf, die Geliebte ihres Mannes, des fünfundsiebzigjährigen Ernest, zu sein, haben wir in ihrem (und unserem) Stadtviertel eine kleine Umfrage gemacht. In allen Kommentaren kehrten dieselben drei Wörter wieder: abartig, abstoßend, schwachsinnig. Nicht um das Verbrechen oder die Art, wie die Mörderin den Unterleib ihres Opfers zerstückelt hat, zu bezeichnen, sondern die Sexualität dreier alter Leute. Das wahre Verbrechen besteht in den Augen der Nachbarn darin, daß diese drei Menschen es in ihrem Alter gewagt haben, sexuelles Begehren oder Liebe zu zeigen. Ein so abweichendes Verhalten konnte nur zur Katastrophe führen. Hier der Beweis!

Alle, die nicht angeekelt den Mund verzogen, um über die Angelegenheit zu sprechen, waren der Meinung, sie sei »an der Grenze zum Komischen«. »Ein Sexualleben mit über siebzig, man stelle sich vor … Das ist ihr zu Kopf gestiegen!«
Es ist offensichtlich, daß dieses Verbrechen die Öffentlichkeit, die sich in ihrer Ächtung bestätigt sieht, insgeheim erfreut hat. Es rechtfertigte die amüsierte Verachtung, mit der sie die Alten betrachtet, und – äußerstenfalls – auch die barbarische Behandlung, die man ihnen manchmal zuteil werden läßt.
Man kann sich fragen, warum unsere Gesellschaft, die es schon fertiggebracht hat, sich gegen Folter, Rassismus oder die Gulags der Rechten oder der Linken zu erheben, sich weigert, die Maßnahmen zu ergreifen, die geboten sind. Die Antwort auf diese Frage gäbe uns ganz sicher Aufschluß über einen großen Teil unserer Verdrängungen und unbewußten Tabus. Denn Lachen oder Ekel sind nur kindische und nicht gerade glänzende Mittel, um unsere Hemmungen zu verschleiern, die wir vor einem Phänomen empfinden, das wir nicht akzeptieren wollen: das Altern, unser Altern. Und auch, um unser Schuldgefühl zu bemänteln. Denn im Grunde wissen wir, daß wir schuldig sind und daß wir eines Tages selbst Opfer sein werden. Aber wir ziehen es vor, unsere Ängste zu bannen, indem wir sie leugnen. Es ist unschicklich, über das Alter zu sprechen. Das interessiert niemanden – man denke nur daran, wie eisig eine der wenigen Untersuchungen über diese Frage, Simone de Beauvoirs *Das Alter*, aufgenommen wurde.
Sicher spielen ökonomische Zwänge, die Auflösung der Familien und Wohnungsprobleme eine Rolle dabei, daß alte Menschen so unter Kuratel gehalten werden. Aber auch noch etwas anderes spielt mit. Die heutige Inflation der Ju-

gend, Synonym von Wert und Schönheit, die fast biologische Verachtung der reifen Frau, die Tabus, die man über sie verhängt, die Rüpelhaftigkeit, mit der man sie ins Gruselkabinett verbannt, sobald sie nicht mehr dem aufgezwungenen Schönheitskanon entspricht, all diese Einstellungen tragen dazu bei, dieses Klima scheinheiliger Verachtung zu schaffen, das auf alten Menschen beiderlei Geschlechts lastet, auf Frauen aber noch schwerer.

Denn die alttestamentarischen, wie Boas Patriarchen, die noch ein wenig lüstern sind, die alten Väter Hugo, die hinter der Wäscherin her sind, stießen immer auf verständnisinnige Nachsicht, während die Frauen doppelt alt werden müssen: als Menschen und als Objekt der Begierde.

Das Opfer in der Rue Poncelet wird mit der Mörderin kalt in einen Sack gesteckt. »Zwei Schlampen«, hat einer mir gesagt. Über den Ehemann aber heißt es: »Er war nicht sehr groß, aber was für ein Weiberheld!«

Bis zum Schluß wird mit zwei Gewichten gewogen, mit zweierlei Maß gemessen. Die Frauenfeindlichkeit geht nie in Rente.

F Magazine
Oktober 1979

Wenn Charles und Lucie sich amüsieren

Ein Alter von fünfzig Jahren ist auch im Kino nicht in Mode. Bei den Frauen natürlich. Ist diese schicksalhafte Zahl einmal überschritten, gibt es für sie nur noch einige unbedeutende Rollen als Schwiegermütter, brave Ehefrauen oder mehr oder weniger unwürdige Großmütter, die total ausgeblendet, lächerlich gemacht oder verurteilt werden, wenn sie etwas anderes sein wollen als ausrangierte Sexualobjekte. Wenn sie lieben, reizen sie zum Lachen oder erregen Mitleid. Wenn sie geliebt werden ... aber sie können nicht mehr geliebt werden, das ist doch klar. Zumindest war das für die Filmemacher bis vor kurzem eindeutig. Aber die Suche nach neuen Themen, das Auftauchen zahlreicher Schriftstellerinnen oder Regisseurinnen, dieser »neuen Frauen«, die gewillt waren, sich nach neuen Richtungen zu öffnen, führen vielleicht dazu, daß eine ganze Reihe althergebrachter Vorstellungen und vor allem viele Sehweisen umgewälzt werden.
Das Kino gehörte bisher, zweifellos weil es alleiniges Männerrevier war, zu den wirksamsten Stützen der patriarchalischen Gesellschaft. In allen Ländern nährte es ein unerschöpfliches Reservoir traditioneller Klischees und Schemata, indem es die Frauen auf die beiden berühmten und abgedroschenen Rollen fixierte, die überhaupt nicht mehr der Realität entsprechen: Mama oder Hure. Im Film findet sich praktisch keine Spur der Entwicklung, die sich

im 20. Jahrhundert hinsichtlich der Lage der Frau vollzogen hat. Heute kann eine Frau Mama *und* Hure sein, oder auch weder das eine noch das andere, aber diese Tatsache wirkt immer noch störend.
Sicher, die drakonischen Kriterien, die man weiblichen Figuren immer auferlegte, beginnen sich zu lockern. Aber Achtung! Die Strafe läßt nicht auf sich warten. Sie ereilt zum Beispiel die Heldin in Paul Vecchialis Film *Corps à cœur,* Hélène Surgère, der die Autoren das ungeheuerliche Recht einräumen, fünfzig Jahre alt zu sein und von einem jungen Mann geliebt zu werden ... aber unter der Bedingung, daß sie am Schluß daran stirbt. Grausames Schicksal!
Frauen müssen ihre Freiheit eben teuer bezahlen, vor allem die sexuelle Freiheit.
Es erstaunt nicht, daß Nelly Kaplan, die sich immer geweigert hat, ihre Heldinnen in herkömmliche Rollen zu zwängen (schon in ihren Filmen *La Fiancée du pirate* oder *Néa* hat sie uns an Provokationen gewöhnt), mit *Charles et Lucie* noch weiter geht und uns ein skandalöses Kinoschauspiel präsentiert:
Ein durchschnittliches Paar um die Fünfzig, bissig, wenig geliebt und wenig liebevoll, das am Ende eines tragischen und komischen Abenteuers entdeckt, daß noch alles möglich ist, sogar, daß man sich von neuem liebt und wieder Spaß an der Liebe hat. Ein skandalöses Schauspiel, nicht weil der Darsteller Daniel Ceccaldi einen wenig glamourösen und ungepflegten Fünfzigjährigen spielt (wir sind daran gewöhnt, daß der männliche Verführungszauber jede Häßlichkeit überwindet), sondern weil seine Frau Lucie, Ginette Garcin, ebenfalls gute Fünfzig ist, auf der Leinwand wie im Leben. Sie ist das subversive Bild eines Antistars, der es akzeptiert, weder jung noch schön zu sein, und die Frechheit besitzt,

am Ende der Geschichte glücklich zu sein und es auch zu zeigen.
Ich spreche nicht als Kinokritikerin über diesen Film, sondern vom Frauenstandpunkt aus. Denn man muß sagen, daß dieser Film erfrischend und nützlich ist. Wir haben neue Bilder und neue Figuren, mit denen wir uns besser identifizieren können und die über das wahre Leben in all seinen Formen berichten, in der Tat bitter nötig. Denn wir können noch so sehr an die Gleichheit der Geschlechter glauben, wir unterliegen nach wie vor, ohne zu murren, der unerbittlichen Diskriminierung im Kino, nur in Rollen und Formen zu erscheinen, die andere für uns fixiert haben, und von der Leinwand abzutreten, wann andere es beschlossen haben.
Daher befürchte ich, daß Nelly Kaplans Film, trotz seiner Komik und all seiner tragischen Umschwünge, die schließlich zum Glück der beiden Helden führen, ein gewisses Unbehagen erzeugt. Denn Nelly Kaplan hat nicht getrickst und für die Rolle einer reifen und ganz gewöhnlichen Frau bewußt die ausgezeichnete Schauspielerin Ginette Garcin gewählt, die selbst schon im reifen Alter ist und ganz gewöhnlich aussieht. Ein Mut, den man begrüßen muß.
Wenn man im *Figaro Magazine* François Chalais' angewiderten Artikel über die »Strafe«, die Hélène Surgères (die immerhin das ist, was man eine schöne Fünfzigjährige nennt) »Ausziehnummer« in seinen Augen darstellt, gelesen hat, zittert man beim Gedanken an die Schmähungen, die Ginette Garcin zu erwarten hat.
Aber früher oder später – und je früher, desto besser – mußte ein solcher Film gedreht werden. Man muß uns an unser Bild, an all unsere Bilder gewöhnen. Es ist notwendig, daß wir uns eines Tages nicht mehr schämen, alt zu werden, denn die Männer werden auch alt, und nicht unbedingt bes-

ser als wir, im Gegensatz zu der Vorstellung, die sie als glaubwürdig durchgesetzt haben. *Sie* schämen sich nicht, und sie haben auch recht damit. Wie viele Komplexe wir angesichts unseres Alters haben, und wie wenige (manchmal sogar zu wenige) *sie* haben, beweist ein anderer neuer Film zum selben Thema, das in diesem Jahr eindeutig Mode ist (auch einen Travolta-Film gibt es dazu: *Le Temps d'une Romance*), *Il y a longtemps que je t'aime* von J.-C. Tacchella.

»Wenn ihr das Leben liebt, seid ihr begehrenswert«, sagt Nelly Kaplan. Das ist auch der einzige Trumpf, den Jean Carmet in diesem Film zu besitzen scheint, um begehrenswert zu sein. Er spielt neben Marie Dubois, einer entzückenden Frau und fünfzehn Jahre jünger als er, das Paar folgt also dem stereotypen Kinobild. Carmet entspricht allerdings überhaupt nicht dem stereotypen Bild des Verführers. Aber er ist ja auch ein Mann! Man hat uns gebührend konditioniert, und so finden wir es schließlich normal, daß dieser Antiheld – arm, hilflos, alt und ganz und gar nicht gutaussehend – keinerlei Probleme mit Liebe oder Sexualität hat und sogar von der Tochter einer ehemaligen Geliebten eingeladen wird, ihr Bett und ihr Leben zu teilen.

Welcher Kritiker, welche Kritikerin käme auf den Gedanken, sich angeekelt über die »Ausziehnummer des Alten« zu äußern oder es unnormal zu finden, daß sich eine hübsche Fünfundzwanzigjährige in einen kleinen alten Mann vernarrt, der nicht einmal sehr sauber ist (im Film natürlich).

Wenn wir irgendwann genügend emanzipiert sind, um lächelnd zuzusehen, wie eine sechzig Lenze alte Jeanne Sourza von Jean-Pierre Léaud angequatscht wird ... dann haben wir einen großen Schritt in Richtung einer gewissen Form von Gleichheit gemacht.

Davon sind wir noch weit entfernt. Vielleicht müssen wir

auch nicht so weit gehen, aber versuchen wir doch zumindest, nicht vor Entsetzen zu schaudern, wenn eine fünfzigjährige Frau sentimental und verliebt ist wie mit zwanzig und ein bißchen Schenkel zeigt. Wenn es ihr Spaß macht und ihr Partner einverstanden ist, wo liegt dann der Skandal? Lassen wir doch zu, daß Charles und Lucie sich amüsieren. Und lassen wir doch zu, daß wir ein wenig leben.

F Magazine
November 1979

Über eine Meldung aus dem Polizeibericht

Man müßte schon vollkommen phantasielos sein, um zu bezweifeln, daß es spezifisch weibliche Lebensbedingungen und sogar eine spezifisch weibliche Art des Unglücks gibt. Denn jeden Tag entdeckt man neue Beispiele, natürlich unter der Bedingung, daß man die Welt nicht so betrachtet, wie man sie uns im allgemeinen zeigt, sondern aus einem feministischen Blickwinkel. Einem Blickwinkel, der es möglich macht, dieses oder jenes Faktum nicht dem Schicksal oder dem Zufall zuzuschreiben, sondern einem Kräfteverhältnis zugunsten der Männer, das in Familien und Ehen weiterhin besteht. Denn es ist ganz offenkundig, daß eine bestimmte Form des Unglücks nur eine Frau treffen kann, weil sie eine Frau ist und dazu erzogen – fast möchte man sagen dressiert – wurde, ihr Los zu ertragen, wie immer es auch sei. Jedesmal, wenn man mit einem dieser Fälle konfrontiert wird, spürt man eine gesunde Welle von Haß und Revolte gegen all diese Pädagogen, Beichtväter und Moralisten, die ganz genau wußten, was sie taten, indem sie heilige Frauen, fügsam, ergeben und schutzlos, am Fließband produzierten, nicht nur, damit sie Gott zu Diensten waren, sondern auch den Männern – der Gipfel des Zynismus.
»Die Frau ist geschaffen, um dem Mann zu dienen und Ungerechtigkeit und schlechte Behandlung zu ertragen«, sagte der gute Jean-Jacques Rousseau, sicherlich um zu rechtfer-

tigen, wie er die seine behandelte. Und vor ihm und nach ihm gab es so viele Käuze vom selben miserablen Kaliber, daß 200 Seiten im *F Magazine* nicht ausreichen würden, um sie alle aufzuzählen.

Eine Meldung aus dem Polizeibericht gab mir vor kurzem wieder einmal Gelegenheit zu erkennen, wie entfremdet manche Frauen leben und wie tragisch manchmal ihre Lage ist. Der Artikel zu dieser Polizeimeldung trug die Überschrift: »Zwei Frauen von Elend und Scham zum Äußersten getrieben«, und berichtete über ihren Mordprozeß: Im Département Ariège hatte die dreiunddreißigjährige Josyane mit Hilfe ihrer achtundfünfzigjährigen Mutter ihren Bruder erdrosselt, noch am selben Tag, als er aus dem Gefängnis entlassen worden war. Jean-Christophe, schon zwanzigmal verhaftet, in fünfunddreißig Jahren ein einziger Monat Arbeit, »vergewaltigte regelmäßig« [*sic*] seine drei Schwestern. »Der Zuhälter hier bin ich«, erinnerte er sie jedesmal, wenn er aus dem Gefängnis wieder auf den kleinen Bauernhof der Familie zurückkehrte. Für die Mutter und für ihre Töchter wieder der gleiche grauenhafte, entsetzliche Weg. »Resultat eines halben Jahrhunderts von Armut und Leiden«, glaubte der Journalist abschließend feststellen zu können. Nein! Er hätte vielmehr sagen müssen: Resultat von Jahrhunderten der Unterdrückung und der Weigerung, die Frau als ein freies Geschöpf anzusehen, das ein Recht hat, sich zu schützen, aus einer Hölle zu entfliehen, auch wenn sie verheiratet ist, auch und vor allem, wenn sie Mutter ist. Nicht nur aus Armut haben sich diese drei Frauen ein Leben lang vom Sohn oder Bruder vergewaltigen, mißhandeln und ausbeuten lassen, wie es Journalisten glauben machen wollen, die sich nicht entschließen können, die Streitsache Mann-Frau zur Sprache zu bringen. Sondern deshalb, weil sich die Gesellschaft zu leichten Herzens an die Gewalt der Männer und das Unglück der Frauen gewöhnt hat, an die ständigen Schwangerschaften, an die rechtliche und finanzielle Nichtexistenz der Ehefrauen, an die Schande für ledige Mütter und ihre unehelichen Kinder. Was soll eine arme Bäuerin unter solchen Bedingungen tun? Nichts gehört ihr, nicht einmal ihre Arbeitskraft. Und ihr Körper ist lediglich ein Produktionsinstrument, so wie ein Pflug. Kein Recht auf Abtreibung, nicht einmal bei einer Schwangerschaft, die aus einem Inzest resultiert. Weder das Recht noch die Mittel, den ehelichen Wohnsitz zu verlassen, eine Rente zu bekommen, von der Sozialversicherung unterstützt zu werden. Nur das Recht, zu schweigen und weiterhin zu dulden.

Übertrieben düster, die Schicksale dieser Frauen? Vielleicht, aber sie sind wahr. Das ist gestern passiert, in Frankreich, nicht in einer Favela in einem unterentwickelten Land. Aber wer zieht die Schlußfolgerungen, die sich zwingend aus solchen Geschichten ergeben? Dabei sind hier alle Elemente dessen vereint, was die Frauen zu jener »ewigen Unmündigkeit« verdammt, die unser *Code civil* gewollt und festgelegt hat: Lucienne, die Mutter, war im Alter von einem Jahr ausgesetzt worden, auch sie ein Opfer dieses Unglücks, ungewollt geboren zu werden. Aber treibt nicht ab, junge Mütter in Not, die Gesellschaft kümmert sich schon um die Kinder, die ihr aus eigener Kraft nicht großziehen könnt. Ergebnis: acht Adoptivfamilien in sechzehn Jahren. Heirat mit siebzehn. Vierzehn Schwangerschaften. Aber lehnt euch nicht gegen eure schöne Berufung als Mutter auf, erschöpfte, mittellose junge Frauen, und überlaßt Empfängnisverhütung den Flittchen ... Ergebnis: ein Infarkt für die Mutter und zehn ausgetragene Kinder, von denen sechs sterben. Zum Glück, möchte man fast sagen!

Das Leben ihrer Tochter Josyane? Die Wiederholung des Lebens ihrer Mutter. Drei ungewollte Kinder. Ein kärglicher Lohn als Schneiderin, den sie der Familie gibt. Doch eines Tages scheint Hoffnung für sie auf. Sie wird heiraten. Aber Jean-Christophe, der seine Schwestern prostituieren will, wacht über seine Einkommensquellen und sein sexuelles Ventil. Er droht dem Verlobten, »mit ihm abzurechnen«. Abgang des Verlobten. Und das Leben geht weiter. Der Sohn schlägt seine Frauen, droht, sie »fertigzumachen«, und quält Josyanes Kinder; der Vater, an dem man eine Schädeloperation vorgenommen hatte, »war zu schwach, um einzuschreiten, er hatte Angst«.

Die Polizei und die Nachbarn bestätigen all diese Anklagen. »Der Ursprung dieser Affäre«, sagten auch die Anwälte, »liegt vor allem in der Armut, eine Armut, die man nicht zugeben will, die aber, überkommen aus dem 19. Jahrhundert, mitten in der hochentwickelten, liberalen Gesellschaft wieder zutage tritt.« Welche liberale, hochentwickelte Gesellschaft? Die der Ärzte, die diese Unglückskinder auf die Welt kommen lassen, ohne zu geruhen, die ledigen Mütter über Verhütungsmittel aufzuklären? Die der Polizisten und Sozialarbeiter, die unter dem Vorwand, es handle sich um Familienangelegenheiten, die niemanden etwas angingen, zulassen, daß dieses Martyrium dreier Frauen, diese »regelmäßigen Vergewaltigungen« andauern? Die der Richter, die Mutter und Tochter trotzdem zu fünf Jahren Gefängnis (davon zwei zur Bewährung) verurteilt haben, ohne zuzugeben, daß dieser Mord nichts anderes war als legitime Notwehr? Purer Hohn für diese Frauen, die hochentwickelte, liberale Gesellschaft; sie haben nur eine verknöcherte, repressive Gesellschaft kennengelernt. Vor kurzem ist der Begriff »Familienoberhaupt« aus dem *Code* verschwunden. Aber wie lange wird es dauern, bis diese Vorstellung aus den Köpfen, Herzen und selbst dem Unbewußten der Frauen getilgt ist? Und wie soll sie auch getilgt werden, wenn diejenigen, die Zeugen, Richter oder Kommentatoren eines so empörenden Machtmißbrauchs sind, diese Macht der Männer über »die letzte Kolonie der modernen Welt«, wie Germaine Tillon es ausgedrückt hat, nicht zur Anklage bringen?

F Magazine
Februar 1980

Religion, Opium der Frauen?

In manchen christlichen Sekten exkommuniziert man nicht mehr nur wegen Ketzerei, sondern auch wegen eines unverzeihlichen Verbrechens: Feminismus. Die dreiundvierzigjährige Sonia Johnson, Tochter einer Familie, die seit vier Generationen dem Glauben der Mormonen angehört, hat es gewagt zu erklären, daß Gott zugleich Vater und Mutter ist (was bereits der Prophet Jesaja gesagt hat). Und sie hat es gewagt, eine Gruppe von »Mormonen für das *Equal Rights Amendment*«, den geplanten Verfassungszusatz für die Gleichberechtigung beider Geschlechter, zu gründen: Also wurde sie exkommuniziert. »Wir glauben, daß die Gleichberechtigung von Männern und Frauen bestimmte weibliche Instinkte, die von Gott gegeben wurden, ersticken kann«, erklärten die Richter, und man fragt sich, ob sie nun vollkommen zynisch oder maßlos eitel sind. Denn was sie unter »weiblichen Instinkten« verstehen, ist schlicht und einfach die Verpflichtung, die sie ihren Frauen auferlegen: mindestens fünf Kinder zu bekommen, zu Hause zu bleiben, um nach mormonischer Tradition das Brot zu backen und die Kleidung zu nähen, sich jeder eigenen Meinung zu enthalten. Bis vor kurzer Zeit befahl dieser Instinkt ihnen auch, Nebenfrauen bei sich aufzunehmen, da bei den Mormonen Polygamie üblich war.

Sonia Johnson will Mitglied ihrer Kirche bleiben. »Gott läßt

sich nicht in einen kleinen Männerclub einsperren«, erklärt sie im Hinblick auf die ausschließlich männliche Zusammensetzung der Hierarchie.
Diese Affäre erschüttert den bis dahin bruchlosen Glauben von viereinhalb Millionen Mormonen, denn sie markiert die Geburt einer Bewußtwerdung: der Ungerechtigkeit nämlich, denen die Frauen in der Kirche ausgesetzt sind. Eine Ungerechtigkeit, gegen die auch die anderen großen Schweigenden der Geschichte, die Nonnen, zu protestieren beginnen. Man hat es beim Besuch von Johannes Paul II. letzten Oktober in Washington gesehen: Schwester Teresa Kane wagte es, das Wort zu ergreifen, um den Papst aufzufordern, die Ordinierung von Frauen ins Auge zu fassen.
Eine unerhörte Initiative! »Die Frau schweige in der Versammlung, so wie das Gesetz es vorschreibt«, so der Apostel Paulus im 1. Jahrhundert. Fast zweitausend Jahre später denkt Johannes Paul II. dasselbe – Frauen, auch wenn sie Oberinnen ihres Ordens sind, werden erst seit kurzem zu Konzilen zugelassen, und das auch nur als stumme Zuhörerinnen.
Es wäre übrigens falsch, diese beiden »Rebellionen« in eine Perspektive feministischer Forderungen zu stellen. Sonia Johnsons Freundinnen lehnen eine solche Annäherung ab, und die Verfechterinnen der Frauenordination fordern sie nicht als legitimes Recht, sondern als Antwort auf einen Ruf, auf eine *Berufung*, die sie als Menschen betrifft, die ebenso wie die Männer zum Volk Gottes gehören.
Die große Wiederkehr der Religionen, die wir gegenwärtig weltweit erleben, ist ein Phänomen, das die Frauen beunruhigen müßte, denn es wird unweigerlich das Patriarchat stärken und mit einem Rückgang der Freiheiten einhergehen, die laizistische Gesetze uns gebracht haben und gegen die

sich die Kirchen, ob sie nun in Mekka oder in Rom sitzen, immer gewehrt haben. In ihrem Frauenbild hat sich in der Tat seit dem Judentum, einer ausschließlichen Vaterreligion, nichts geändert. Die radikale Erneuerung, die die revolutionäre Lehre Jesu, die alle Tabus und Vorurteile über den Haufen warf und sich mit ihrer Botschaft direkt an die Frauen wandte, mit sich gebracht hatte, wurde von seinen Aposteln total ignoriert. Der Ausschluß der Frauen aus jeglichem öffentlichen Leben, wie es in der jüdischen und in der römischen Welt üblich war, übertrug sich einfach deshalb so spontan auf die katholischen Strukturen, weil er die tiefe Frauenfeindlichkeit der Gesamtheit aller Männer, die alle wichtigen Posten in der Hierarchie der drei monotheistischen Religionen besetzten, zum Ausdruck brachte. Eine Frauenfeindlichkeit, die sich der Weiterentwicklung der Sitten und der Forderung nach Gerechtigkeit so wenig bewußt ist, daß ein wachsender Teil der Christenheit gegen die Diktate aus dem Vatikan Position bezieht. Seit Januar 1977 lassen die episkopalische Kirche (der amerikanische Zweig der anglikanischen Kirche) und mehrere andere protestantische Konfessionen die Ordinierung von Frauen zu. Bereits mehr als vierhundert wurden in den USA ordiniert, und in Europa ahnt man noch kaum die Bedeutung dieses Kampfes, der in der gesamten Kirche aufbrechen wird, vor allem jetzt, da es so in Mode ist, eine »Berufung« zu verspüren.
Das Argument der Unbeugsamen stützt sich auf die Tatsache, daß Christus, obwohl ihm mehrere Frauen nachgefolgt sind, zwölf männliche Apostel ausgewählt hat. War das ein Zeichen, daß er das Priesteramt den Männern vorbehielt, oder paßte er sich den sexistischen Gebräuchen seiner Zeit an? Die ehrwürdige Mutter Hyatt, die in Cambridge lehrt, antwortet vollkommen richtig: »Die zwölf Apostel waren nicht

nur Männer, sondern auch Juden. Das bedeutete jedoch nicht, daß die Priesterschaft den Juden vorbehalten gewesen wäre. Es gibt keine Rassenbeschränkungen mehr. Warum also die Beschränkung nach Geschlechtern?«

So ist es; das Geschlecht bleibt der einzige Grund für Diskriminierung, den man noch eingestehen kann. Und nicht nur in den Augen der beiden größten Weltreligionen. Denn während man versuchen wird, die westlichen Frauen zu ihrer »Berufung« als Mutter zurück an den Herd zu schicken, während sich über die Frauen der islamischen Welt wieder der Schleier senken wird, kann man in Frankreich im dritten Tempel der männlichen Welt, der Politik, vergleichbare Reaktionen konstatieren, die beweisen, daß Thomas von Aquin, der heilige Paulus und Konsorten immer noch unter uns sind!

France-soir vom 8. Januar kommentierte den triumphalen Wahlsieg Indira Gandhis mit einem Zitat von Henry Kissinger (das sich auf die erste Regierung von Frau Gandhi von 1976 bezog) in Großbuchstaben: »Indira, der einzige Mann inmitten einer Regierung aus alten Weibern.« Dieses Zitat ist ein Weltrekord: ein Maximum an Frauenfeindlichkeit bei einem Minimum an Wörtern.

Erstens, weil das Wort *Mann* als das schönste Kompliment erscheint, das man einer außergewöhnlichen Frau machen kann.

Zweitens, weil das Wort *Weib* als die schlimmste Beleidigung erscheint, die man einem armseligen Wicht zufügen kann.

Drittens, weil er es schafft, uns mit zwei Worten zweimal zu erniedrigen, indem er mittelmäßige Männer nicht nur als *Frauen*, sondern als *alte Weiber* bezeichnet, das nicht nur einfach die weibliche Form für *alte Männer* ist, wie jeder weiß. Bravo, dear Henry.

Am deprimierendsten ist es, daß eine große Zeitung, oder besser eine Zeitung mit weiter Verbreitung, diese dreifache Flegelei im Jahre 1980 ganz »naiv« als höchstes Kompliment abdruckt.
Was würde man sagen, wenn *F Magazine* Kissingers Satz ins Weibliche übersetzte und unschuldig schriebe: »General de Gaulle war die einzige Frau in einer Regierung alter Trottel«?

F Magazine
April 1980

Im Namen des Vaters

Monsieur Hervé Duplant
Monsieur und Madame Achille Durand
Monsieur und Madame Henri Dupré
geben voller Trauer den Tod ihrer Gattin und Mutter,
Madame Hervé Duplant,
geborene Céline Larive, bekannt.

Wie können wir diese Todesanzeigen, die regelmäßig in der Zeitung stehen, lesen, ohne etwas Unnormales dabei zu finden, als sei das die natürlichste Art der Welt, den Tod einer Frau mitzuteilen? Wo ist denn die Frau in dieser Anzeige? Ein kleines Mädchen, das als Céline Larive geboren ist, stirbt als Madame Hervé Duplant ... von ihr bleibt nur noch die Ehefrau und Mutter. Keine Spur mehr von ihrer ursprünglichen Identität oder auch der ihrer verheirateten Töchter übrigens, wenn sie welche hat; alles hat die Ehe verschlungen, Namen und Vornamen sind ausgelöscht hinter dem Personenstand der Männer, auch wenn es nur Schwiegersöhne sind.
Dabei gibt es, im Gegensatz zu dem, was man meistens glaubt, keinerlei Gesetzestext, der eine verheiratete Frau zwingt, auf ihren Namen zu verzichten. Es handelt sich hier nur um einen Brauch, einen Akt des Gehorsams dem Mann gegenüber, der von einer so irrational männlichen Gesell-

schaft wie der unseren lebhaft ermutigt wird – es gilt als eine Ehre und ein Geschenk für eine Frau, den Namen eines Mannes zu tragen. Tatsächlich ist nur ein einziger Gesetzestext immer noch in Kraft, das Gesetz vom 6. Fructidor des Jahres II, das im *Code civil* zum Artikel 57 geworden ist: *»Kein Bürger kann einen anderen Namen oder Vornamen tragen als jene, die in seiner Geburtsurkunde stehen.«* Ein Gesetz, das toter Buchstabe geblieben ist.

Ist es denn so wichtig, wird man fragen, diesen oder jenen Namen zu tragen? Ist es nicht lächerlich, sich um eine solche, Lappalie zu streiten? Doch in Wirklichkeit zählt bei der Herausbildung einer Persönlichkeit alles, und nur jene, die sicher sind, niemals ihre Identität ändern zu müssen, betrachten diese Möglichkeit als Lappalie. Für immer mehr Frauen stellt dieser Identitätswechsel ein Problem dar und berührt einen sensiblen Punkt. Um so mehr, als dieser Name, der ihr vom alten Brauch aufgezwungen wird, ihr nur geliehen und unter Bedingungen gewährt wird! Wenn sie sich scheiden läßt oder von dem Namen einen schlechten Gebrauch macht, kann der wahre Eigentümer ihn wieder konfiszieren, was beweist, daß er nicht der ihre ist.

Der kürzlich bekannt gewordene Fall einer Journalistin, Isabelle de Wangen, die so unvorsichtig gewesen war, sich beruflich unter dem Namen ihres Mannes einen Namen zu machen, zeigt das einmal mehr: Vor kurzem ist ihr gerichtlich die Verwendung eines Namens, den sie naiverweise für den ihren gehalten hatte, unter dem Vorwand untersagt worden, das Thema des Buches, das sie veröffentlichen wollte (Augenzeugenberichte weiblicher Strafgefangener), passe ihrem Exmann nicht. (Da sie so wieder bei Null anfangen mußte, der Null, die eine Frau ohne Mann bedeutet, hat sie sich entschlossen, künftig mit Isabelle de …« zu signieren.)

Umgekehrt sieht man, wie manche Herren zwei- oder dreimal geschieden werden und zwei oder drei Damen im Umlauf lassen, die alle seinen Stempel und seinen Namen tragen, bis sie schließlich einen anderen Herrn und Meister finden, der ihnen einen neuen Namen ins Halsband eingraviert. Eine moderne Form des Harems!
Nicht nur, wenn sie geschieden, sondern auch noch, wenn sie tot sind, definieren sie ihre Ehefrauen weiterhin, da die Verwaltung trotz wiederholter Instruktionen hartnäckig weiter die Bezeichnung »Madame Witwe Sowieso« verwendet, während die Bezeichnung »Witwer« auf keinem offiziellen Formular auftaucht.
Im Rahmen der Bemühungen um die Frauen, die in der Zeit vor einer Wahl immer etwas mehr hofiert werden, hat Monsieur Didier Bariani, Pariser Abgeordneter der UDF, einen Gesetzesvorschlag zugunsten des Doppelnamens für Ehegatten gemacht, wie es vor allem in Spanien üblich ist.
Das Gesetzesprojekt Monsieur Barianis hat aufgrund der absolut schlechten Resonanz, die es auf allen Ebenen erfährt, leider keine großen Chancen durchzukommen. Man weiß bereits, daß die Verwaltungsbeamten, Bankangestellten und andere Erfüllungsgehilfen es den verheirateten Frauen trotz einiger Reformen und wiederholten Direktiven sehr schwer machen, ihren Mädchennamen beizubehalten. Sei es aus Unwissenheit, Einschüchterung oder Entmutigung angesichts der Notwendigkeit, ständig gegen passiven Widerstand oder sogar Böswilligkeit ankämpfen zu müssen, verzichten sie zu oft auf ein Recht, das ihnen legal zusteht. Genau das will man erreichen ... auch im Justizministerium, wo man sich nicht entschließen kann, eine Umfrage, die man 1979 beim Meinungsforschungsinstitut *Sofres* angefordert hatte, zur Reaktion der Franzosen auf eine Reform zu veröffentlichen

(man befürchtet ganz oben, daß eine solche Reform bei den Männern eine sensible Saite anrühren könnte).

Le Monde hat einige dieser Zahlen unter einem beruhigenden (für die männliche Empfindlichkeit!) Titel veröffentlicht: »Die Französinnen wollen den Namen ihres Mannes behalten.« Die Zahlen zeigen jedoch, daß die Männer weniger empfindlich sind, als die Presse vermutet: 49 Prozent der Männer, also nicht ganz die Hälfte, wollen »der Frau ihren Namen geben«, aber 31 Prozent halten es für wünschenswert, daß die Frauen ihren Mädchennamen behalten. Das ist viel, und das ist ermutigend.

Der Staatsrat, Hüter von Patriarchat und Frauenfeindlichkeit, wird alles tun, um »die Hinzufügung des Namens der Mutter zu dem des Vaters, die den Interessen der Familie, die Stabilität und Kontinuität verlangt, zuwiderlaufen würde«, zu verhindern. Monsieur Bernard, Vortragender Rat, hat zu diesem Thema kürzlich ein Dokument ohne alle Differenzierungen veröffentlicht, das direkt aus dem 19. Jahrhundert zu stammen scheint und wieder einmal die Interessen der Familie gegen die Interessen der Frau stellt, natürlich um letztere zu opfern. Eine solche Praxis birgt in Monsieur Bernards Augen die Gefahr, *»der Institution Familie zu schaden«*! Dossiers dieser Art werden daher negativ beschieden, und *»die allgemeine Regel muß streng angewandt werden, es sei denn für den Fall, daß die Hinzufügung des Mutternamens an den des Vaters es ermöglicht, einen berühmten Namen anzunehmen«*. Auch hier muß die Frau mehr wert sein als der Mann, um ebensoviel wert zu sein!

Seit dem Aufkommen der Soziolinguistik wissen wir, wie wirksam die Konditionierung durch Sprache sein kann, weil sie so subtil, oft sogar unbewußt funktioniert. Man weiß, daß Sprache keine Zufallskonstruktion ist, sondern ein kultureller Spiegel, der Stereotype und Vorurteile reflektiert. Es ist daher wichtiger als man denkt, seinen Namen, das Symbol seiner Identität, zu behalten. Aber dafür werden wir uns noch mit Geduld, Hartnäckigkeit und, wenn nötig, Aggressivität wappnen müssen. Wir müssen den Artikel 57 schwenken, von dem jede betroffene Frau eine Kopie in der Handtasche haben müßte, und dürfen Zurücktreten der eigenen Person und Unterwerfung nicht mit »weiblicher Liebe« verwechseln, die letzten Endes auch nichts anderes sein dürfte als einfach Liebe – und basta.

F Magazine
Mai 1980

Offener Brief an geschmähte Väter

In diesen schwierigen Zeiten, in denen Paare von einem Wind der Freiheit und Gleichheit umweht werden (der nicht immer zu Brüderlichkeit führt), bezeichnet man Euch Ehemänner, Partner, Väter und andere gerne als Sexisten, Egoisten, Patriarchen ... Aber wißt Ihr auch, daß Ihr in einer gewissen Art von Literatur überdies auch noch als Schwachköpfe, Unfähige und Trottel angesehen werdet? Eine Literatur, die von Frauen verfaßt ist, ich muß es zugeben, und die ich anläßlich eines freudigen Ereignisses entdeckt habe; anläßlich der Geburt meines ersten Enkelkindes Violette, der Tochter meiner ältesten Tochter.
Ich habe drei Töchter, eine Schwester und zwei Nichten, und trotzdem habe ich mir eine Enkel*in* gewünscht. Ich muß schon eine hundertfünfzigprozentige Feministin sein!
Die jungen Frauen von heute, sie, die der Welt die neuen Erdenbürger geben, wollen ihr Los nicht mehr passiv ertragen, sondern es aktiv anpacken, planen und die Geburt ihres Kindes als ein so schönes Ereignis wie möglich erleben. Dieses Ereignis wird nicht weniger wunderbar, je mehr man darüber weiß, im Gegenteil.
Da meine Tochter alles über die Theorien von Psychologen und Dr. Spock wissen und auch die Stimmen der Wöchnerinnen hören wollte, die es heute endlich wagen, über das, was sie erlebt und gefühlt haben, zu berichten, über das,

was sie oft schon lange wußten und was die Wissenschaftler heute »entdecken«, hatte sie alles gelesen! Groddeck, Bernard Thys, Otto Rank, Eric Trimmer, Dr. Bébé und Païs Effan, *Les Lucines des Lilas et le baby-blues*, und Hortense Dufours schönes Buch *Das weinende Affenweibchen*, um nur diese zu nennen. Und natürlich alle Klassiker seit *Ich erwarte ein Baby* von Laurence Pernoud, 1956 erschienen und seither jedes Jahr neu aufgelegt, bis hin zu verschiedenen Heftchen, die immer noch an die jungen Wöchnerinnen verteilt werden.

Und darin haben wir von Euch Vätern ein völlig überraschendes Phantombild entdeckt.

Zuerst einmal sind sich alle Autoren dieser Werke einig: *Ihr* wollt nur Söhne! »Der zukünftige Vater wünscht sich fast immer zuerst einen Sohn«, versichert Laurence Pernoud. »Wie wird mein Sohn sein? Denn natürlich wird es ein Sohn sein, da sich neun von zehn Vätern die Geburt eines Mädchens gar nicht vorstellen können«, erklären uns Claude Lepage und Fanchon Pagès in ihrem Buch *Warten aufs Baby.*

Dann warnt man uns: Ihr werdet es bald müde, Eure schwangere Frau zu bewundern, und macht Euch statt dessen Sorgen über die drohende sexuelle Abstinenz und sinnt auf Abhilfe.

»Obwohl der Ehemann nicht aufhört, seine Frau zu lieben [immerhin!], weigert er sich, jeden Tag das geforderte ›Ich liebe dich‹ zu sagen. Er kann es nicht ertragen, ständig auf dieses foetale Leben zu lauern. Denn ein Mann erwartet von seiner Frau, daß sie *regelmäßig* [Hervorhebung von mir] bestimmte Dinge für ihn tut: ihm das Essen kocht, ihn mit sauberer Wäsche versorgt, das Liebesspiel mit ihm teilt ... Wenn der Bauch der Frau dick zu werden beginnt, werden *sie* nervös.« Und hier findet man eine dieser Perlen, die aufschluß-

reich sind für zwei Jahrtausende Vorurteile und Christentum: »In Wirklichkeit hat es irgendwie etwas Überflüssiges an sich, mit einer schwangeren Frau zu schlafen, es ist, als würde man nach einem Gewitter den Garten gießen.«
Die Autoren dieses delikaten Gedankens (Lepage und Pagès), die ihrem Buch den Untertitel »Das Buch der neuen Frau« geben, ihren Partner aber als alten Phallokraten aus dem letzten Jahrhundert schildern, haben auch eine recht schlechte Meinung von den Frauen, vor allem den ledigen, die ihren Worten nach die Plage der Ehepaare sind: »Im siebten Monat fühlt sich der Mann, der sich mit einer teilweisen oder völligen Abstinenz abgefunden hat, heftiger versucht denn je. Und aus einem mysteriösen Grund scheinen die ledigen Frauen stärker geneigt, sein Problem zu lösen.«
Übrigens muß man sich sogar vor seinen besten Freundinnen in acht nehmen, wenn man schwanger ist, denn »sie werden Sie eher demoralisieren als Ihnen helfen … Sie wissen ja, daß viele Frauen Gefallen daran finden zu dramatisieren« (Pernoud). »Die Erfahrung anderer Frauen ist nur nützlich im Hinblick auf die Babyausstattung, die besten Einkäufe oder die Obhut des Babys.« Belangloses Geschwätz wird also unterstützt, aber man soll unter Frauen ja kein ernsthaftes Thema anschneiden. Die guten alten Stereotype sind zählebig, wie man sieht.
Aber wenn die jungen Mütter nach Hause zurückkehren, dann sehen sie sich mit Ihrem Egoismus und Ihrer Inkompetenz konfrontiert, meine Herren.
»Zwei oder drei Dinge werden Ihre triumphale Heimkehr aus der Klinik mit einer leichten Bitterkeit überziehen«, sagt uns Christine Lambert in *Babys erste Tage zu Hause.* »Die Wohnung bietet in der Tat einen kläglichen Anblick: Geschirr stapelt sich im Ausguß, nicht gegossene Grünpflanzen

lassen die Blätter hängen, unter den Möbeln hat sich der Staub angesammelt ...«

Laut Lambert seid Ihr nicht imstande, einen Blumentopf zu gießen oder einen Teller abzuwaschen, und laut Pernoud seid Ihr obendrein noch unfähig, den kleinsten Einkauf zu erledigen! Auf den »Seiten, die man aufmerksam lesen sollte«, empfiehlt sie der baldigen Wöchnerin tatsächlich, *nachdem* sie ihre Koffer für die Klinik gepackt hat (und vorzugsweise *bevor* Fruchtwasser austritt, nehme ich an), ihren Mann nicht zu vergessen. »Wenn er allein bleiben muß, solange Sie auf der Entbindungsstation sind, lassen Sie ihm Vorräte für eine Woche da. Und besorgen Sie auch Vorräte für die Woche nach Ihrer Rückkehr: Sie werden noch nicht kräftig genug sein, um einzukaufen.«

In einer Zeit, in der die jungen Väter immer häufiger Wert darauf legen, bei der Geburt dabeizusein, in der sie ihr Neugeborenes so sachkundig wie eine geprüfte Kinderpflegerin und so zärtlich wie eine Mutter wickeln und füttern, rät man den Frauen in diesen Büchern (die ansonsten eine Menge nützlicher Ratschläge geben) immer noch, sich nie auf die Männer zu verlassen. Man müsse die Väter als Geschöpfe mit einer angeborenen Unfähigkeit betrachten, wie eine unvermeidbare Naturkatastrophe, und das ändern zu wollen sei utopisch. Ein Bild des Mannes, das für die Frauen deprimierend und zugleich für die Männer beleidigend ist. Wenn ich ein Mann wäre, hätte ich nach der Lektüre solcher Bücher nur einen Wunsch: zu den Autoren nach zu Hause gehen, ihre Grünpflanzen mit Chlorwasser zu gießen und in ihrem Spülbecken ein paar angebrannte Töpfe und ein Dutzend schmutziger Teller abzuladen.

Unterzeichnet: Ein Vater, wie Sie ihn beschreiben!

F Magazine
Juni 1980

Bist du hart genug?

Diese Frage stellte die bedeutende Philologin Lis Jacobsen – sie leitete unter anderem die Herausgabe des *Großen Wörterbuchs der dänischen Sprache* – bereits 1935 den ersten Frauen in ihrem Land, die ein Hochschulstudium abgeschlossen hatten. Die Kollegen, die sich wunderten (und die heute noch so tun, als wunderten sie sich), daß die Welt immer noch auf einen weiblichen Mozart oder Niels Bohr wartet, erinnerte sie daran, daß die Größe des Wissenschaftlers oder des Künstlers an den Triumph seiner Härte über seine menschlichen Gefühle geknüpft ist. »Wie viele Atome hätte Niels Bohr wohl spalten können, wenn er daran hätte denken müssen, nach der Arbeit im Labor und vor Ladenschluß um 17.30 Uhr Kartoffeln einzukaufen?« fragte sie immer wieder. »Solange die Frauen sich nicht ganz ihrer schöpferischen Tätigkeit widmen und, wenn es sein muß, alles andere vergessen können, werden die Ergebnisse, die sie erzielen, mittelmäßig sein.«

Aufrichtige Männer wagen es heute nicht mehr zu behaupten, daß Frauen *von Natur aus* unfähig zu schöpferischen Leistungen seien. Und mittlerweile ist das auch bewiesen: bei sehr kleinen Kindern, die noch nicht, wie Suzanne Horer und Jeanne Socquet in ihrer Untersuchung *La Création étouffée* schreiben, durch die gesellschaftliche Mangel gedreht wurden, sind Jungen und Mädchen gleichermaßen kreativ.

Bis vor nicht sehr langer Zeit hatte eine einzige Frau diese Wahrheit geahnt: Virginia Woolf in ihrem großartigen Buch *Ein Zimmer für sich allein.* In ihrer berühmten Parabel von Shakespeares Schwester brachte sie diesen Gedanken zum Ausdruck: » ... es wäre jeder Frau unmöglich gewesen, ganz und gar unmöglich gewesen, Shakespeares Stücke *im Zeitalter Shakespeares* zu schreiben ... Lassen Sie mich, da es so schwer ist, an Fakten zu kommen, versuchen, mir vorzustellen, was geschehen wäre, wenn Shakespeare eine wunderbar begabte Schwester gehabt hätte ... was aber wahr daran ist, so schien mir, als ich die Geschichte von Shakespeares Schwester, wie ich sie erdacht hatte, noch einmal durchsah, ist die Tatsache, daß eine Frau, die im 16. Jahrhundert mit einer großen Begabung geboren wurde, ganz sicher verrückt werden mußte, sich erschießen mußte, oder ihre Tage in einer einsamen Hütte außerhalb des Dorfes hätte beschließen müssen, halb Hexe, halb Magierin, gefürchtet und verhöhnt.«

»Wie viele Genies sind für die Menschheit verloren«, schrieb Stendhal, »weil sie das Pech hatten, in einem Frauenkörper geboren zu werden?«

Germaine Greer, die berühmte Autorin von *Der weibliche Eunuch*, hat sich in ihrem fesselnden Buch *Das unterdrückte Talent*, für das sie zehn Jahre lang in Archiven und in den »Giftschränken« von Bibliotheken und Museen in Amerika und Europa recherchiert hat, auf die Suche nach diesen Genies, die sich nie entfaltet haben, oder nach diesen erstickten, verkannten, vergessenen Talenten gemacht. In erschütternden Kapiteln gräbt Greer das geheime Leben Tausender künstlerisch begabter Frauen aus, die sich selbst glücklich im Hintergrund hielten und trotz ihrer Revolte vom Schatten eines Vaters, Bruders oder Ehemanns verschluckt wurden.

Man fragt sich, warum man malende Frauen nur in der Umgebung von Malern findet? Der Grund ist offensichtlich: Lediglich die Familien, in denen bereits ein Mann malte, ermöglichten es einem jungen Mädchen, ein Minimum an künstlerischer Ausbildung zu erhalten. Anderswo wurde ihnen jede Möglichkeit, irgendeine Kunst zu erlernen oder sich mit Wissenschaft zu befassen, systematisch verwehrt.
Auf jeden Fall waren Künstlerinnen alle Türen verschlossen: Verkaufsgalerien, Ausstellungssalons, Wettbewerbe, die Akademien, in denen man lernen konnte. Noch 1978 riet man den Frauen, ihre Werke nur mit dem Familiennamen zu signieren, um sie nicht zu »entwerten«! Eine seltsame Beobachtung in der Tat, die den Status der Frauen und die willkürliche Macht der Männer, einschließlich ihrer Brüder, über sie grausam ans Licht bringt. Da ist Margarethe van Eyck, die nie heiratete, um für ihre Brüder Hubert und Jan zu arbeiten, ohne je etwas zu signieren. Da ist Marietta, Tintorettos ältere Schwester, die einen so großen Ruf hatte, daß Kaiser Maximilian und König Philipp II. sie einluden, an ihren Höfen zu arbeiten, die ihr Vater aber lieber in seinen Diensten behielt. Da sind Reynolds Kinder, von denen die Tochter Frances die größte Begabung zeigte. Aber es war ihr Bruder Joshua, der mit fünfzehn Jahren eine künstlerische Ausbildung erhielt, während Frances sich darauf beschränken mußte, ihm den Haushalt zu führen und seine Werke als Miniaturen zu kopieren.
Unter den Beispielen, die dieses reich illustrierte 400-Seiten-Buch füllen, ist Rosa Bonheur die bemerkenswerte Ausnahme, weil sie weit über ihren Vater Raymond Bonheur hinausragte.
Dabei sollte man jedoch nicht den Schluß ziehen, es handle sich um ein organisiertes Komplott, eine gezielte Absicht von

seiten der Männer. Zumeist ging das Ganze ohne Gewalt ab, da die gesamte Erziehung die Mädchen für bescheidene Zurückhaltung und Aufopferung prädestinierte. »Anonymität liegt ihnen im Blut, und sie sind immer noch von dem Wunsch beherrscht, verschleiert zu sein«, schrieb Virginia Woolf. Da ist Blanche Hoschédé, die sich nach dem Tod ihres Mannes ganz ihrem Schwiegervater Edouard Manet widmete, ihm den Haushalt führte und an seiner Seite in Giverny malte. Da ist Constance Meyer, Greuze ganz ergeben und nach seinem Tode Proud'hon, deren größtes Glück es war, Bilder zu malen, die Proud'hon zu signieren bereit war! Viele Frauen begannen erst nach dem Tod ihrer Ehemänner auszustellen, um sie nicht in ihrer Eigenliebe zu kränken: Sophie Tauber-Arp, Kay Sage-Tanguy, Sonia Terk-Delaunay, die 1910 heiratete und erst dreißig Jahre später ausstellte. Im übrigen beschränkten sich die Ehegattinnen oft auf das sogenannte Kunstgewerbe – Innenausstattung, Collagen, verschiedene Arten der Gestaltung. Im 19. Jahrhundert glaubten viele, ein wie immer gearteter Erfolg müsse mit einem Verzicht auf Glück bezahlt werden.
Alle schöpferischen Frauen leiden noch heute an diesem Widerspruch zwischen ihrem Familienleben und ihrer Berufung, ein Widerspruch, der um so zerstörerischer wirkt, als eine Frau stets zu hören bekommt, sie müsse in erster Linie Frau bleiben, während zugleich kritisiert wird, wenn sie auf weibliche Art malt oder schreibt! Soll sie ihr Geschlecht verleugnen? Akzeptieren, daß sie die zweite Geige spielt? Germaine Greer zieht keine Schlüsse, doch sie erinnert daran, daß aus einem verstümmelten Ich kein großer Künstler geboren werden kann.
Ach ja! »Der Unterwürfigkeit wohnt eine gefährliche Verführungsmacht inne«, sagte Marguerite Duras, als sie über die

erstickte Kreativität befragt wurde. »Zu viele Frauen lieben diese Rolle ... Flauberts alte Dienerin und die alte Sekretärin sind ein und dieselbe Frau, ausgebeutet auf dieselbe *emotionale* Art, und die Entfremdung der Frau ist hier genau deckungsgleich mit der weiblichen Unterwerfung, die sich die Mehrheit der Männer glühend wünscht ... Das sind die Folgeerscheinungen der großen Angst, sich selbst zu bestätigen.«

F Magazine
September 1980

Die Frau des Cowboys

Eine große Neuigkeit: Von nun an gehört die Ungleichheit der Geschlechter im feministischsten Land der Welt, den USA, zum Regierungsprogramm der Republikaner!
Die Franzosen neigen oft zu der Ansicht, die Amerikanerinnen besäßen Rechte und Privilegien, die aus ihnen die verwöhntesten Frauen der Welt machten. Sie sind es tatsächlich … im doppelten Wortsinn. Verwöhnt wie Königinnen! Aber sie haben nur sehr schwer Zugang zur Regierung, zu internationalen Gremien und zu prestigeträchtigen Berufen allgemein; sie sind nie dort vertreten, wo die großen Entscheidungen getroffen werden. Das Regieren besorgen die Könige. Und diese haben die Macht, die angeblichen Königinnen mit einem Federstrich um dreißig Jahre zurückzuversetzen, wenn Konjunktur, Demographie oder Politik sich dafür eignen. Und in den USA, wie übrigens auch in Frankreich, wo man angesichts von Phänomenen wie der Krise der westlichen Welt, der Arbeitslosigkeit oder des Geburtenrückgangs das erstaunliche Wiederauftreten einer sogenannten »neuen« Rechten beobachtet, die jedoch wie die Rechte überall auf der Welt dieselbe »moralische Ordnung«, dieselben »überkommenen Werte« im Rucksack hat und dazu bestimmt ist, die Autorität der Oberhäupter zu stärken, sei es in der Familie oder in der Regierung.
Es ist wirklich eine doppelte Niederlage, die die Amerika-

nerinnen – und mit ihnen die Frauen aller Länder – im Juli in Detroit erlitten haben, als über die Wahlplattform Ronald Reagans abgestimmt wurde. Eine Niederlage, die von den Wählerinnen mit ihren Stimmen auch noch in eine Kapitulation verwandelt werden kann – oder nicht.

Denn was in den USA geschehen wird, hat für uns Französinnen eine Art Testwert; welchen Kandidaten dieses Land mit fast 53 Prozent Frauenanteil aufstellen wird, sagt uns, ob diese Frauen endlich aufgehört haben, sich in Cowboys zu verlieben.

Das verbohrteste Amerika würde seinen Frauen zweifellos gerne »einen guten Cowboy« verordnen, um sie wieder gefügig an den Herd zu bringen, ebenso wie General Bigeard gerne »einen guten Fallschirmjäger« in Arlette Laguillers Bett sähe, der ihr die rebellischen Ideen austreiben würde.

Man hat den Frauen so oft vorgebetet, von den Kirchenvätern bis zu den Vätern der Psychiatrie, sie seien vor allem durch die Sexualität definiert, bis viele schließlich zugegeben haben, daß auch in der Politik das Kräfteverhältnis von Mann und Frau gilt, und daß der starke Kerl, der Haudegen oder der Frauenheld – kurz, wer im Bett das Kommando hat – auch geeigneter sei, die Nation zu kommandieren.

Reagan hat seine Absichten übrigens nicht verborgen, sondern offen angekündigt, daß die Republikaner das *Equal Rights Amendment* oder *ERA* nicht länger unterstützen würden.

Man muß wissen, daß dieses berühmte *ERA*, seit zehn Jahren umkämpftes Streitobjekt, nicht einmal eine feministische Forderung ist, sondern ein Prinzip elementarer Gerechtigkeit, über das man im Jahre 1980 eigentlich gar nicht mehr diskutieren dürfte! Dieser Verfassungszusatz, zu dem die Republikaner 1914 den ersten Anstoß gegeben hatten und den seither all ihre Präsidenten, von Eisenhower bis hin zu Nixon und Ford, unterstützt hatten, wurde 1972 endlich vom Kongreß verabschiedet, und eine beträchtliche Mehrheit der Amerikaner halten ihn für richtig. Er erkennt den Frauen Gleichheit auf allen Gebieten zu und sichert ihnen im Streitfall die Möglichkeit, Rechtsmittel einzusetzen. Aber damit dieser Zusatz Gesetzeskraft erhält, muß die Mehrheit der Bundesstaaten ihm zustimmen. Nur noch wenige fehlen. Aber wenn Reagan gewählt wird, endet der halbe Sieg der Frauen mit der Einstellung des Verfahrens, da die Behörden jedes Staates dadurch ermutigt würden, nichts am Status der Frauen zu ändern.

Das wäre die erste Niederlage. Aber bei Reagan geht es nicht nur darum, keine Fortschritte mehr zu erzielen, sondern um Rückschritte!

»Die Abtreibung muß einem Verbrechen gleichgestellt werden«, hat Reagan gesagt. »Wir werden sie daher in den meisten Fällen verbieten. Außerdem werden die Kosten nicht mehr erstattet, es sei denn, es geht darum, das Leben der Mutter zu retten.«

Zweite Niederlage. 1973 hatte der Oberste Gerichtshof entschieden, jede Frau habe während der ersten drei Monate das Recht auf Schwangerschaftsunterbrechung.

»Sie sprechen andauernd von den Rechten der Frau«, sagte Nancy Reagan, die Ehefrau des Kandidaten. »Und die Rechte des Embryos?«

Für letzteren hat man den Plan zu einem Verfassungszusatz gefaßt, der vorsieht, ungeborene Kinder zu amerikanischen Bürgern zu erklären. Man gesteht dem Fötus also Gleichheit der Rechte zu, allerdings auf die Gefahr hin, daß sie später, wenn der Fötus das Pech hat, als Mädchen auf die Welt zu kommen, wieder eingeschränkt werden!

Natürlich wurde dieses Programm nicht ohne Reibereien angenommen.
Betty Ford, eine leidenschaftliche Feministin, hat sich öffentlich über eine so radikal frauenfeindliche Haltung empört.
Mary Crisp, Vizepräsidentin im Vorstand der Republikaner, ist zurückgetreten und hat einen aufrüttelnden Appell an die Frauen ihrer Partei gerichtet. Vergebens.
Reagan hat ihr geantwortet: »Ich glaube nicht, daß das *ERA* eine lebenswichtige Frage ist.« Soll heißen: Ich glaube nicht, daß mein antifeministisches Programm verhindern wird, daß ich gewählt werde.
Die Strategen seiner Partei haben ihn auch in der Tat beruhigt: »Nur weiter so. Die Frauen werden mitmachen.«
Muß man daraus schließen, daß die Frauen den Erfolg des Kandidaten sichern werden, der der größte Macho, der größte Reaktionär und der größte Frauenfeind von allen ist? Daß sie ihren erklärten Pazifismus zum Schweigen bringen und für ein Programm stimmen werden, das in vier Punkten aggressiv »männlich« ist?
– Nein zum Salt-II-Vertrag über weltweite Rüstungsbegrenzung.
– Ja zu Atomwaffen, zum Bau von Cruise-Missiles, zur Neutronenbombe und zu einer massiven Aufstockung des Rüstungshaushalts.
– Nein zur Abtreibung; aber ja zur Wiedereinführung der Todesstrafe.
– Nein zur Unterstützung des *ERA* und zu den Rechten der Homosexuellen.

Sicher sind die Delegierten, die Reagan unterstützen, deutlich konservativer als die Gesamtheit der republikanischen Wählerschaft. Und die Republikaner haben deutlich weniger

Stimmen im Land als die Demokraten. Aber es gibt eine Dynamik des Erfolgs. Und es gibt eine große Unbekannte: die Frauen.

Alles hängt zusammen. Frauenfeindlichkeit und Phallokratie sind keine Geisteshaltungen ohne weitere Bedeutung oder lokale Randerscheinungen. Sie sind Teil einer Gesamtsicht, die die schlimmsten »Ismen« in sich einschließt: Rassismus, Militarismus, Autoritarismus. Eine Sicht, der zumindest die offenkundigen Opfer, die Frauen, nicht mehr zustimmen dürften.

Aber bis zu welchem Grade bleiben sie Opfer eines Minderwertigkeitskomplexes den Männern gegenüber? Eines Schuldkomplexes vor der Nation? Und wie lange werden sie es noch akzeptieren, nur »die Frau des Cowboys« zu sein?

F Magazine
März 1979

Sexuelle Verstümmelungen

»Ich war sechs Jahre alt, als man mich eines Nachts brutal aus dem Schlaf riß, um mich ins Badezimmer zu bringen. Ich erinnere mich, daß mich dort ein Unbekannter an den Armen packte, während ein anderer grob meine Schenkel spreizte. Ich hörte ein knirschendes Geräusch, als würde jemand eine Klinge schärfen. Ich habe geglaubt, man würde mir die Kehle durchschneiden, so wie in den Geschichten, die meine Großmutter mir immer erzählte, und starb beinahe vor Angst. Aber die Männer näherten sich meinem Unterleib, und plötzlich spürte ich das eiskalte Metall zwischen meinen Schenkeln, dann einen scharfen Schmerz. Ich begann zu schreien, trotz der Hand, die auf meinen Mund gepreßt war, denn das war mehr als ein Schmerz, es war wie eine Flamme, die meinen ganzen Bauch verbrannte. Als ich die Augen aufmachte, sah ich eine Blutlache auf den Fliesen. Ich schrie ›Mama‹ und fragte mich, was man mir herausgeschnitten hatte … Der schlimmste Schock für mich war es, daß meine Mutter an meiner Seite war und sich ruhig mit den Männern unterhielt, die mich gerade verstümmelt hatten.

Man brachte mich zurück in mein Bett und packte meine Schwester, die zwei Jahre jünger war, um mit ihr dasselbe zu machen. Niemand wollte uns erklären, was in dieser Nacht passiert war. In Wirklichkeit, und wir haben das erst später begriffen, waren wir von vornherein Sklavinnen, dazu

bestimmt, zu gehorchen und zu schweigen, weil es unser Unglück gewesen war, als Mädchen geboren zu werden. Dabei war meine Familie ›gebildet‹: Mein Vater war ein hoher Beamter, und meine Mutter war auf das französische Lyzeum gegangen. Aber als ich ein Kind war, mußten die kleinen Mädchen selbst in Kairo und in allen sozialen Schichten die Beschneidung der Klitoris über sich ergehen lassen. Heute ist das in den Großstädten weniger üblich, auf dem Land aber immer noch.
Jahrelang hat mich die Erinnerung an diese Nacht wie ein Alptraum verfolgt. Ich fürchtete mich vor weiteren blutigen Eingriffen, weil meine Eltern den ersten als ganz natürlich zu betrachten schienen. Von diesem Augenblick an hatte ich begriffen, daß ich nur ein zweitrangiges Lebewesen war, Eigentum der Männer, und daß das Wort *bint* [Mädchen], wo es auch fiel, immer mit einer Nuance der Verachtung ausgesprochen wurde.«

»Ich habe seither als Ärztin viele junge Mädchen gesehen, die wegen häufig tödlicher Blutungen ins Krankenhaus gebracht wurden, oder mit Blutvergiftungen als Folge von Beschneidungen, die ohne die geringsten hygienischen oder anatomischen Kenntnisse durchgeführt wurden. Die meisten, wenn nicht gar alle, haben infolge dieses Angriffs auf ihr intimstes Wesen sexuelle Neurosen oder schwere psychische Schäden davongetragen.«
Dieser Bericht ist Auszug eines Buches, das demnächst auf Englisch erscheinen wird: *The hidden face of Eve (Tschador – Frauen im Islam)* von Nawal el Saadawi. Die Ägypterin Nawal hat aufgrund ihrer feministischen Positionen ihre Stellung als Leiterin des ägyptischen Gesundheitswesens und die Leitung der Frauenzeitschrift *Santé* verloren. Seit

1972 veröffentlicht sie wegen der Zensur ihre Bücher im Libanon.
Die Reaktion angesichts eines solchen oder ähnlicher Berichte war bisher Ungläubigkeit oder Gleichgültigkeit. Wie viele Männer und Frauen wissen – oder wollen wissen –, daß die Verstümmelung der Geschlechtsorgane kleiner Mädchen in fast dreißig Ländern Afrikas und des Nahen Ostens eine gängige Praxis ist? Wie viele wissen – oder wollen wissen –, daß es dabei nicht um ein paar Stämme weitab von jeglicher Zivilisation geht, und daß diese Praxis ganz und gar nicht »am Verschwinden« ist, wie es die Verantwortlichen dieser Länder gerne glauben machen möchten? Ein einziges Land, der Sudan, hatte den Mut, diese Verstümmelung 1947 für illegal zu erklären. Aber bisher ohne Resultat, wenn auch die rigoroseste Form dieser Operation, genannt pharaonische Beschneidung, langsam durch die *sunna*, einen etwas eingeschränkteren Eingriff, ersetzt wird.
Ein weiteres Land, Ägypten, hat 1960 die »wilde Beschneidung« verboten. Aber da sich Männlichkeitswahn und islamische Mentalität nicht weiterentwickelt haben, kümmert sich niemand darum, daß das Gesetz auch angewendet wird. In allen anderen Ländern wird die Beschneidung offiziell praktiziert, manchmal bald nach der Geburt, zumeist zwischen zehn und zwölf Jahren, manchmal kurz vor der Hochzeit, je nach Kulturzugehörigkeit. Es ist weder eine Frage der Rasse noch eine Frage der Religion: Bei den christlichen Kopten und den Animisten wird ebenso beschnitten wie bei den Muslimen. So kommt man dazu, sich die beängstigende Frage zu stellen, die Germaine Greer, eine amerikanische Feministin, in ihrem Buch *Der weibliche Eunuch* aufgeworfen hat: »Hassen die Männer das weibliche Geschlecht?« Oder fürchten sie es etwa so sehr, daß sie versuchen, es auf eine

passive Funktion als sexuelles Gefäß und Reproduktionsmaschine zu reduzieren? »Der Haß auf die Klitoris ist tatsächlich universell«, antwortet Gérard Zwang in *Le Sexe de la Femme*. (Dr. Gérard Zwang ist zusammen mit dem Ethnologen Alain de Benoist in Frankreich der erste, der es gewagt hat, in seinem Buch *La Fonction érotique* die Fakten in ihrer nackten Realität darzustellen und sich nicht nur aufgrund der katastrophalen medizinischen Folgen, sondern im Namen der Menschenwürde und des Menschenrechts auf Lust gegen diese Praxis zu wenden.) Und die Liste der dreißig Länder, in denen man die Geschlechtsorgane der Frau »korrigiert«, scheint ihm recht zu geben.

Nirgendwo existieren Statistiken über die Sterblichkeitsrate oder systematische Untersuchungen über die Folgen dieser Praktiken, und so können die Verantwortlichen deren Existenz leugnen. Man kann durch ganz Afrika reisen, ohne irgendwelche Aufschlüsse über diesen Brauch zu erhalten, dem mindestens fünfundzwanzig Millionen von Frauen zum Opfer fallen. Jeder wird Ihnen antworten: »Das gibt es hier nicht mehr.« Die Verstümmelung von Frauen war bisher das bestgehütete Geheimnis der Welt. Dabei wird von niemandem in Zweifel gezogen, daß die Klitorisbeschneidung eine äußerst alte Praxis ist, wenn die Hypothesen über ihren Ursprung auch auseinandergehen. Manche führen diesen Brauch bis auf die alten Ägypter zurück. Tatsächlich hat man zahlreiche beschnittene Mumien und sogar solche mit künstlich verschlossenen Geschlechtsorganen gefunden. Auf jeden Fall gab es die Entfernung der Klitoris bereits lange vor dem Islam, und wenn Mohammed auch nichts unternommen hat, um dem ein Ende zu setzen, wäre es doch ungerecht, sie allein den muslimischen Ländern anzulasten. Offensichtlich ist aber, daß sie in den Ländern des Korans, in denen die Frau, ähnlich einem Haustier, das man willkürlich einsperren oder züchtigen kann, keinerlei unabhängige Existenz hat, am hartnäckigsten verwurzelt bleibt. Der Großmufti von Mekka hat diese Praxis übrigens mitten im 20. Jahrhundert noch unterstützt, indem er erklärte: »Die Beschneidung ist Allah gefällig.« Eigenartigerweise sind es immer die Männer, die Zugang zu göttlichen Geheimnissen haben!

Wer hat sich bisher um diese Frauen gekümmert, die zum Schweigen verurteilt waren? Niemand. Selbst in der westlichen Welt haben die Feministinnen gezögert, dieses Problem anzuschneiden, weil sie Angst hatten, des Rassismus bezichtigt zu werden. Dabei besteht der wahre Rassismus darin, die Augen abzuwenden und einzuräumen, daß die Sexualität der Afrikanerinnen, der Orientalinnen sich nicht zu entfalten braucht wie die unsere, weil sie schwarz oder weil sie Araberinnen sind.

Die systematische Verstümmelung der Mädchen, wo auch immer sie praktiziert wird, ist nichts anderes als eine Form der Unterdrückung, der die Gesamtheit der Frauen in allen patriarchalischen Ländern unterworfen ist, und sie wirkt sich auf die gesamte Lage der Frau aus. Ob es um die verstümmelten Füße der Chinesinnen geht (ein Brauch, der bis Mao Tse-tung tausend Jahre lang geübt wurde), um die Kupferhalsbänder der Giraffenfrauen in Birma oder um schwarze Frauen mit Lippenpflock; ob es um den Massenmord an Millionen von Hexen in Europa vom 14. bis zum 18. Jahrhundert geht, weil ihre Macht die Eigenliebe der Männer und die der Kirche verletzte; oder um die Verweigerung jeglicher Bildung und die Abgeschlossenheit von Frauen im Orient, von der Pubertät bis zur Menopause – man stellt fest, daß die männlichen Gesellschaften eine ungeheure Phantasie und

Grausamkeit entwickelt haben, um die Unterwerfung der Frauen zu sichern. Und im Jahrhundert der Menschenrechte muß man sich wohl fragen, ob die Frau als menschliches Wesen angesehen wird.

Beobachtet man die Verlegenheit und die Hinhaltetaktik der internationalen Organisationen in diesem Bereich, kommen einem Zweifel an ihrem Willen, die spezifisch weiblichen Probleme anzupacken. Trotz erdrückender Beweise für die Schädlichkeit der sexuellen Verstümmelung von Frauen haben sich UNO, WHO und UNESCO bisher in schamhaftes Schweigen gehüllt. Dabei bescheinigte die WHO in einem Dokument von 1975 über die Epidemiologie der Unfruchtbarkeit die katastrophalen Folgen »mancher Riten, die die Geschlechtsorgane angreifen und die in Afrika fast überall verbreitet sind«. Trotz alledem folgte keinerlei Aktion, keinerlei Untersuchung wurde in Angriff genommen, keinerlei prinzipielle Deklaration konnte ausgearbeitet werden – unter dem Vorwand, daß »diese rituellen Eingriffe aus sozialen und kulturellen Vorstellungen herrühren, deren Untersuchung nicht im Kompetenzbereich der Weltgesundheitsorganisation liegt«. Weitaus geringer war gewöhnlich der Respekt vor »sozialen und kulturellen Vorstellungen«, wenn es darum ging, ihnen unsere industrielle oder militärische Vorherrschaft oder unsere religiösen Vorstellungen aufzuzwingen! Natürlich handelt es sich hier nur um eine »Frauensache«, und es wäre unschicklich, in so gelehrten Versammlungen über Klitoris oder Geburt zu diskutieren! Wenn man gezwungen ist, über dieses Thema zu sprechen, weil eine feministische oder humanitäre Bewegung einen dazu zwingt, verwendet man in den angelsächsischen Ländern und den offiziellen Dokumenten den beruhigenden (aber vollkommen unzutreffenden) Begriff »weibliche Beschneidung«. Doch diese beiden Eingriffe haben überhaupt nichts gemeinsam. Die männliche Beschneidung, ein harmloser und praktisch risikoloser Eingriff, zerstört kein Organ und beeinträchtigt keine einzige Funktion. Die Entfernung der Klitoris dagegen ist eine irreversible Verstümmelung, sehr schmerzhaft, und die Folgen können das ganze Leben belasten (Infektionen, Operationsfehler, Fisteln, dauerhafter unwillkürlicher Harnabfluß, Nervengeschwülste, Unfruchtbarkeit etc.). Und die sogenannte pharaonische Beschneidung macht aus der Frau eine anatomische Mißbildung.

Mit ihnen verletzt

Man hat noch nie jemandem Angst eingejagt, indem man die Beschneidung eines Mannes beschrieb. Und das mit gutem Grund. Die Berichte der schwarzen Frauen dagegen, die es langsam wagen, *darüber* zu sprechen, sind kaum erträglich. Aber die empfindlichen Gemüter sollen sich ein wenig zusammennehmen: Wir müssen diesen verletzten Frauen ein für allemal ins Gesicht sehen und uns mit ihnen verletzt fühlen. Die Weigerung, sich zu informieren, ist ein Verbrechen, wenn sie es möglich macht, daß solche Folterqualen weiterbestehen.
Der Ethnologe Jacques Lantier liefert in seinem Buch *La Cité magique* die genaueste Beschreibung der Infibulation, wie sie in Somalia praktiziert wird. Um den Wert der Ware Frau vollständiger zu garantieren und die sexuelle Lust des Ehemannes zu erhöhen, wird die Entfernung der Klitoris und der inneren Schamlippen noch durch eine zusätzliche Operation ergänzt, die das weibliche Geschlechtsorgan von allem »reinigt« (das Wort stammt von einem arabischen Phi-

losophen), was nicht nützlich für den Mann oder die Befruchtung ist. Man muß klarstellen, daß die Infibulation im Gegensatz zu dem, was immer noch viele behaupten, kein Ritual mehr und von keinerlei religiösen oder magischen Zeremonie begleitet ist, allerhöchstens von einer kleinen Feier »zu Hause«. Heutzutage geht man dabei tatsächlich nicht anders vor als ein Tierarzt, der ein Stück Vieh kastriert.

»Das kleine Mädchen, das infibuliert werden soll, wird von mehreren Frauen festgehalten und auf einen Schemel gesetzt. Die äußeren und die inneren Schamlippen des Kindes werden auseinandergezogen, und die Matrone befestigt sie zu beiden Seiten der Schenkel mit langen Dornen im Fleisch. Mit ihrem Küchenmesser spaltet sie die Klitoriskappe und schneidet sie ab. Während eine andere Frau mit einem Lappen das Blut abwischt, bohrt die Matrone mit dem Fingernagel ein Loch um die ganze Klitoris, um dieses Organ herauszuschälen. Während das kleine Mädchen entsetzliche Schreie ausstößt, reißt die Matrone die Klitoris, die sie mit der Messerspitze freilegt, ganz heraus ... Die Nachbarinnen, die eingeladen sind, um die Operation zu kontrollieren, stecken nacheinander den Zeigefinger in die Wunde, um sich zu vergewissern, daß die Klitoris vollständig entfernt ist ... Da das Mädchen sich verzweifelt wehrt, kommt es vor, daß ein ungeschickter Messerstich die Harnblase durchbohrt oder den Mastdarm beschädigt.

Diese Torturen setzen der Folterqual, die das Mädchen erdulden muß, jedoch noch kein Ende, denn die wichtigste Phase des Rituals beginnt erst. Die Matrone nimmt erneut ihr Messer und schneidet die inneren Schamlippen ab, dann zieht sie mit der Klinge die Haut von den großen Schamlippen und legt sie so frei ... Wenn die Wunde schön offen ist, schneidet sie die Lippen mehrmals der Länge nach ein, dann durchbohrt sie sie mehrmals mit dem Messer ... Ist das Abhäuten vorschriftsmäßig erledigt, werden die blutenden Schamlippen aneinandergepreßt und mit großen Akaziendornen befestigt. Die Matrone vollendet nun ihren Eingriff, indem sie im hinteren Bereich eine sehr enge Öffnung läßt, die lediglich den Urin und das Menstruationsblut durchlassen soll. Ihre Ehre verlangt, daß die Öffnung so klein wie nur irgend möglich sein muß, denn bei den Somali wird die Frau um so höher geschätzt, je enger das Loch ist ... Die Schenkel der Patientin werden nun mit Stricken aus Kamelhaar festgebunden, vom Ansatz bis zur Kniebeuge. Das Mädchen wird auf eine Matte gelegt und muß so vierzehn Tage liegen bleiben; am Ende hat ihr Geschlecht dann das monströse Aussehen, das es bis zur Heirat behält.«

Das ganze Leben der infibulierten Frau verläuft nun unter dem Zeichen des Messers: Am Abend ihrer Hochzeit muß sie »wieder geöffnet« werden, gerade genug, damit ihr Mann eindringen kann; bei den Geburten muß sie dann noch weiter geöffnet werden, denn das vernarbte Gewebe dehnt sich nicht; dann wird sie von neuem geschlossen, »um die Lust ihres Partners zu fördern«.

Man kann sich vorstellen, daß die physischen und seelischen Folgen dieser Operation schwerwiegend sind und weit über Frigidität hinausgehen. Aber selbst in der weniger verstümmelnden Form (Entfernung der Klitoriskappe) stellt diese Beschneidung eine irreversible Verletzung der Unversehrtheit und Würde eines menschlichen Wesens dar. Man sollte sich daher fragen, warum es weder in den betroffenen Ländern, wo das ein Tabuthema ist, noch anderswo jemand gewagt oder sich herabgelassen hat, diesen Mantel des Schweigens zu lüften, der mit der Zeit fatale Ähnlichkeit mit einem geheimen Einverständnis bekommt. Eine Erklärung kommt einem rasch in den Sinn: Es sind fast ausschließlich Männer, die man etwas entdecken ließ, das sie dann »Initiationszeremonien« nannten.

Nach den Historikern (vor mehr als zweitausend Jahren erwähnten bereits Herodot und später Strabo diesen Brauch) waren es vor allem Missionare und Forscher, die diese Riten beschrieben haben, ohne über die physischen und psychischen Konsequenzen bei den Betroffenen besonders erschüttert zu sein. Einige Missionare in Abessinien – lassen wir ihnen diese Gerechtigkeit widerfahren – versuchten um 1880 gegen diesen Brauch anzukämpfen, indem sie es den getauften Müttern verboten, ihre Töchter infibulieren zu lassen. Aber diese »klaffenden Frauen«, die keinen Abnehmer fanden, wurden von der Gesellschaft geächtet, und die Missionare mußten einen Rückzieher machen und die »Notwendigkeit der Operation« anerkennen. Trotz einiger schüchterner Versuche überwog insgesamt Gleichgültigkeit. All diese Männer entdeckten schließlich die Welt unter dem Blickwinkel ihrer eigenen Tabus, ihrer patriarchalischen Kultur und ihrer rassistischen und sexistischen Vorurteile.

Erstaunlicher ist es, daß man noch heute, in einer Zeit, in der die Menschen informiert sind, auch über Sexualität, absurde Reportagen über diese »malerischen Zeremonien« lesen kann – geschrieben von sensationslüsternen Journalisten, die gegenüber dem Leiden und der seelischen Versklavung der Opfer vollkommen gleichgültig bleiben. So las ich vor kurzem in einer luxuriös gestalteten Zeitschrift, die für die Passagiere der Air France bestimmt ist, eine Beschreibung der »Initiation der jungen Mädchen im Land der Mossis in Obervolta«. Initiation wozu? Zum Leiden? Zur Unterwerfung? Aber nein, versichert unser Reporter, »diese

Operation ist dazu bestimmt, die Weiblichkeit des jungen Mädchens zu vervollkommnen« (!).
Im selben Stil beschreibt ein gewisser Robert Arnaud in einer kleinen Zeitung namens *l'Oreille en coin* ungerührt und mit erlesenster Diskretion eine »genitale Exhärese«, wie er es nennt. Monsieur Arnoud hat es nicht gewagt, ganz offen zu sagen, daß uns liederlichen Europäerinnen eine schöne Klitoridektomie guttun würde, aber er weist auf ihre Vorteile hin: »Dem Kind aus den sogenannten zivilisierten Ländern, das diese Entwicklung nicht kennt, scheint es sehr schwerzufallen, die verschiedenen Schwellen seiner Existenz zu überschreiten. Die Initiation entfremdet das Individuum keineswegs, sondern hilft ihm, die aufeinanderfolgenden Stadien seiner Entwicklung ohne Reibereien und Verdrängungen zu beginnen.« Darauf sollte man unsere Psychoanalytiker doch einmal hinweisen!
Vor kurzem kündigten Plakate in den Straßen von Paris einen Filmvortrag von Charles Cousin mit dem Titel »Das verbotene tabuisierte Afrika« an. Programm: »Magische Sitzungen. Gaben an den heiligen Kaiman. Exzision. Rituelle Jagd nach dem Stachelschwein ...« Zwischen Kaiman und Stachelschwein also das weibliche Geschlecht! Außer in einigen militanten Zeitungen (vgl. die ausgezeichnete Untersuchung in *Choisir* vor drei Monaten) bleibt man auch heute noch dabei, diesen Aspekt der Lebensbedingungen von Frauen zu leugnen oder zu umgehen. Weiß man denn überhaupt, daß in manchem Haushalt von Immigranten in Paris jedes Jahr eine Beschneiderin aus Afrika kommt (deren Reise von armen Arbeitern bezahlt wird), um die kleinen Mädchen zu operieren? (Die Zeitung *Rouge* hat letztes Jahr darauf hingewiesen.)
Natürlich wird man sagen, daß es die Frauen sind, die das

Fortbestehen dieser Praktiken garantieren. Aber es wäre naiv, davon auszugehen, daß eine Frau tatsächlich den Wagemut aufbringen könnte, sich dagegen aufzulehnen oder ihre Töchter davor zu bewahren. Das hieße das Gewicht der kulturellen Konditionierung in Ländern mit unerbittlich rigiden Familien- und Gesellschaftsstrukturen außer acht zu lassen. Die meisten dieser Frauen sind Analphabetinnen. Ihre Unterdrückung, die sie für die normalen Lebensbedingungen der Frau halten, ist ihnen nicht einmal bewußt, und sie haben keinerlei Möglichkeiten, unabhängig zu leben und sich Gehör zu verschaffen. Das Beispiel Kenia macht das auf bezeichnende Weise deutlich.

Präsident Jomo Kenyatta, begeisterter Anhänger der Exzision (vgl. sein Buch *Im Schatten des Mount Kenia*), hat diesen Brauch, den die englischen Besatzer bekämpft hatten, wieder zu Ehren gebracht, als er seinem Land 1963 die Unabhängigkeit zurückgab. Diese Rückkehr zu den Traditionen, einschließlich der schädlichsten, machte er zu einer moralischen und sozialen Verpflichtung: »Die Exzision ist die *conditio sine qua non*, um eine vollständige moralische und religiöse Erziehung zu erhalten«, erklärte er. Diese Behauptung ist um so heuchlerischer, als die malerischen Riten, das Zeremoniell und die verschiedenen Stadien der Initiation, die früher zu der Operation gehörten, in Kenia wie anderswo völlig aufgegeben worden sind. Übrig bleibt nur noch die Sorge, »das Temperament der Negerinnen zu zügeln« und die Erpressung mit der Ehe: »Kein Kikuyu wird eine nicht beschnittene Frau heiraten.«

Dennoch beginnt sich zumindest in Schichten, wo die Mädchen eine gewisse Bildung erhalten haben, eine Reaktion abzuzeichnen. Das Frauenmagazin *Viva*, das in Nairobi erscheint, hat vor kurzem Aussagen von Betroffenen veröffentlicht, was vor zehn Jahren noch unvorstellbar gewesen wäre: »Die ersten Frauen, die unter dem Einfluß des Okzidents von der Beschneidung verschont wurden, sind heute um die fünfunddreißig«, sagt Rachel, achtundzwanzig, nicht beschnitten. »Aber es sind nur wenige, und sie sind sehr schlecht angesehen. Zwei meiner jüngeren Schwestern haben sich lieber dem Eingriff unterzogen; und selbst an der Universität geben die meisten meiner Freundinnen dem Druck ihrer Familie nach. Ich habe in meinem Dorf nicht heiraten können; es war sehr schwer, einen Mann zu finden, der mich heiraten wollte. Ich habe Angst, daß meine Töchter einmal verlangen, daß man sie beschneidet, wenn sie sehen, welche Verachtung man mir entgegenbringt.«

»Die Exzision ist so eng mit dem Patriotismus und den nationalen Werten verknüpft«, sagt eine andere, »daß man sie nicht ablehnen kann, ohne sein Land zu verraten. Außerdem sind wir es nicht gewohnt, über uns zu sprechen, uns zu beklagen oder uns zu verteidigen. Und es ist unschicklich, über die Beschneidung zu sprechen; das ist wie ein Familiengeheimnis. Im übrigen sagt jeder, daß die ›vollständigen‹ Frauen unreif bleiben, daß sie ihre Eltern nicht respektieren und schamlose Frauen werden.«

In *La Parole aux Négresses* erklärt Awa Thiam, eine senegalesische Studentin, die es als eine der ersten gewagt hat, von den Rechten der Afrikanerinnen zu sprechen, sehr scharfsinnig: »Ist es nicht an der Zeit, daß die schwarzen Frauen die dringende Aufgabe in Angriff nehmen, das Wort zu ergreifen und zu handeln? ... Geleitet nicht von den Oberhäuptern ihrer patriarchalischen Regierungen, sondern von dem brennenden Wunsch, ihren elenden Lebensbedingungen als Frauen, ausgebeutet als Produzentinnen und als Reproduzentinnen, ein Ende zu setzen.«

Keine Partei, kein Regime hat diese Forderung berücksichtigt. In dem sehr progressiven Guinea werden 84 Prozent der Frauen beschnitten; im sozialistischen Somalia werden 98 Prozent infibuliert. Bisher hat einzig und allein der Sudan auf Drängen einer Frau hin offiziell Position bezogen: Dr. Fatima Abdel Mahmoud, Kinderärztin und ehemalige Sozialministerin. Aber die Fortschritte vollziehen sich langsam, und an den Reportagen, die regelmäßig in Khartum erscheinen, kann man die Schwierigkeiten ermessen, die es bereitet, sich von soziokulturellen Zwängen zu befreien. Eine sudanesische Journalistin, Christabel King, erinnert daran, daß die WHO ihrem Land einen Forschungskredit von 10 000 Dollar bewilligt hat. 1979 werden Tausende von Frauen befragt werden, damit man die Gründe begreift, warum sie einer Tradition treu bleiben, von der man sie überzeugt hat, sie garantiere ihre Fruchtbarkeit. Christabel King beendet ihre Untersuchung mit einer bitteren Reportage über das »Hotel der Jungvermählten« in Port Sudan, ein maurisches Gebäude, in dem man jeden Tag umschlungene Paare spazierengehen sieht und das sich jede Nacht »in eine Horrorfilmszenerie à la Hitchcock verwandelt. Aus jedem Zimmer dringen Schmerzensschreie, die die ausländischen Touristen in Panik versetzen, bei uns aber völlig normal erscheinen, denn bei uns weiß man, daß die ersten Nächte nach der Hochzeit eine wahre Agonie sind. Für die Ehemänner enden diese Kraftübungen oft mit einem totalen Fehlschlag, der sie veranlaßt, ihre Frau zu verstoßen oder eine zweite zu nehmen.«
Die Nigerianerin Esther Ogunmodédé, Leiterin der Internationalen Bewegung für Familienplanung, fordert in der Zeitung *Drum*: »Wie lange noch werden wir unsere Töchter auf diese barbarische Weise mißhandeln lassen? Trotz der schwerwiegenden Folgen dieses Brauches haben sich UNO

und WHO bisher auf scheinheiliges Gerede beschränkt«, stellt sie dann fest. »Ich bin überzeugt, daß nur eine weltweite Kampagne, wie sie seinerzeit von der Organisation für Familienplanung unternommen worden ist, den sexuellen Verstümmelungen der kleinen Mädchen ein Ende setzen könnte.« Eine Studentin aus Mali, Assitan Diallo, konnte erstmals an der Hochschule von Bamako eine wissenschaftliche Arbeit über die »Exzision bei den Bambara« vorlegen. Und Dr. El Sayed Mirghani El Sayed hat 1973 ihre Doktorarbeit zum Thema »Klitoridektomie, Vulvektomie und Infibulation bei kleinen Mädchen in einigen afrikanischen und asiatischen Ländern«, und vor allem in ihrem eigenen Land, im Sudan, verfaßt. All diese Stellungnahmen sind wichtig, denn die erste Voraussetzung jeder Befreiung ist Information.

Die Freiheit der Frau hat immer Ängste verursacht. Und nicht nur in Afrika oder in der arabischen Welt. Erinnern wir uns an die leidenschaftlichen, manchmal geradezu hysterischen Ausbrüche vieler unserer französischen Abgeordneten bei den Debatten über Empfängnisverhütung oder Abtreibung. Viele Männer wären überrascht, wenn man ihnen sagte, daß das Problem der Exzisionen sie in Verlegenheit bringt. Dabei ist klar, daß es sie tiefer berührt, als sie zugeben wollen, denn es stimmt überein mit einem alten männlichen Phantasiebild: der Besitz des anderen um jeden Preis, selbst auf die Gefahr hin, nur noch eine passive Sklavin zu besitzen, ein Objekt. Um sich davon zu überzeugen, genügt es, einigen wenig erfreulichen Wahrheiten ins Gesicht zu sehen. So ist es kaum bekannt, daß auch unsere schönen, zivilisierten Gesellschaften in Amerika und Europa daran gedacht haben, das weibliche Geschlechtsorgan zu korrigieren, damit die Väter und Ehemänner ruhiger schlafen konnten. Unter dem Vorwand von Masturbation, Nymphomanie, Hysterie oder

Wahnsinn haben Ärzte im 19. und 20. Jahrhundert Exzision oder Kauterisation der Klitoris als »Heilmittel« eingesetzt. Hier war keine Rede mehr von einer Initiationszeremonie oder gesteigerter Fruchtbarkeit; die Operation gesteht offen ein, was sie ist: das Verbot, Lust zu empfinden. So wie man die Hexen verbrannt hatte, kauterisierte man die Klitoris, um »die Sinnenlust der Frauen, die immer ihrer Physiologie unterworfen sind«, ruhigzustellen.

Der englische Chirurg Isaac Baker-Brown, »Erfinder« der Klitoridektomie, amputierte zwischen 1850 und 1867 so viele Frauen, daß man ihn aus der Londoner Gesellschaft für Geburtshilfe ausschloß. Auch andere, darunter Dr. Bennet, empfahlen diese »radikale« Methode. Die Haltung der Ärzte in dieser Zeit war nicht rein wissenschaftlich, sie spiegelte »ihre Angst vor der Emanzipation der Frauen und der Weiterentwicklung der Rollen wider. Die Kastrationen, Ovariektomien und Klitoridektomien, die damals sehr beliebt waren, hatten das Ziel, wieder die traditionelle Geschlechterordnung durchzusetzen«, schreibt Ben Barker-Benfield in seiner *Geschichte der Chirurgie im 20. Jahrhundert.* In den USA zitierte das Frauenmagazin *Mc Call* vor kurzem mehrere Fälle von Exzisionen, »vorgenommen, um dem sexuellen Wahn junger Frauen ein Ende zu setzen und sie zu einer Monogamie zu zwingen, die ihrer Natur ansonsten zuwiderliefe«. Man behauptete tatsächlich, diese Eingriffe würden die Ehen retten. Die Frau wurde als geheilt betrachtet, wenn sie auf die egoistische sexuelle Lust, vor allem auf den Orgasmus, verzichtete, um wieder zu ihrer normalen Rolle als Mutter und Dienstmagd im Haushalt zurückzufinden.

Als Abschluß dieser traurigen Blütenlese soll noch der *Ladies Guide for health and disease* zitiert werden, ein Handbuch medizinischer Ratschläge, das um 1890 in den USA sehr populär war: »Sie müssen ihren Töchtern begreiflich machen, daß Masturbation das schändlichste aller Laster ist«, heißt es dort. »Abgesehen vom Verlust jeglichen Sinnes für Moral führt sie zu Ohnmachten, Epilepsie, Veitstanz und unwillkürlichem Harnabfluß [*sic*], ganz zu schweigen von den Geschwürbildungen an den Fingern durch die Ausflüsse der Vagina [*sic*]. Daher muß man zu durchschlagenden Mitteln greifen, das heißt, zur Klitoridektomie.«

Die »Beschneidung von Frauen« wurde bis zum Zweiten Weltkrieg praktiziert. Der letzte Fall, der im *International Journal of health* erfaßt ist, war ein fünfjähriges Mädchen, das man wegen Masturbation behandelte. Das war 1948.

Und vergessen wir nicht, daß es andere, weniger brutale Methoden gibt, um Frauen frigide zu machen, eine Art psychische Exzision. So bemühten sich Hélène Deutsch und Marie Bonaparte, Schülerinnen von Freud, den traurigen Begriff von der »ehelichen Pflicht« zu rechtfertigen. Daher ist es auch nicht erstaunlich, daß Marie Bonaparte, die Gelegenheit hatte, in Ägypten zahlreiche beschnittene Frauen zu untersuchen, behauptete, ihre Weiblichkeit würde dadurch bestätigt, weil die Frauen von Natur aus passiv und masochistisch seien. *Eine ehrbare Frau kennt keine Lust*, hat Jean Ferrat gesungen ... Das könnte das Motto der Beschneiderinnen sein, ebenso wie vieler Ärzte und Psychoanalytiker zu Beginn dieses Jahrhunderts.

Heute versucht eine wachsende Zahl schwarzer Frauen, Studentinnen im Ausland, Ärztinnen, Hebammen, Lehrerinnen oder Aktivistinnen in feministischen Gruppen in ihrem Land, dort, wo sie toleriert werden, gegen diese Praktiken zu kämpfen. Sie wissen, daß es sich um ein komplexes und heikles Problem handelt; daß Verbote und überstürzte Interventionen die Lage verschlimmern können. Sie werden

Mut brauchen, Ausdauer, aber auch die Unterstützung internationaler Gremien und die Solidarität anderer Frauen. Natürlich nicht als Französinnen oder als Frauen aus der westlichen Welt. Nicht im Namen dessen, was wir die Werte unserer Zivilisation nennen, sondern ganz einfach als Frauen, die ein Recht auf Gesundheit, körperliche Unversehrtheit und auf Selbstbestimmung auch über ihren Körper haben.
Seit einigen Jahren widmet sich eine dieser Frauen, die Amerikanerin Franzisca Hosken, der Aufgabe, »das bestgehütete Geheimnis der Welt« anzuprangern.
Die *New York Times* hat über diese außergewöhnliche Person und die »herkulischen Aufgaben, die sie in Angriff genommen hat«, vor kurzem einen Bericht veröffentlicht. Eine weitere private Organisation, Terre des Hommes, hat versucht, die öffentliche Meinung zu sensibilisieren und die Vereinten Nationen von der Dringlichkeit eines Eingreifens zu überzeugen. Am 25. April 1977 richtete Edmond Kaiser in Genf einen Appell an die UNO, um die WHO zu mahnen, das Problem unverzüglich zu untersuchen. Im Jahr des Kindes wiederholte er seinen Vorstoß bei Theo Van Boven, Leiter der Menschenrechtsabteilung der UNO.
Die WHO, die zum erstenmal eine internationale Konferenz über diese Frage abgehalten hat, kann keine Patentlösungen anbieten. Aber eine klare Stellungnahme wäre eine wesentliche Unterstützung der kämpfenden schwarzen Frauen. Ohne eine solche Hilfestellung werden sie in ihren Ländern nicht gehört werden, und die Verbote, die manche Regierungen vielleicht aussprechen, bleiben wirkungslos. Dann ebenso wie in Europa oder anderswo beginnt in Afrika alles mit Information und mit Bildung. Geduldiges, oft nur wenig belohntes Handeln ist nötig, das häufig auf Widerstände stoßen wird, die eben deshalb so schwer zu überwinden sind,

weil sie ihre Wurzeln in einer Vergangenheit haben, die Afrika zu Recht in ihrer Eigenständigkeit bewahren will. In Ländern, wo die Würde der Frau proportional zu ihrer Fruchtbarkeit gilt und wo Kinder als Reichtum betrachtet werden, könnte man im Namen der Gesundheit von Mutter und Kind aktiv werden. Das Internationale Jahr des Kindes bietet die Gelegenheit dazu. Vorausgesetzt, man durchbricht Tabus und sieht der Realität ins Gesicht. Denn wie Edmond Kaiser es in seinem Brief an MacDougall, den Vorsitzenden des Komitees für das Internationale Jahr des Kindes, so lyrisch formuliert hat: »Um sich zu empören, muß man sich die Mühe machen zu wissen, und um zu handeln, muß man fähig sein, für andere zu empfinden.«

F Magazine
Oktober 1980

Reportage aus Djibouti
Bluthochzeit

Ein Dienstag im Mai, in einem Krankenhaus in Djibouti. Ein Paar kommt zur gynäkologischen Sprechstunde. Der Ehemann geht voraus, die Frau hält sich demütig im Hintergrund wie ein gut dressierter Hund und schweigt. Der Mann erklärt dem Chirurgen, daß er ihm seine junge Frau bringt, weil sie seit vier Tagen verheiratet sind, die Ehe aber nicht vollzogen werden konnte. Die Ehre seiner Frau ist bewiesen: Sie ist Jungfrau, hartnäckig Jungfrau. Aber jetzt steht seine Ehre auf dem Spiel.

»Gut, wir werden uns das ansehen und einen Termin für einen chirurgischen Eingriff vereinbaren«, sagt der Gynäkologe.

»Nein, ich will, daß das sofort gemacht wird. Schon seit vier Tagen widersteht sie mir, und ich muß sie zu meiner Frau machen.«

Die Jugendliche wird also am selben Tag wiederkommen, um »geöffnet« zu werden. Dieser Eingriff wird in der Stadt gebräuchlich. In Djibouti, in Mogadischu und anderen Städten Ostafrikas beginnt die Ehe für immer mehr Frauen im Krankenhaus. Man muß das als Fortschritt ansehen. Sie entgehen so entweder den vergeblichen und brutalen Kraftanstrengungen des Mannes, der mit seinem Penis den vernarbten Wulst durchbohren soll, der ihnen das Geschlecht ersetzt; oder aber der Erweiterung der Öffnung mit einer Rasierklinge (nachdem alle bei der Hochzeit anwesenden Frauen die Jungfräulichkeit überprüft haben), je nach Volksgruppe durch eine Matrone oder den Ehemann selbst, der keinerlei Ahnung von weiblicher Anatomie hat. So vermeiden sie es auch, daß sie im Falle des Scheiterns oder der Unfruchtbarkeit verstoßen werden oder daß der Mann sich mit einer zweiten Frau behilft.

Ich sah also Alimo, achtzehn Jahre alt, ein paar Stunden später wiederkommen und konnte mit ihrer Einwilligung bei ihrer Desinfibulation zugegen sein.

»Nur eine ganz kleine Öffnung«, flehte sie, »nur gerade weit genug für den Mann, sonst wird er nicht zufrieden sein.«

Aber der Chirurg weigerte sich, ihr ein Knopfloch von zwei Zentimetern zu machen, mit dem sie nur um den Preis eines Dammbruchs oder einer erneuten Wiederöffnung entbinden könnte. Daher schickte er sich nach einer lediglich örtlichen Betäubung an, ihr wieder eine menschlich aussehende Vulva zu machen. Nun ja, entfernt menschlich ... denn es fehlte alles. Vollkommen enthaart, wie es der Brauch ist, zeigte Alimo zwischen ihren schönen braunen Schenkeln nicht mehr Geschlecht als eine Zelluloidpuppe: nicht mehr die geringste Spur von weiblichen Organen. Natürlich keine Klitoris, denn sie ist der Feind Nummer eins, aber auch weder innere noch äußere Schamlippen noch Vaginaeingang oder Harnöffnung; nichts als eine platte Zone mit einigen Vertiefungen, wo man zuviel Fleisch weggeschnitten hatte, verschlossen durch eine lange Narbe, in der man ein winziges Loch vom Durchmesser eines Strohhalms entdeckte, das nach Sitte der Afar ziemlich weit oben angebracht war und weder der Vagina noch der Harnröhre entsprach. Diese Zone – Geschlecht wagt man nicht mehr zu sagen – war rot und geschwollen und zeugte von den Bemühungen des Mannes, das Unpenetrierbare zu penetrieren. Man mußte das Geschlecht also wieder in zwei Teile spalten, an dem faserigen Gewebe eine Exhärese vornehmen und das, was von den äußeren Schamlippen noch übrig war, am Schenkelansatz festnähen, damit das »Geschlecht« offen blieb und um zu vermeiden, daß die Innenwände in geschlossener Stellung wieder vernarbten. Ein schmerzhafter Eingriff, wie man sich denken kann.

Zwei Stunden später verließ die Frischvermählte mit gespreizten Beinen und schwankendem Gang das Krankenhaus, immer noch ein paar Schritte hinter ihrem Mann, der weder ein Wort noch eine Geste des Trostes für sie hatte. Um sein Gewissen zu beruhigen (aber offensichtlich ohne die geringste Hoffnung, daß seine Anweisung befolgt würde), riet der Chirurg dem Ehemann, seine Frau eine Woche lang in Ruhe zu lassen, um ihr einen zu schmerzhaften Verkehr und eine mögliche Infektion der frisch freigelegten Schleimhäute zu ersparen.

Aber welchen Sinn kann das Wort *Schmerz*, wie übrigens auch das Wort Liebe, in diesen Gesellschaften haben, wo sich die Frauen seit zweitausend Jahren damit abgefunden haben, lediglich eine Ware zu sein, ein Stück Vieh, das zum Verkauf bestimmt ist, sobald es ein Alter erreicht hat, um gebären und auf dem Feld arbeiten zu können? *Große Familie, Ehre für den Ehemann* (oder den Vater), *Tradition*, das sind die wichtigsten Worte. Und in ihrem Namen halten Äthiopien (30 Millionen Einwohner), der Sudan (17 Millionen), Somalia (3,5 Millionen), die Republik Djibouti (260 000), ein großer Teil Malis, manche Regionen Kenias, Nigerias, Südägyptens und der Tschad an den Verstümmelungen in ihrer drakonischsten Form fest: die Klitoridektomie, die für die Frigidität der Frauen sorgt, ergänzt durch die Infibulation, die die Jungfräulichkeit garantiert (oder angeblich garantieren soll, denn es ist nicht selten, daß man die Jungfräulichkeit wiederherstellt).

Man weiß, daß die Frauen die Hüterinnen und zumeist die Ausführenden dieser üblichen Operationen sind, deren schmerzhafte Folgen sie ihr Leben lang am eigenen Leib spüren, auch wenn sie die katastrophalen Auswirkungen auf ihre Gesundheit nicht kennen. Daher stellt sich die Frage: Warum? Warum lehnen sie sich nicht auf? Wie gelingt es der Gesellschaft, sie so zu konditionieren, daß sie die resignierten Urheberinnen ihrer eigenen Versklavung werden? Um nach Antworten auf diese Fragen zu suchen, wollte ich Frauen an Ort und Stelle kennenlernen, in einem dieser Länder am Horn von Afrika, wo die sogenannte pharaonische Beschneidung, die härteste Form, an 98 Prozent der jungen Mädchen zwischen sechs und vierzehn Jahren vorgenommen wird. Und das trotz hundert Jahren französischer Präsenz, ohne daß man die geringste Anstrengung von seiten der Regierung oder der Ärzte unternommen hätte, um die Mütter davon abzubringen, ihre Töchter zu verstümmeln. (Alle Versuche und Untersuchungen hinsichtlich dieses Problems kamen von Engländern, Belgiern oder den Sudanesen.) Allerdings lag die Analphabetenrate in Djibouti, als Frankreich ihm die Unabhängigkeit zugestand, bei 90 Prozent.

Ich habe den (im Augenblick noch) verzweifelten Kampf entdeckt, den junge Mädchen und einige mutige Frauen führen, und zugleich die Gleichgültigkeit oder Böswilligkeit der Verantwortlichen und das Maß von Erniedrigung und Entpersönlichung, auf das man ein menschliches Wesen reduzieren kann.

Noch vor fünf Jahren hätte ich nichts gehört, nichts gesehen. Die Mauer des Schweigens war unüberwindlich, das Tabu absolut. Aber in der letzten Zeit sind einige positive Entwicklungen eingetreten: Die internationalen Organisationen, die dort ein gewisses Ansehen genießen, weil sie oft bedeutende Finanzhilfen vergeben, haben unter dem Druck feministischer Bewegungen und Zeitungen endlich zu diesem Problem Stellung bezogen, das lange Zeit als zu »heikel« galt und das sie lieber ignorierten oder bagatellisierten. Wie man weiß, setzen sich diese Gremien zum großen Teil aus Männern zusammen, was diese Haltung erklärt. Doch Information ist in sich selbst bereits subversiv, und die einfache Tatsache, DARÜBER gesprochen zu haben, löste fast überall ein Bewußtwerden aus.

- An der Universität von Khartum begannen die Ärzte Ruswan und El Dareer mit der ersten statistischen Untersuchung über die Folgen der »totalen Beschneidung«, wie sie trotz eines offiziellen Verbots immer noch an 80 Prozent der Sudanesinnen vorgenommen wird.
- Im vergangenen März untersuchten WHO und UNICEF in Alexandria, mit welchen Mitteln sie den Afrikanerinnen helfen könnten, gegen eine Praxis vorzugehen, deren Abschaffung immer mehr von ihnen wünschen.
- Und vor drei Monaten schließlich erklärte die französische Sektion von Amnesty International, es gehöre künftig zu ihrem Handlungsauftrag, die afrikanischen und arabischen Frauen zu unterstützen, diese Form der Folter, die sexuelle Verstümmelungen bedeuten, abzuschaffen.

Dank dieser Unterstützung von verschiedenen Seiten konnte auch die lokale Presse aktiv werden. In Djibouti selbst hatte der Journalist und Entwicklungshelfer Fred Hidalgo im letzten Jahr den Mut, in der einzigen Zeitung des Landes, *Le*

Réveil, eine mehrwöchige Debatte über dieses Thema zu eröffnen. Eine Debatte, die den enormen Fortschritt erzielte, daß die Öffentlichkeit daran gewöhnt wurde, bisher tabuisierte Worte zu hören und über dieses unbenennbare weibliche Geschlecht zu sprechen. Eine Mehrheit von Lesern in Djibouti sprach sich für die Abschaffung der Verstümmelungen aus, doch trotz wiederholter Appelle hüllten sich die religiösen, medizinischen und politischen Autoritäten in hartnäckiges Schweigen.

Wie also kann man den Afrikanerinnen helfen? Was erwarten sie von uns, und was lehnen sie ab? In Djibouti erlebte ich auf jeden Fall die erste Überraschung: Ich konnte fast überall DARÜBER sprechen. Schüler und Schülerinnen gemischter Gymnasien und Hochschulen, Krankenschwestern, Hebammen, einige Ärzte, darunter ein Somalier, Lehrer, Frauen, die ich bei ihrer Arbeit oder im Wochenbett kennenlernte, und schließlich politische Ex-Machthaber (die derzeitigen zogen es vor, sich herauszuhalten) ließen sich photographieren, diskutierten oder waren zumindest bereit, die Existenz eines Problems anzuerkennen, über das noch vor zwei Jahren kein einziges Mädchen zu sprechen gewagt hätte, und sei es mit der eigenen Mutter. Und einmal mehr konnte ich feststellen, daß man in allen Ländern auf das gleiche Problem stößt: die Erziehung, das heißt, eine Konditionierung, die von frühester Kindheit an stattfindet. Eine UNGEHEURE Konditionierung, die ich mit einem Beispiel erläutern will, weil fast niemand sie wahrnimmt. Doch, eine Frau zumindest hat sich empört, Madame G. (ich kürze die Namen ab, um niemandem zu schaden, der den Mut hatte, Position zu beziehen), eine französische Lehrerin, die mir folgenden Text zukommen ließ:

»Am Anfang erschuf Gott den Mann und die Frau. Eines Tages gibt er dem Mann ein Messer und sagt ihm: ›Heute nacht, wenn deine Frau schläft, schneidest du ihr damit die Kehle durch.‹

Der Mann geht traurig von dannen. ›Meiner Frau den Kopf abschneiden, das ist unmöglich, ich werde das nie tun.‹ Er wirft das Messer in den Fluß: ›Ich werde sagen, daß ich es verloren habe.‹

Gott sieht, daß der Mann gut ist.

Daraufhin ruft er die Frau und sagt ihr: ›Heute nacht, wenn dein Mann schläft, schneidest du ihm die Kehle durch.‹

›Gut, ich mache es.‹

Die Frau geht, und als es dunkel ist, nimmt sie das Messer, um den schlafenden Mann zu töten. Gott erscheint: ›Elende! Dein Herz ist zu böse. Du wirst niemals Eisen berühren. Dein Platz ist im Haus und auf dem Feld.‹

Er weckt den Mann und sagt zu ihm: ›Du sollst der Herr sein. Du trägst die Waffen, um zu jagen und deinen Herd zu verteidigen.‹«

Eine alte Legende aus archaischer Zeit? Keineswegs. Dieser auserlesene Text hat den Titel »Warum die Frau im Hause ist« und findet sich auf Seite 30 von *Afrique, mon Afrique*, einem Schulbuch für das französischsprachige Afrika, erste Klasse Grundschule, 1974 veröffentlicht bei IPAM-EDICEF-Hachette. Der eigenartige Rassismus der Schulbuchautoren, die afrikanischen Schülern mit Sätzen wie »Unsere Vorfahren, die Gallier ...« das Lesen beibringen wollten, ist verschwunden. Aber der Sexismus hält sich prächtig. Während Abraham im Alten Testament dafür belohnt wird, daß er auf Befehl Gottes das Messer gegen seinen Sohn erhebt, führt dieselbe Geste, wenn sie von einer Frau kommt, zu einer exemplarischen Bestrafung: im Haus bleiben, um die Kinder großzuziehen. Ein Mythos, der nebenbei gesagt eine absurde Moral übermittelt: 1. Zu Hause bleiben, um seine Kinder großzuziehen, ist eine Strafe! 2. Man vertraut die Kinder einem bösen Geschöpf voller mörderischer Instinkte an! Eine irrsinnige Geschichte, um eine andere irrsinnige Geschichte zu rechtfertigen: die 70 Millionen Frauen, die man an ihrem Leib bestraft, die man ohne jeden religiösen Vorwand kaltblütig verstümmelt und zum größten Unglück verurteilt – und damit auch die Männer, die verdammt sind zu einer gewaltsamen und einseitigen Sexualität. Denn wie die hellsichtige Ethnologin Germaine Tillon geschrieben hat: »Es gibt nirgendwo weder ein hermetisches Unglück, das nur die Frauen betrifft, noch eine Erniedrigung der Töchter, die nicht auch die Väter in Mitleidenschaft zieht, oder der Mütter, die nicht auch die Söhne trifft.«

Wann endlich werden die Männer begreifen, daß es in der Tat kein *»hermetisch abgeschlossenes Unglück«* gibt?

»Wie soll man denn einer Ware gegenüber Liebe aufbringen?« sagte mir ein achtundzwanzigjähriger Student, zukünftiger Lehrer. »Ein Mädchen kauft man. Im allgemeinen hat man sie noch nicht einmal gesehen. Dann nimmt man sie mit nach Hause, nimmt einen Stock und schlägt sie, wie man will.«

Frage: »Und wenn man sie nicht schlägt? Wenn man versucht, miteinander zu reden?«

»Dann ist man kein Mann. Und außerdem, wenn man sie nicht schlägt, begreift sie nicht. Sie ist jedesmal ungehorsam. Wenn man brutal mit ihr spricht, macht sie sofort, was man von ihr verlangt. Eine Frau braucht es, daß sie geschlagen wird.«

Eine somalische Lehrerin führte das im Lauf derselben Diskussion zwischen Studentinnen und Studenten näher aus: »Die Frau findet sich damit ab, geschlagen zu werden, so wie ihre Mutter geschlagen wurde. Sie weiß, daß sie minderwertig ist. Wenn sie verheiratet ist, kann sie ihren Mann nicht einmal bei seinem Namen nennen. Wenn sie den Namen ausspricht, ist das schlecht von ihr; dafür wird sie geschlagen. Im Krankenhaus oder in den Dörfern fragen die Krankenpfleger vor einem Eingriff nach dem Namen des Mannes, und oft schaffen es die Frauen nicht, ihn auszusprechen. Man muß den Mann fragen, den Besitzer. Im übrigen steht das im Koran, 4. Sure, Vers 38: ›Die Männer sind den Frauen übergeordnet ... die Frauen schulden daher Gehorsam und Unterwerfung. Ansonsten werdet ihr sie zurechtweisen und schlagen. Aber sobald sie euch gehorchen, sollt ihr keinen Zwist mit ihnen suchen.‹«

Hat es meine somalische Freundin getröstet zu erfahren, daß die Inferiorisierung der Frau nicht allein Sache des Korans ist? Die meisten Religionen haben sie zum Prinzip erhoben, um die geschlechtliche Diskriminierung zu rechtfertigen. Wir Französinnen halten uns für gleichberechtigt, aber hören wir uns noch einmal die Worte von Johannes Paul II. bei seinem kürzlichen Besuch in Paris an, die denen des Korans erstaunlich ähneln, denn alle Kirchenväter verstehen es, ihre Macht auf die Unterwerfung des anderen Geschlechts zu gründen: »Die Frau soll den Anstand besitzen, gehorsam und ergeben zu bleiben ... und sie [die Nonnen] sollen im Schatten meiner Priester leben.« Welch UNGEHEURE Konditionierung auch hier!

Anschließend sprachen wir über das Recht auf Lust, und ebenso wie beim Thema Liebe lachte man mir ins Gesicht. »Sexuelle Lust ist in erster Linie ein kulturelles Problem«, erklärte mir ein somalischer Arzt schulmeisterlich, »unsere Frauen sind glücklich, weil sie dem entsprechen, was ihre Familien, ihre Männer und ihre Gesellschaft erwarten.« Und es stimmt, daß die jungen Mädchen noch weit davon entfernt sind, diesen unerhörten Luxus zu fordern: sexuelle Lust. Der

Orgasmus erscheint ihnen als typisch westliche Errungenschaft, die hier NICHTS bedeutet. Es ist, als würde man einem Bewohner des Gulag vom Club Méditerranée erzählen. Sie fordern erst einmal das lebenswichtige Minimum: nicht mehr zu leiden.

Und die Jungen, wollen sie ihre Töchter infibulieren lassen? Und welche Lust erwarten sie vom »Zwangsverkehr« mit einer Ehefrau, die bei dem, was man nicht »sich lieben« zu nennen wagt, nie etwas anderes als Entsetzen, Furcht oder bestenfalls Langeweile empfinden wird?

»Es ist angenehmer mit einer Frau, die nicht infibuliert ist«, räumen einige von ihnen ein. Aber die Lust rangiert hier hinter der männlichen Ehre, die nicht im gegenseitigen Austausch von Befriedigung besteht, sondern darin, eine jungfräuliche Frau zu besitzen und ihr so viele Kinder wie möglich zu machen. Und der Wunsch von Mädchen nach Emanzipation ist ein Zeichen schlechter Erziehung. »Sie wollen nur einfach ein liederliches Leben führen, so wie die abendländischen Frauen.«

Frage: »Ihr fühlt euch beruhigter mit einer zugenähten und frigiden Frau?«

»Genau.«

»Nicht physisch, sondern im moralischen Sinne zieht ihr sie vor?«

»Ja. Man findet vielleicht weniger Lust, aber es ist besser.«

Dementsprechend erklärten auch lediglich fünf von fünfzehn jungen Männern, sie würden ihre Töchter nicht infibulieren lassen, könnten aber nichts gegen den Willen der Mutter oder der Großmutter ausrichten. Alle jedoch wollen ihr wenigstens »die Klitoris abschaben lassen, weil die muslimische Religion es so will«. Eine junge Frau entschloß sich einzuhaken:

»Wir sind eine Gruppe von Studentinnen, die keine Verstümmelungen welcher Form auch immer mehr wollen, und wir waren beim Kadi, um ihn zu fragen, ob das im Koran steht oder nicht. Er hat uns bestätigt, daß im Koran an keiner Stelle davon die Rede ist. Aber er hat sich geweigert, öffentlich oder schriftlich Stellung zu beziehen.«
»Mein Vater hat gesagt, daß es im Koran steht, und ich glaube meinem Vater«, unterbrach sie ein Student.
Wieder die altbekannte Situation: Die Regierung zögert, Position zu beziehen, die religiösen Autoritäten nähren scheinheilig den Zweifel und fördern unterderhand eine Tradition, die den Verzicht und die Unterwerfung der Frauen sichert; und die jungen Männer schließlich, wie überall auf der Welt, haben Angst vor der Freiheit für ihre Partnerinnen. Sie ziehen es vor, wenn diese dumm und völlig ungebildet, aber abhängig sind, oder so, wie Lawrence Durrell sie in *Justine* beschreibt: »Passiv, weich, schlaff, verblüht [...] Schwere, schrankschwere Leiber [...] Ihre Gefühle im Unterbewußtsein begraben. In der Liebe geben sie nichts von ihrem Selbst, haben kein Selbst [...]« Sie haben panische Angst, eigene Ideen zu entwickeln oder sogar in der Öffentlichkeit das Wort zu ergreifen. Ich war sprachlos, in Djibouti intelligente Männer zu sehen, die für die Unabhängigkeit ihres Landes gekämpft hatten, die in Frankreich Hochschulabschlüsse absolviert hatten und nun Ehefrauen wie Ölgötzen besaßen, in der Öffentlichkeit vollkommen stumm – wenn sie sie überhaupt mit sich ausgehen ließen, was selten ist. Eine Französin, die seit Jahren mit einem Bürger Djiboutis verheiratet ist, erklärte mir ganz ohne sichtbare Empörung: »Mein Mann duldet es nicht, daß ich mit seinen Freunden spreche oder daß ich bei einem Essen meine Meinung sage. Aber sobald wir wieder zu Hause sind, kann ich sagen, was ich will.«

Die Leserinnen von *F Magazine* erinnern sich vielleicht, daß 1979 in Frankreich bei einer unserer Fragebogenaktionen 35 von 100 Frauen erklärten, »daß sie es erst seit kurzer Zeit wagten, ihren Standpunkt in der Öffentlichkeit zu verteidigen; vorher hatten sie geschwiegen«. Ein Beweis dafür, daß diese Art der kulturellen Einschüchterung, die Ehemänner bei ihren Partnerinnen bewirken, ein weiter verbreitetes Phänomen ist als man meint.

»In einem muslimischen Land«, erklärte Abdouraman, ein künftiger Lehrer, stolz, »ist die Frau beschützt. Im Westen dagegen läßt man sie mit jedem Dahergelaufenen sexuelle Beziehungen eingehen … Wie die Hunde auf der Straße …« Hier wie überall ist »Hure« die größte Beleidigung, und das somalische Schimpfwort »klaffende Vulva« ist ein Synonym für Hure. So erklärte mir ein offizieller Vertreter des Staates bei einem Essen in Djibouti galant:

»Die Frauen müssen vor sich selbst geschützt werden. Sie sind schwach von Natur aus, Ihre Psychiater haben es bewiesen. Da sie an einer Hypersexualität leiden, entscheiden wir uns eben dafür, diese zu lindern.«

In weniger derben Worten als der Student, der uns mit Hündinnen verglich, betrachtete auch mein Tischnachbar mich, die »offene Frau« als eine Sexbesessene, die ständig läufig ist! Ich wies ihn darauf hin, daß Vergewaltigungen, Sadismus, sexuelle Aggressionen oder Pornographie durch die Geschichte aller Länder hindurch eher die Sache von Männern waren und damit von deren Hypersexualität zeugten … aber er wischte diese offensichtlichen Tatsachen beiseite, um abschließend zu erklären, er fände es »zum Besten der Somalierinnen« nicht wünschenswert, zugunsten einer westlichen Emanzipation, die Ehe und Familie in die Katastrophe führen würde, von einer tausendjährigen Tradition abzuwei-

chen. Die Katastrophe, die die Infibulation für die Gesundheit der Frauen bedeutet, schien ihm dagegen als »wesentlich weniger schwerwiegendes Detail, als Sie glauben«.
Und wie sollten diese Männer anders argumentieren, wenn selbst die Ärzte jede Information verweigern? Sogar Dr. David, Arzt in einer Ambulanz in Djibouti, der für seine Doktorarbeit 1974 das Thema gewählt hatte: »Die Infibulation in der Republik Djibouti«, weigerte sich, meine Fragen zu beantworten. Er gestand mir, dieses Thema gewählt zu haben, weil es »originell« war; und obwohl er in seiner Arbeit detailliert Blasenentzündungen, akute Harnverhaltungen, Scheidenzysten, Fisteln etc. beschrieben hatte, die Folgen der »Schließung der Vulva« waren, beteuerte er mir, seine infibulierten Patientinnen beklagten sich über nichts Besonderes. Dementiert wurde diese Behauptung durch einen jungen »Arzt ohne Grenzen«, der gegenwärtig im Busch arbeitet und mir berichtete: »Ich operiere jährlich ungefähr fünfzig Fisteln in der Harnblase, die Folge einer zu weit gehenden Infibulation sind, und ich weiß, daß es in Wirklichkeit die zehnfache Anzahl gibt, aber die Frauen dürfen sich nur im äußersten Notfall behandeln lassen. Und es geht dabei um eine schwere Operation, die zwei Stunden dauert und oft schmerzhafte Folgeerscheinungen hat, etwa ständigen Urinfluß.«
Welche Hoffnungen können die leidenschaftlichen und überzeugten jungen Schülerinnen, die ich kennenlernen konnte, haben, wenn man die Feigheit der Verantwortlichen und das Schweigen derer, die sich von einer Veränderung fürchten, sieht? Diese Mädchen kämpfen nicht für sich, dazu ist es zu spät, aber sie kämpfen dafür, daß ihren Töchtern Verstümmelungen, Zwangsheirat, Mitgift und Polygamie erspart bleiben. Einige Lehrerinnen hatten trotz der offenen

Feindseligkeit ihrer Umgebung anläßlich des Besuchs einer »Feministin« in der vorletzten und in der Abschlußklasse Diskussionen über die Lage der Frau organisiert. Zwei Tatsachen sind mir besonders aufgefallen:

1. Die jungen Französinnen aus dem Mutterland, Banknachbarinnen der Somalierinnen, wußten nicht, daß ihre Mitschülerinnen beschnitten und zugenäht waren, sie wußten nicht einmal, was Infibulation ist!

2. Da Frauenfeindlichkeit und Rassismus Hand in Hand gehen, grinsten die meisten Jungen, künftige Machos, vor allem weiße Söhne von Legionären oder Soldaten, ostentativ über dieses Thema, das ihnen nebensächlich schien, weil es ja nur Frauen betraf – noch dazu schwarze Frauen!

»Es gibt schließlich wichtigere Probleme«, sagte einer von ihnen, »als schmerzhafte Regelblutungen oder Scheidenentzündungen. Armut und Analphabetismus, dafür interessieren Sie sich wohl nicht?«

In einem solchen Klima ist es schwer für die jungen Mädchen, aus sich herauszugehen. Nach der öffentlichen Diskussion, in kleinen Gruppen, haben einige Schülerinnen es gewagt, mir zu sagen, was die Infibulation für sie bedeutete: Acht von zehn Mädchen klagten über so schmerzhafte Regelblutungen, daß sie sich jeden Monat ins Bett legen mußten. Sie erzählten von häufigen Infektionen, vor allem durch Blutstau, wenn Blutklümpchen nicht normal abfließen können. Dazu kommt die Unmöglichkeit, sich gynäkologisch untersuchen zu lassen. Ich habe im Entbindungsheim schwangere Frauen gesehen, die man während einer Risikoschwangerschaft nicht untersuchen konnte, weil man nicht einmal die Scheide abtasten konnte. Wenn sie das Glück haben, im Krankenhaus zu entbinden, lassen sie sich erst in letzter Minute desinfibulieren, wenn der Kopf des Kindes an das Hindernis der geschlossenen Vulva stößt. Wenn man ihr so gut verschlossenes Geschlecht sieht, erscheint es einem wie ein Wunder, daß sie überhaupt schwanger sind, ein Beweis für die außerordentliche Behendigkeit der Spermien!

Zénab erzählte mir, daß sie in Marseille, als sie in den Ferien bei ihrem Bruder zu Besuch war, heftige Schmerzen im Unterleib bekam und ins Krankenhaus gebracht wurde. Aber es war unmöglich, sie zu untersuchen.

»Was ist das?« fragte der Arzt, als er sah, daß ihr Geschlecht fehlte. »Welche Barbaren haben das mit Ihnen gemacht?«

»Sie haben recht, das sind Barbaren«, antwortete die fünfzehnjährige Zénab, eine kleine Passionaria, die heute zu jedem Kampf bereit ist.

Der Arzt, gezwungen sie zu öffnen, um sie zu behandeln, schlug ihr vor, ihr wieder einen Anschein von weiblichem Geschlechtsorgan zu verleihen. Der Bruder gab seine Zustimmung, aber Zénab riskierte lieber den Tod. Wie hätte sie ihren Eltern ohne ihren Garantiestreifen für Jungfräulichkeit unter die Augen treten sollen? Heute ist sie neunzehn und bereut es. Ihre einzige Hoffnung: einen Mann für sie zu finden, der sich einverstanden erklärt, daß man sie einige Zeit vor der Hochzeit im Krankenhaus desinfibuliert, denn sie erinnert sich mit Grauen an ihre Infibulation, die man bei ihr zweimal neu beginnen mußte. Und bei »ungehorsamen« kleinen Mädchen kann die Operation bis zu fünfzig Minuten dauern.

Unter den zwölf, die ich befragt habe, waren zwei, die diese Marter zweimal über sich ergehen lassen mußten. Die eine, weil man sie zu früh losgebunden hatte und die wunden Schamlippen sich wieder voneinander lösten. Die andere, weil die Familie die Öffnung zu groß gefunden hatte, und

der Wert eines Mädchens von der Kleinheit des Lochs abhängt.
Mariam mußte im Krankenhaus nach einer mißglückten Operation, die zu einer Harnfistel führte, wieder aufgeschnitten werden. Ihre Familie gab erst im letzten Moment und nur unter der Bedingung die Einwilligung dazu, daß man ihnen ein medizinisches Attest ausstellte, das den Eingriff rechtfertigte. Trotzdem wird ihr keine reiche Heirat möglich sein. Es ist die Rede davon, sie erneut zu infibulieren oder sie weit weg in Somalia zu verheiraten.
Diese Mädchen, die revoltieren, sind bisher nur eine Minderheit. Sie jagen Angst ein. Und sie selbst haben Angst vor Repressalien. Repressalien von seiten derer, die ihnen Stipendien für ein Studium in Frankreich bewilligen können und von denen sie somit abhängig sind. Oder von ihren Angehörigen. (Manche wurden in ihrem Viertel körperlich belästigt, weil sie es gewagt hatten, in der Schule »darüber« zu sprechen.) Und alle fürchten, nicht heiraten zu können, und das in einem Land, in dem Heirat für Frauen der einzige Weg im Leben ist.
Wo werden sie Verständnis und Unterstützung finden, diese jungen Mädchen und die wenigen gebildeten Frauen, die ihnen beistehen? In der Ärzteschaft kaum. Ein Psychiater in Djibouti, mit dem ich über die schmerzhaften Regelblutungen der infibulierten Mädchen sprach, sah mich mitleidig an: »Sie GLAUBEN, daß sie leiden. Aber das sind keine wirklichen Schmerzen, Madame.«
Ein anderer weißer Mediziner, dem ich beschrieb, wie bei einer Geburt, bei der ich in der Klinik anwesend sein konnte, das Geschlecht aufgeschnitten wurde, damit der Kopf des Kindes passieren konnte, beruhigte mich.
»Wissen Sie, wenn man gerade entbindet, ist man gar nicht

in der Lage, zwei oder drei zusätzliche Schnitte zu bemerken.«

Er wußte es augenscheinlich besser als ich und besser als die sechzehnjährige Erstgebärende, die alle Wehen tapfer ertragen, aber verzweifelt versucht hatte, die Hände des Geburtshelfers wegzuschieben, der in ihr Fleisch schnitt.

Von den Politikern ist bis auf wenige Ausnahmen (etwa die Gesundheitsbeauftragte der WHO in Somalia, Edna Adan Ismaïl) wenig zu erwarten. Die Mustafa Kemal oder Bourgiba, die es gewagt hatten, gegen die Tradition oder den religiösen Integrismus zu kämpfen, sind selten. Und wenn sie, wie im Sudan oder in Somalia, die Verstümmelungen verboten haben, ergreifen sie nicht die notwendigen Maßnahmen, um das Gesetz auch als praktische Tatsache durchsetzen zu können. Und die Frauenvereine eröffnen lieber Hibiskusschauen oder organisieren Handwerksausstellungen – afrikanische Version der Wohltätigkeitsbasare unserer Großmütter.

Man schlägt den Frauen lediglich zwei »Verbesserungen« vor:

1. Die Infibulation modernisieren, indem man sie, wie in Somalia, im Krankenhaus vornehmen läßt, oder indem man Vorräte von neuen Rasierklingen an die Nomaden verteilt, wie es die Harvard-Gesundheitskommission im Sudan vor kurzem empfohlen hat, ohne sich bewußt zu sein, wie zynisch dieser »humanitäre« Vorschlag ist – zwei Arten, die Infibulation offiziell anzuerkennen, wobei man sich ein besseres Gewissen verschafft. Die moderne Wissenschaft im Dienste sogenannter »traditioneller« Verstümmelungen!

2. Das Alter der Patientinnen senken – eine andere Art, sich vor der grundsätzlichen Abschaffung zu drücken.

Manche Ärzte geben sich schließlich sogar zu dieser Maskerade her und willigen ein, »sauber« zu verstümmeln (vgl. den

Skandal, den es vor kurzem in Schweden gab). Dieser Widerstand gegen jede Veränderung, diese … heuchlerischen Phrasen, dieser fast selbstmörderische Kampf von Frauen, die in einer Gesellschaft, die sie bitter dafür bezahlen lassen wird, ihre Autonomie erkämpfen wollen, erinnern auch an andere Kämpfe. Die Ausbeutung des Körpers und der Arbeitskraft der afrikanischen Frau hängt nicht nur mit einer Religion, einem politischen System oder dem unterentwikkelten Zustand der Länder zusammen. Sie rührt in erster Linie von einer fast universellen Institution her: der patriarchalischen Familie, die im muslimischen Afrika bis zur Karikatur übersteigert ist. Die Tradition wird hier nur dazu benützt, um diese Struktur, koste es, was es wolle, aufrechtzuerhalten. Männer, die für ihren persönlichen Gebrauch und sobald sie die Mittel dazu haben, von allen Vorteilen und technischen Kinkerlitzchen der westlichen Zivilisation profitieren, zwingen ihre Frauen und Töchter unter dem Vorwand der Tradition dazu, in Unwissenheit und ökonomischer Abhängigkeit zu verharren.

Und die Lage kann sich noch verschlimmern. Ermutigt durch das Beispiel des Iran und die Predigten Khomeinis, die im Namen des nationalen Stolzes in allen arabischen Ländern den übelsten Gestank von Intoleranz und Autoritarismus verbreiten, fordern viele die Rückkehr zu den strengsten Traditionen, darunter das Einsperren der Frauen. Was wird in diesem beunruhigenden Umfeld aus dem Kampf all jener, für die die Probleme der Frauen nicht zweitrangig sind? Mehr denn je ist die Solidarität der Frauen nötig, und auch die der Männer, die begreifen, daß alles, was die Frauen und die Müttern herabsetzt, auf fatale Weise auch die Männer und die Kinder herabsetzt. So wie dieser Dichter aus dem Jemen, von dem ich in Djibouti einige Zeilen über den Charchaf, den langen Schleier, der die Frauen ganz verhüllt, entdeckt habe, die vielleicht eine Botschaft der Hoffnung sind:

»Komm her, mein kleines Mädchen. Das Fest rückt schon näher
Nimm diesen Charchaf, hab keine Angst, es ist das Kleid des Glücks …
So sprach er zu meiner Schwester, einer kleinen zarten Blume
Von ihren Gliedern perlte noch die Milch der Wiege
Mit sechs Jahren konnte sie doch noch kein Begehren wecken
Sie lief zu mir, behindert von den Falten des Charchaf
Kleiner Vogel mit gefesseltem Flügel, plötzlich gepackt von Furcht
Ich wollte lächeln, aber könnte ich nur die Zeit vergessen
In der ihr Liebreiz noch frei strahlen und funkeln konnte!
Und ich sage zu ihr: Morgen, arme kleine Schwester
Kennst du nicht mehr die Freuden der großen Feste
Nie wieder wirst du das freie Kind von gestern sein
Das die Straße mit Spielen und Liedern erfüllte
Deine erblühte Jugend wird im Schatten des Charchaf verlöschen
Denn sieh: du bist eine Frau, und alles endet für dich, noch bevor dein Leben beginnt.«

Mohammed El Charafi

Croissance des Jeunes Nations
Afrikanische Zeitschrift, 1989

Jede Verstümmelung ist ein Verbrechen

Eigenartigerweise kann man heute bei manchen Ethnologen und Juristen plötzlich einen Respekt für die traditionellen afrikanischen Kulturen feststellen. Anti-Ethnozentrismus ist in Mode.

Da Feminismus dagegen nicht mehr in Mode ist, erscheint alles, was mit weiblicher Solidarität – die wir ohne Rücksicht auf Grenzen, Religionen oder Hautfarbe üben wollten – zu tun hat, suspekt und »eurozentristisch«. Die Feministinnen, die vor etwa zwanzig Jahren als erste die sexuellen Verstümmelungen als Verletzung der Frauenwürde angeprangert haben, werden heute beschuldigt, sie wollten Zivilisationen, die auf anderen Werten basieren, die westliche Zivilisation aufoktroyieren.

Ist es eine spezifisch westliche Kulturtatsache, eine Klitoris und innere Schamlippen zu haben? Ist die Achtung vor dem menschlichen Körper, und insbesondere vor dem des Kindes, nicht Sache aller menschlichen Gemeinschaften?

Die Frauen – und auch Männer wie etwa Edmond Kaiser oder Professor Schwarzenberg –, die sich für die Abschaffung dieser Verstümmelungen einsetzen, verteidigen ein universales Prinzip, das über alle kulturellen Partikularismen hinausgeht: das Recht jedes Menschen auf Unversehrtheit und auf Achtung vor seiner Person. Die Afrikaner von dieser

Forderung nach fundamentaler Würde auszuschließen – das wäre Rassismus.

Wie unangebracht es ist, sich unter dem Vorwand, man wolle niemandem unsere Werte aufzwingen, vor einem klaren Urteil zu drücken, zeigen einige Fakten:

- Verschiedene Länder, wie der Sudan, Ägypten, Kenia und Burkina Faso, haben offiziell gegen die Exzision und die Infibulation Stellung bezogen; zahlreiche Gruppen von Afrikanerinnen (Geburtshelferinnen, Gynäkologinnen oder Politikerinnen) haben mutige Programme initiiert, um diesen Brauch, dessen schwerwiegende Folgen für die Gesundheit und Fruchtbarkeit der Frauen bewiesen sind, auszumerzen;
- Dieser Respekt vor den Traditionen, einschließlich der schädlichsten, hat in Frankreich niemanden abgehalten, als es darum ging, ungleich weniger humanistische »Werte« aufzuoktroyieren, etwa die profitorientierte Wirtschaft oder eine zu sehr forcierte Urbanisierung.

Es erstaunt, daß Martine Lefeuvre, die sich dafür einsetzt, daß Immigranteneltern in Frankreich, die an ihren Töchtern eine Exzision vornehmen lassen, straffrei bleiben, immer noch zu dem abgedroschenen Argument greift, es gehe um »kulturelle und religiöse Motivationen«, obwohl der Koran nirgendwo sexuelle Verstümmelungen fordert. Die Imams haben das wiederholt bestätigt, unter anderem im Dezember 1988 bei der UNESCO, anläßlich des Kolloquiums »Über sexuelle Gewalt und Verstümmelungen an Frauen und Mädchen«, das die Internationale Kommission für die Abschaffung sexueller Verstümmelung organisiert hatte. Auch die Delegierten aus verschiedenen Ländern erklärten, daß der initiatorische Aspekt dieser Operationen längst verschwunden sei. Und kann man etwa ein 15 Tage altes Baby »initiieren«? Auch die Medikalisierung des Eingriffs (manche Eltern lassen ihn heute von Ärzten durchführen) zeigt, daß er jede moralische Bedeutung verloren hat.

Es ist bedauernswert, daß Alain Caillé in derselben Zeitschrift der *Mauss (Mouvement anti-utilitariste dans les sciences sociales)* ebendiese Medikalisierung billigt, die von den Afrikanern selbst seit dem ersten Kolloquium in Khartum vor zwanzig Jahren abgelehnt wurde. Sie waren zu Recht der Ansicht, daß diese medizinische Unterstützung, trotz einiger unmittelbarer Vorteile für die Gesundheit, den schweren Nachteil hat, das *Prinzip* der Verstümmelungen zu billigen. Überdies steht es für viele Ärzte im Widerspruch zu ihrer Ethik, auf irreversible Weise nicht nur eine Hautfalte – wie bei der männlichen Beschneidung –, sondern ein vollkommen gesundes Organ zu entfernen.

Daß die Motivationen der Mütter, die das Geschlecht ihrer kleinen Töchter »korrigieren« lassen – unergründlich und oft durch Fatalismus bedingt –, in sich respektabel sind, ist klar. Zudem darf man den Einfluß der Beschneiderinnen nicht unterschätzen: Die Durchführung dieser Operationen ist zu einem lukrativen Geschäft geworden, dessen Nutznießer – nicht ausgebildete Geburtshelferinnen, Schmiedinnen oder medizinisches Personal – jedes Interesse daran haben, daß sich nichts verändert. Aus diesen Gründen ist das Ausmerzen dieses Brauchs in diesen Ländern selbst ein äußerst komplexes Problem.

Aber in Frankreich ist das Gesetz eindeutig: Jede Verstümmelung ist ein Verbrechen, und trotz allen Verständnisses, das man für die Familien haben kann, ist der Richter angehalten, das Kind zu schützen.

Auch ein Ehemann, der seine Frau auf französischem Boden wegen Ehebruchs steinigt, würde als Verbrecher angesehen,

selbst wenn er sich damit dem Brauch in seinem Herkunftsland entsprechend verhalten würde.
Die Einwanderung verschiedener ethnischer Gruppen, das Nebeneinander der Kulturen darf nicht dazu führen, das französische Recht zu zersplittern oder auszuhöhlen.
Martine Lefeuvre empört sich darüber, daß dieses Recht eine Familie erniedrigt, die sich für unschuldig hält. Und es stimmt, daß die Familie Traoré oder auch andere von einem juristischen System, das sie nicht kennen, überfordert und traumatisiert werden. Auf der Ebene des Individuums ist das sehr bedauerlich, aber das Gesetz kann man nicht aufteilen. Und würde ein Sohn der Familie Traoré eine Französin heiraten und ihre Tochter beschneiden lassen wollen, inwieweit stünde das Kind dann unter dem Schutz des französischen Rechts?
Sicher, man wird Männer und Frauen verurteilen, die das nicht begreifen. Aber ein französischer Schäfer, der wegen Inzest zu fünfzehn Jahren Gefängnis verurteilt wird, begreift auch nicht, was ihm geschieht: Er ist überzeugt, daß er seiner Tochter nichts Böses getan hat und daß sie ihm gehört.
Die Justiz kann grausam sein, aber so wie bei Vergewaltigungen oder Inzest ist ihr Abschreckungswert wichtig für den Aufbau der Gesellschaft im ganzen. Man kann sich nicht in eine »Unentscheidbarkeit« flüchten, ohne feige zu sein, und man kann nicht im Namen einer den Eltern zugefügten Traumatisierung das tote oder verletzte Kind vergessen.
Aber die Anwendung des Gesetzes muß dringend Hand in Hand gehen mit einer Aufklärungsaktion durch die Sozialarbeiter und die Hilfsdienste für Immigranten, gestützt auf eine ganze Reihe von Untersuchungen über diese Frage, die Martine Lefeuvre erstaunlicherweise nicht kennt oder nur ironisch erwähnt. Sie und zu viele andere Ethnologen schei-

nen den Kolloquien und Resolutionen, die seit zwanzig Jahren von nationalen und internationalen Organisationen ausgearbeitet wurden, ebensowenig Beachtung zu schenken wie der Bewußtseinsbildung und dem Willen zum Handeln innerhalb der afrikanischen Regierungen.

Zum Abschluß möchte ich als Beweis die offizielle Empfehlung Burkina Fasos zitieren, die nach den Kolloquien von Quagadougou und Yatenga im letzten März, initiiert von der Ministerin für Bevölkerungsentwicklung Alice Tiendrébéogo, in der Landespresse erschienen ist:

»Angesichts der Tatsache, daß die Exzision, ob es sich um die Klitoridektomie oder die Infibulation handelt, heutzutage eine unhaltbare Operation ist; angesichts der Tatsache, daß es längst bewiesen ist, daß sie bei der Frau schwerwiegende gesundheitliche Folgen nach sich zieht und ihre Würde verletzt ... gratulieren wir uns zu den Bestimmungen des Gesetzesprojekts, das die Verstümmelungen verbietet und haben vor, die Sensibilisierung und Information der Bevölkerung zu intensivieren, damit es uns zusammen gelingt, die Exzision aus unseren Sitten und Gebräuchen zu streichen.«

Ist es heute noch akzeptabel, wie Alain Caillé zu schreiben: »Die Exzision sollte weder als etwas anderes interpretiert oder auf etwas anderes reduziert werden, als sie selbst ist. Man kann sie einfach nur zur Kenntnis nehmen«?

Glücklicherweise leben Männer und Frauen, seien sie europäisch oder afrikanisch, nach anderen Begriffen als denen der Sozialwissenschaften, die allzu häufig in der kuscheligen Stille von Studierzimmern ausgearbeitet werden.

Le Nouvel Observateur
Juli 1989

Brüderlichkeit? Und deine Schwester?

Immer wieder sagt man den Frauen, daß alle männlichen Festungen ihnen nun weit offen stünden und daß die »Erklärung der Menschenrechte« eine Ära der Gleichheit für alle Franzosen eröffnet habe, auch wenn sie Französinnen sind. Man vergißt, daß die Revolution, die die Privilegien des Adels und des Klerus abgeschafft hat, sich stets davor gehütet hat, sich an den Privilegien des Patriarchats zu vergreifen. Die Bastille, Symbol der Willkür und der Macht, ist gefallen; aber jeder Mann, jeder Vater, jeder Ehemann blieb das Oberhaupt sowohl zu Hause wie auf der öffentlichen Bühne, die er sich allein vorbehielt.
Ein Einziger bemerkte diese Rechtsverweigerung, diese Nichtanerkennung der großen revolutionären Prinzipien, die doch universell sein sollten: Condorcet. Alle waren einmütig gegen ihn, und er entging der Guillotine später nur durch den Freitod.
Schlimmer: Aufgrund einer erstaunlichen Perversion des Rechts konnte man Frauen wegen politischer Vergehen zum Tode verurteilen, obwohl sie nicht die geringsten politischen Rechte besaßen! Madame Roland, Lucille Desmoulins und Olympe de Gouges erfuhren das am eigenen Leib. »Die Frau hat das Recht, aufs Schafott zu steigen«, schrieb Olympe de Gouges 1791 in ihrer großartigen »Erklärung der Frauenrechte«, »also muß sie auch das Recht haben, auf die Rednertri-

büne zu steigen.« Man nahm sie beim Wort ... Natürlich bezogen aufs Schafott.

Trotz unserer Teilnahme an den Kämpfen haben wir Frauen keine Bastille gestürmt, und Napoleon übernahm es, uns daran zu erinnern, indem er uns für hundert Jahre in die Zwangsjacke seines *Code civil* steckte.

Die frauenfeindlichen Festungen der Willkür und der Macht müssen daher erst noch genommen werden. Die wichtigsten heißen Kirche, politische Macht und schließlich die hartnäckigste von allen: der ironische oder wütende Argwohn der Franzosen gegen den Feminismus, gepaart mit Mißtrauen oder Verachtung für die weiblichen Fähigkeiten außerhalb des Haushalts.

Was die beiden ersten anbelangt, genügen einige Zahlen. Bei der ungefährlichsten, aber symbolträchtigsten Freiheit, dem Wahlrecht, steht Frankreich an letzter Stelle. An der Spitze ist Neuseeland, das 1893 das allgemeine Wahlrecht ohne geschlechtliche Diskriminierung einführte. Finnland und Schweden folgten 1906 und 1912.

Die Franzosen, die zweifellos der Meinung waren, ein Penis genüge, um Bürger aus ihnen zu machen, gaben sich das Wahlrecht 1792, erweiterten es 1848, verweigerten es ihren Partnerinnen aber noch hundertfünfzig Jahre lang, was sowohl eine hochmütige Verachtung für den Uterus als auch für die großen Prinzipien beweist, die zu ehren sie vorgaben. Die Lage hat sich nicht wesentlich weiterentwickelt: In der Nationalversammlung sind von 577 Abgeordneten 33 weiblich, im Senat sind es neun von 317, in 26 Départements gibt es überhaupt keine gewählten Frauen. Kein Kommentar.

Frankreich, genannt die älteste Tochter der Kirche, ist eine Transvestitin. Unter den Soutanen stecken nur Männer. Auch

bei der Erstürmung dieser Bastille gehören wir zu den Schlußlichtern.
Die erste Frau der Welt, die in den USA als Bischöfin ordiniert wurde, ist Barbara Hassis, eine Schwarze aus der episkopalischen Kirche.
In Großbritannien hat die Synode der anglikanischen Kirchen 1986 das Recht der Frauen auf Priesterschaft anerkannt. Und schließlich findet man auch einige Rabbinerinnen; und in der Schweiz, in den Niederlanden, in Finnland etc. halten Pastorinnen den Gottesdienst ab.
Aber in der römisch-katholischen Kirche ist die Botschaft Jesu, in ihrer Zeit revolutionär, von den Kirchenvätern sehr rasch zum Nutzen ihrer »lieben Brüder im Glauben« umgewandelt worden – eine Formulierung, die den Vorteil hat, daß sie klar und eindeutig ist.
Aber vergessen wir neben diesen klassischen Monumenten nicht die massivste und unsichtbarste aller Bastillen, die wir noch erstürmen müssen: diejenige in unseren Köpfen. Wir wagen es nicht, uns all unserer realen Fähigkeiten und Möglichkeiten bewußt zu werden. Diese Bastille wurde über Jahrhunderte in mühsamer Kleinarbeit errichtet, und jeder hat sich dabei ins Zeug gelegt, der Philosoph, der Einfaltspinsel und sogar einige Frauen. Stein für Stein und Wort für Wort wurde sie zementiert. Denn auch die Sprache ist eine Männerbastion, fest in der Hand der Linguisten (nicht aller) und der Akademiker (nicht aller). Doch wie Hegel gesagt hat, »Worte sind Ideen«, sie haben Macht und sind allein schon fähig, uns auszuschließen, uns zu verleugnen.
Ein Beispiel? Es gibt im Französischen zwar die weiblichen Formen *souveraine* = Herrscherin oder *châtelaine* = Schloßherrin, aber wenn man für eine Schriftstellerin die weibliche Form von *écrivain*, nämlich *écrivaine* verwendet, gilt man

als Sprachterrorist. Spricht man von einer *doyenne*, kann man nur eine Hundertjährige meinen, denn die Bedeutung »Dekan« gibt es nur in der männlichen Form *doyen* – auch die Universität ist eine männliche Bastion. Kein Problem gibt es bei den Berufen, die auf der Stufenleiter unten angesiedelt sind: Man bedient als *operatrice* ein Gerät, man ist Telefonistin *(standardiste)*, Meinungsforscherin *(enquêtrice)* oder Lehrerin *(institutrice)*, aber es gibt keine weibliche Form für den Schulrektor, keine *rectrice*. Denn in prestigeträchtigen oder lukrativen Berufen hat das weibliche Geschlecht kein Bürgerrecht, und die französische Sprache, eingeschüchtert durch ihre Zensoren, verheddert sich zwischen Simone Veil, Expräsident des Europaparlaments, und Cory Aquino, Präsidentin der Philippinen.

All das war seit 1789 vorprogrammiert. Die Menschenrechte waren Rechte für die Männer. Und wer könnte so naiv sein zu glauben, daß das republikanische Motto sich auch auf die Frauen bezieht? Freiheit und Gleichheit, meinetwegen. Aber Brüderlichkeit zeigt deutlich, an wen die Worte gerichtet waren: Es ging wieder einmal um unsere »lieben Brüder im Glauben«.

Und deine Schwester?

Brauchen wir einen 14. Juli der Frauen, damit du endlich daran denkst?

P.S.: Die Entscheidung des Obersten Gerichtshofes der USA über die Abtreibung zeigt ganz klar, daß auch die Freiheiten für Frauen nie ein legitimes Recht sind, sondern Geschenke, die ein Liberaler gewährt und die ein Konservativer wieder zurücknehmen kann.

Construire
Schweizer Zeitschrift, 1989

Die Männer

Alle, die versuchen wollen, die Gesellschaft zu beschreiben und dabei mit den Worten beginnen: »Die Frauen … die Männer«, oder »Die Frauen müßten …« oder »Es gibt keine Männer mehr …«, heutzutage eine häufig gebrauchte Formulierung, setzen sich der Lächerlichkeit aus. Männer wie Frauen sind nicht mehr, was sie einmal waren, sie sind nicht mehr, was sie sein mußten, um den Rollen zu entsprechen, die man ihnen bisher zugewiesen hatte und von denen sie sich nur unter großen Schwierigkeiten lösen konnten.
Seit der regelrechten sozialen und psychologischen Revolution, die der Feminismus des 20. Jahrhunderts bedeutete, sind die Barrieren zwischen den Geschlechtern umgestoßen und das Recht auf Unterschied, das in der Vergangenheit für die Frauen ein Zwang zum Unterschied war, ist zu einem Recht auf Verschiedenartigkeit geworden. Verschiedenartigkeit im Geschmack, in den Entscheidungen und im Verhalten.
Aber ein Phänomen hat diese Veränderungen überlebt: die Frauenfeindlichkeit. Man muß sich dieser Tatsache stellen: Die große Mehrheit der Männer – und mit ihnen viele Frauen – bleiben frauenfeindlich, das heißt rassistisch, also überzeugt von ihrer angeborenen Überlegenheit. Sie sind es manchmal unbewußt (das sind die Schlimmsten), manchmal zynisch, manchmal »ganz objektiv«, da sie der Meinung sind,

durch Gott, die Vorsehung oder die Natur privilegiert zu sein, was ihnen alle Skrupel und jedes Nachdenken über sich selbst erspart. Denn es gibt tausendundeine Art, frauenfeindlich zu sein, und nur eine einzige, es nicht zu sein: die Gratwanderung, den anderen als Individuum anzuerkennen und nicht als austauschbares Exemplar einer sexuellen Kategorie.
Oft gibt man den Feministinnen die Schuld an der Frauenfeindlichkeit. Man sollte aber doch nicht vergessen, daß eben die Frauenfeindlichkeit, die Kirchenväter, Philosophen und andere Gesetzgeber jahrhundertelang bekundet haben, den Feminismus hervorgerufen hat, und nicht umgekehrt!
Die leicht zu durchschauenden Frauenfeinde, Schildhalter eines überholten *Machismo*, jagen niemandem mehr Angst ein. Aber wie soll man sich die anderen vom Hals schaffen? Subtile Machos, naive Machos, galante Machos, die die Frauen verehren, um sie um so besser ersticken zu können?
Die berühmte und überschätzte »französische Galanterie« war tatsächlich eines der Mittel, um unser Mißtrauen und unsere Anwandlungen von Unabhängigkeit einzuschläfern. Aber zum Pech unserer Kavaliere haben wir, da wir nun lesen und rechnen gelernt haben, bemerkt, daß die Männer uns zwar an der Tür zum Restaurant den Vortritt ließen, uns aber den Weg versperrten, sobald es um Macht oder Prestige ging. Unter dem Vorwand, daß sie uns in der Metro die Sitzplätze anboten, überließen sie uns in den Wandelgängen der Macht nur die Notsitze; und indem sie unsere Berufung als bewundernswerte Mütter und Hüterinnen des Haushalts priesen, rechtfertigten sie unsere angebliche Unfähigkeit, gesellschaftliche Positionen einzunehmen ... in denen sie sich so wohl fühlten!
Kurz gesagt, wir brachten die Männer zur Welt, und sie strengten ihren Geist an, wie sie uns aus ihr vertreiben konn-

ten! Damit ich dich besser beschützen kann, mein Kind, sagten sie.
Aber die Zeit der Märchen ist vorbei. Die Dornröschen wachen heute ganz von alleine auf, und die Märchenprinzen machen sich rar. Ich gehöre nicht zu denen, die das bedauern. Es gibt andere Geschicke als das von Aschenputtel, und die Liebe dieses Prinzen, der ein Mädchen nur nach der Größe ihres Fußes beurteilte, erscheint nicht mehr als das erstrebenswerteste Vorbild für die Beziehung zwischen Mann und Frau. Wer wollte sich darüber beklagen?

Vorwort für »Das andere Geschlecht« von Simone de Beauvoir
1990 neu herausgegeben

In der Geschichte der Menschheit wurden wenige Bibeln geschrieben. Nur sehr wenige Bücher kommen der Definition im Wörterbuch nahe, wonach die Bibel DAS Buch par excellence ist, die Offenbarung, die Botschaft.

Das andere Geschlecht ist ein wenig von alldem. Und so wurde es DAS Buch der Frauen, der grundlegende Text, auf den sich der Feminismus in allen Ländern und seit mittlerweile vierzig Jahren beruft.

Im Juni 1949 erschien der erste Band dieses Werkes, dessen Wagemut wir heute gar nicht mehr ermessen können, und der auf die Frage »Was ist eine Frau?« antworten und die Geschichte der Frauen unter biologischen und soziologischen Aspekten neu beleuchtet, dabei aber die Stereotypen und die ganze Reihe vernichtender Behauptungen in Frage stellen wollte, die selbst von den größten Denkern seit Jahrtausenden vorgebracht wurden. Er hatte keinen geringeren Ehrgeiz, als die Mauern von Vorurteilen und Tabus einzureißen, die die Frauen in einem starren Schicksal eingesperrt hielten, und die geheimsten Wege ihrer Freiheit zu erforschen.

In derselben Juniwoche 1949 erschien die erste Nummer von *Les Temps modernes*, und Jean-Paul Sartre hielt seinen berühmten Vortrag »Ist der Existentialismus ein Humanismus?«, der in den intellektuellen Milieus der Avantgarde zur »Schlacht um Hernani« wurde. Die Reaktionen waren ungeheuer heftig: Begeisterungstaumel oder Abscheu. Auch Snobismus spielte dabei mit. Sartre und Beauvoir wurden schon

zu Lebzeiten Teil der Legende des Existentialismus, der bald das Ausland zu erobern begann.
Simone de Beauvoir ist zu dieser Zeit 37 Jahre alt. Sie hat bereits drei Romane, darunter *Sie kam und blieb* (1943) und einen Essay, *Pyrrhus et Cinéas*, veröffentlicht und ein Theaterstück, *Les bouches inutiles*, auf die Bühne gebracht. Aber obwohl sie durch ihre Bücher bekannt geworden ist, nennt man sie die »Notre-Dame von Sartre« und sieht in ihr vor allem die Gefährtin des »Papstes des Existentialismus«. »Niemand ist je auf den Gedanken gekommen, Sartre als Gefährten Simone de Beauvoirs zu betrachten«, erklärt sie später.
Sicher gab es vor ihr vereinzelte Frauen, heroisch wie Olympe de Gouges (1793 wegen ihrer Anschauungen guillotiniert), wagemutig wie Mary Wollestonecraft (ihre »Forderung nach Frauenrechten« erschien 1790 in England) oder scharfblickend wie Virginia Woolf, um nur diese drei zu nennen, die den Feminismus in Europa erfunden hatten, bevor der Begriff selbst, den man Fourier zuschreibt, kreiert war. Aber Simone de Beauvoir war die erste, die diese verstreuten Forderungen, diese rasch unterdrückten intellektuellen Bewegungen, diese Kämpfe und diese Träume zusammenfaßte, um ihnen eine einheitliche Stimme und zugleich eine historische und wissenschaftliche Rechtfertigung zu verleihen.
Wie alle ihre Vorgängerinnen, wie alle Frauen, die es wagten, von den traditionellen Wegen abzuweichen, stößt Beauvoir auf die Ablehnung der Konformisten und die bissige Feindseligkeit ihrer Kollegen. Man nennt sie eine Außenseiterin mit liederlichem Lebenswandel – sie lebt mit Sartre im Hotel zusammen, ohne mit ihm verheiratet zu sein –, und zugleich eine frigide und vertrocknete Pfadfinderinnenführerin.

Der Skandal trägt dazu bei, daß innerhalb einer Woche 22 000 Exemplare des ersten Bandes von *Das andere Geschlecht* verkauft werden. Als Motto hatte die Autorin die bekannte These von Pythagoras vorangestellt: »Es gibt ein gutes Prinzip, das die Ordnung, das Licht und den Mann geschaffen hat; und ein böses Prinzip, das die Finsternis, das Chaos und die Frau geschaffen hat.«

Dieser Behauptung läßt sie ein Zitat von Poullain de la Barre folgen: »Alles, was von Männern über Frauen geschrieben wurde, muß verdächtig sein, da sie zugleich Richter und Partei sind.« (Abhandlung über die Gleichheit beider Geschlechter, 1676)

Diesmal schreibt also eine Frau einen Essay über die Frauen, der das Thema erschöpfend behandeln soll.

Der erste Teil befaßt sich mit Fakten und Mythen, die man in Biologie, Geschichte und Psychoanalyse finden kann. Im zweiten Teil geht es um Ehe, Mutterschaft, Reife und schließlich um das Alter.

Dieses Buch ist nicht aufgrund militanter Forderungen oder gar aus einem unterschwelligen Wunsch nach Rache entstanden, wie man vielleicht meinen könnte. Beauvoir hatte in ihrem Leben bereits glänzende Erfolge erzielt, sie hatte keine alten Rechnungen zu begleichen, und in der unruhigen Nachkriegszeit schienen viele Fragen wichtiger zu sein als der Feminismus. Die Gründe, die sie bewogen hatte, dieses Thema aufzugreifen, erklärt die Autorin im zweiten Band ihrer Autobiographie *In den besten Jahren* ganz offen, wie es für sie typisch ist:

»Ich überlegte mir, daß die erste Frage lauten müßte: Was hat es für mich bedeutet, eine Frau zu sein? Anfänglich hatte ich geglaubt, schnell damit fertig zu werden. Ich hatte nie an Minderwertigkeitskomplexen gelitten, niemand hatte zu mir gesagt: »Sie denken so, weil Sie eine Frau sind ...« Daß ich eine Frau bin, hat mich in keiner Weise behindert. »Für mich« sagte ich zu Sartre, »hat das sozusagen keine Rolle gespielt.« – »Trotzdem sind Sie nicht so erzogen worden wie ein Junge: Das muß man genauer untersuchen.« Ich untersuchte es genauer und machte eine Entdeckung: Diese Welt ist eine Männerwelt, meine Jugend wurde mit Mythen gespeist, die von Männern erfunden worden waren, und ich hatte keineswegs so darauf reagiert, als wenn ich ein Junge gewesen wäre.«

Schon in den ersten Zeilen des Vorworts prangert Beauvoir »die in den letzten hundert Jahren produzierte Flut von Sottisen« an und verkündet, was sie sich als Aufgabe gestellt hat: ein Licht auf jene zu werfen, die nach Freuds Formulierung »den schwarzen Kontinent« bilden. Mit der für Beauvoir typischen entwaffnenden Offenheit und dem Mut, alles auszusprechen, staunt sie darüber, daß sie »mit fast vierzig Jahren einen Aspekt der Welt entdeckt, der in die Augen springt, den aber trotzdem niemand sieht«.

»Ein Mann käme gar nicht auf die Idee, ein Buch über die einzigartige Situation der Männer innerhalb der Menschheit zu schreiben«, erklärt sie. »Daß er ein Mann ist, versteht sich von selbst ... Es steht fest, daß ein Mann zu sein keine Besonderheit darstellt. Ein Mann ist im Recht, weil er ein Mann ist, die Frau dagegen ist im Unrecht.«

Und sie legt den Grundgedanken dar, der das ganze Werk durchziehen wird: »Sie wird mit Bezug auf den Mann determiniert und differenziert, er aber nicht in bezug auf sie. Sie ist das Unwesentliche gegenüber dem Wesentlichen. Er ist das Subjekt, er ist das Absolute: sie ist das Andere.«

Übrigens hatte sie zuerst daran gedacht, das Buch einfach »Das Andere« zu nennen.

Seit seinem Erscheinen sollte dieses Buch für Skandal sorgen, da es die geistige Bequemlichkeit sowohl der Männer wie auch vieler Frauen stört. Zum erstenmal wagt es eine Frau und eine Philosophin, nicht nur einige Rechte für einige Frauen zu fordern, sondern die absolute Gleichheit, und Probleme anzuschneiden, die bisher tabu waren, wie etwa sexuelle Freiheit, Mutterschaft, Abtreibung, Ausbeutung der Hausfrau etc.

Das heilige Offizium in Rom setzt das Buch auf den Index. In Frankreich wird es viel gelesen, aber den Französinnen ist die Bedeutung der Frauenfrage nicht wirklich bewußt, während es in den USA, wo der Feminismus bereits eine Struktur hat, zu einem Triumph wird. Von der englischen Übersetzung werden zwei Millionen Exemplare verkauft, und *Das andere Geschlecht* steht in Japan ein Jahr lang an der Spitze der Verkaufslisten. Es wird in alle Sprachen der Welt übersetzt, auch ins Arabische, Hebräische, Serbokroatische und Tamilische. Simone de Beauvoir wird bald zur meistgelesenen feministischen Schriftstellerin der Welt.

Auf der Banderole des Buches standen die Worte: »Die unbekannte Frau«, was wie eine Herausforderung all der Philosophen oder Romanautoren wirkt, die behaupteten, alles über die Frau herausgefunden und gesagt zu haben! Wie das Buch einschlug, beweist die Flut von Grobheiten, Gemeinheiten und Böswilligkeit, die es auslöste. Eine verblüffende Zahl von Schriftstellern scheute sich nicht, ihren neurotischen Abscheu vor der Tatsache zu äußern, daß eine Frau es wagte, alle überkommenen Ideen in Frage zu stellen und vor allem ohne falsche Scham und in einem klaren, präzisen Stil über den Körper zu sprechen. Sowohl die Rechten wie die Linken wetterten und heuchelten Empörung. François Mauriac erklärte: »Wir haben buchstäblich die

Grenzen der Widerlichkeit erreicht«, und er begann einen wahren Kreuzzug, um die Autorin beim Publikum in Mißkredit zu bringen.
Julien Gracq prangerte die »bestürzende Unanständigkeit im Tonfall des ›Anderen Geschlechts‹« an.
Camus erklärte, dieses Buch sei »eine Beleidigung des romanisch-sprachigen Mannes«; Jeanette Thorez-Vermeersch sah darin eine »Beleidigung der Arbeiterinnen«.
Pierre de Boisdeffre und Roger Nimier wetteiferten in ihrer Verachtung für »dieses arme neurotische Mädchen«; der Philosoph Jean Guitton erklärte, er sei »schmerzlich betroffen, durch dieses Werk das traurige Leben seiner Autorin zu dechiffrieren«.
»Man hat mir vorgeworfen, ich sei anstößig«, schrieb Beauvoir später, »man nannte mich unbefriedigt, eiskalt, ständig erregt, nymphomanisch und lesbisch; man sagte, ich hätte hundertmal abgetrieben und sei sogar heimlich Mutter.« Das alles im Namen dieser schlüpfrigen Tradition, die den Franzosen ein ganzes Arsenal an Redensarten und Klischees bietet, die die Frau auf ihre Funktion als Sexualobjekt reduzieren.
»Viele Männer erklärten, ich hätte nicht das Recht, über Frauen zu sprechen, weil ich nie ein Kind geboren hatte! Und sie? Soll man den Ethnologen verbieten, über afrikanische Stämme zu schreiben, zu denen sie nicht gehören?«
Diese Reaktionen wirken besonders bestürzend, da *Das andere Geschlecht* weder als erotisch noch als exhibitionistisch gelten kann, schon gar nicht als pornographisch.
In der Presse wurde die Bedeutung dieses Ereignisses doch mancherorts gewürdigt: »Eine Frau ruft die Frauen zur Freiheit! Simone de Beauvoir, Stellvertreterin Sartres und Expertin im Existentialismus«, schreibt *Paris Match*, »ist zweifellos die erste Philosophin in der Geschichte der

Männer. Ihr kommt es zu, aus dem großen Abenteuer der Menschheit eine Geschichte ihres Geschlechts herauszuschälen.«

Dank der Massenmedien wird Beauvoir an der Seite Sartres zu einem Teil der Pariser Legende. Sie ist auf zahllosen Photos zu sehen, meistens in einem Straßencafé in St. Germain des Prés, »so schlicht, daß das Auge sich bei ihr erholen kann; sie kennt weder die luxuriösen Pelzhändler noch die Modeschöpfer in der Rue Royale«. Sie läßt sich weder vom Ruhm noch von der Feindseligkeit, die man ihr entgegenbringt, oder den Schmähbriefen, die sie bekommt, beeindrucken. Der Mann, den sie »über alle anderen stellt, hält sie nicht für minderwertiger als jene«. Seine Wertschätzung genügt ihr, und ebenso die der »Familie«, zusammengesetzt aus dem Kreis treuer Freunde, die ein Leben lang um Sartre und sein Zwillingsgestirn waren.

Wenn man *Das andere Geschlecht* heute wieder in seine Zeit zurückversetzt, ist man überrascht, daß es nicht Teil einer bestimmten feministischen Welle oder Manifest einer Bewegung geworden ist. Das Buch wurde zwanzig Jahre vor dem Aufkommen der *Bewegung für die Befreiung der Frauen* in Frankreich und mehr als zehn Jahre vor dem Erscheinen des zweiten bedeutenden feministischen Werks im 20. Jahrhundert, *Der Weiblichkeitswahn* von Betty Friedan, veröffentlicht.

Zur damaligen Zeit dachte Beauvoir übrigens nicht, daß es einen spezifischen Kampf der Frauen geben könnte. Sie meinte, die Verbreitung des Sozialismus würde dem Sexismus automatisch ein Ende setzen und die Gleichheit der Geschlechter begründen. Zwischen 1949 und 1969, als sie immer häufiger feststellte, daß die Frauen weder in der Sowjetunion noch anderswo dieselben Rechte und Freiheiten wie die Männer erhalten hatten, mußte sie ihre Ansicht ändern.

Es heißt, nach dem Erscheinen von Goethes *Werther* habe es eine Welle von Selbstmorden gegeben, und nach dem *René* von Chateaubriand eine Welle der Melancholie. *Das andere Geschlecht* hat eine Welle der Freiheit ausgelöst. Freiheit in allen Bereichen. Wenige Bücher haben weltweit eine vergleichbare kollektive Bewußtwerdung ausgelöst und die eingestandene, unterdrückte oder unbewußte Sehnsucht eines so großen Teiles der Menschheit verkörpert. Selbst wenn sie nicht gelesen wurden, haben die Werke Simone de Beauvoirs Eingang in die Mentalitäten gefunden und geben heute noch Impulse für vieles, was die Frauen sagen, tun oder schreiben.

Dieses Phänomen rührt zum Teil daher, daß es bei ihr keine Trennung zwischen Schreiben und Handeln gab, und keine Trennung zwischen Handeln und Moral. Beauvoir war nicht nur Schöpferin ihrer Werke, sondern Schöpferin ihres eigenen Lebens, und durch diese Besonderheit konnte sie über die Grenzen der Literaturkritik hinauswachsen und zu einem universellen Format gelangen, dessen sich wenige Schriftsteller rühmen können.

Annie Cohen-Solal, Autorin einer neueren Biographie über Sartre, betont sehr richtig, welche Bedeutung Simone de Beauvoirs Persönlichkeit für die Beurteilung seines Werkes hat. Zu einer Zeit, als junge Mädchen sich den überkommenen Schemata anpaßten, weil es keine weiblichen Vorbilder gab, mit denen sie sich identifizieren konnten, hat Beauvoir es verstanden, sich für ein eigenständiges Geschick zu entscheiden. »Gegen ihr Milieu, gegen ihre Familie, mit und gegen Sartre, ständig auf der Suche nach ihrem eigenen Lebensraum, der autonom und gemeinschaftlich zugleich sein sollte, wurde sie zu Simone de Beauvoir. Sie wurde zu Simone de Beauvoir gegen die öffentliche Meinung und gegen das Gerede der Leute.«

In den *Memoiren einer Tochter aus gutem Hause*, erster Band einer Autobiographie, die zugleich die Geschichte eines halben Jahrhunderts ist, wie es die zwei Personen erlebten, die Bertrand Poirot-Delpech »die mitreißendsten Intellektuellen dieses Jahrhunderts« nennt, erzählt sie mit ihrer unerbittlichen Ehrlichkeit den Weg eines jungen Mädchens aus einer ruinierten Bürgerfamilie, »Demoiselle du Cours Désir«, unglücklich in seiner Haut (»Wie häßlich du bist, mein armes Mädchen«, sagte ihr Vater und betonte noch, daß sie obendrein auch keine Mitgift hatte), aber bereits voll tiefer Verehrung für die Literatur. Mit fünfzehn antwortete sie auf die Frage: »Was wollen Sie einmal werden?« ohne Zögern: »Eine berühmte Schriftstellerin!« Aber sie wußte, daß ihre Karriere ganz und gar von ihrer Intelligenz und ihrem Lernen abhing. Als junges Mädchen verzichtet sie auf jede Koketterie, opfert ihren Schlaf, um zu lesen, lernt bei Tisch und zwingt sich zu Heroismus als Heilmittel gegen die Mittelmäßigkeit ihres Lebens. (*Simone de Beauvoir.* Eine Biographie von Claude Francis und Fernande Gonthier.)

1926 besteht sie mit »Sehr gut« eine Prüfung in Literatur, dann in allgemeiner Mathematik und Latein, beginnt einen Roman, bricht mit den konservativen Vorstellungen ihrer Familie und wagt sich an das Studium der Philosophie.

1929 legt sie als Zweitbeste die Aggregation in Philosophie ab, im selben Jahr, als Jean-Paul Sartre der Beste war. In Wirklichkeit waren sie beide an erster Stelle, da sie dieselbe Punktzahl hatten. Aber 1929 existierte eine seltsame Form der Diskriminierung (die es noch bis vor wenigen Jahren gab): Die sehr wenigen Studentinnen wurden als Überzählige eingestuft und auf eine niedrigere Rangstufe verwiesen. Aber Beauvoir, die damals noch kein feministisches Bewußtsein entwickelt hatte, empörte sich nicht. Sie war 21 Jahre alt und die jüngste Aggregierte in Frankreich. Die übrigen Hochschüler um sie, Raymond Aron, Nizan, Sartre, Merleau-Ponty, waren einige Jahre älter als sie.

Im selben Jahr trat Jean-Paul Sartre, der sich sehr bewußt war, »der junge Sartre zu sein, so wie man vom jungen Berlioz oder vom jungen Goethe spricht«, in Simone de Beauvoirs Leben und erlebte mit ihr den außerordentlichsten Liebesroman des Jahrhunderts. Sie blieb über fünfzig Jahre lang seine Gefährtin, und diese beiden außergewöhnlichen Menschen lernten ein intellektuelles Einvernehmen kennen, das ihr Leben lang Bestand hatte.

Den geistigen Töchtern Simone de Beauvoirs, die wir in unterschiedlichem Maße alle sind, ob wir es wollen oder nicht, fällt eine objektive Kritik über *Das andere Geschlecht* oft schwer. Dabei hat Beauvoir sich selbst im Laufe ihres Lebens weiterentwickelt und es immer abgelehnt, sich auf ein Postament zu stellen. Im Gegenteil, je älter sie wurde, desto mehr näherte sie sich den Feministinnen an der Basis und dem täglichen politischen Kampf an, selbst seinen undankbarsten Seiten. Es wäre daher ungerecht, sie den Denkmälern zuzuordnen, vor denen man sich verneigt, die man aber nicht mehr besucht. Als sie fünfundsiebzig war, drei Jahre vor ihrem Tod, war in ihr immer noch das junge Mädchen »mit der barbarischen Neugier« und mit maßlosen Ansprüchen lebendig, bereit für jedes Glück, aber auch bereit zur Aufopferung – sie, die man so gerne als distanziert und spröde beschreibt, ohne zu sehen, daß ihre Schüchternheit und eine gewisse Unbeholfenheit diese scheinbare Kälte erklären.

Man muß jedoch anerkennen, daß die Fortschritte der Wissenschaft und die Weiterentwicklung der Mentalitäten – zu der sie ja gerade beigetragen hat – manche der Analysen in *Das andere Geschlecht* haben veralten lassen. Dieser oder jener Aspekt der weiblichen Lebensbedingungen wird vierzig Jahre später nicht mit denselben Augen betrachtet.
So resümiert Beauvoir etwa im Kapitel »Die biologischen Gegebenheiten« in dem klaren und ungeschminkten Stil, der ihr nach so vielen schüchternen oder nur annähernden Werken für dieses Thema angebracht schien, »die Nachteile, die es für den Geist hat, im Körper einer Frau zu wohnen«. »Zehn Seiten, die einem die Haare zu Berge stehen lassen«, schreibt die kanadische Schriftstellerin Nancy Huston, »so lebhaft wird der Menstruationszyklus mit seinen Schmerzen und seinem Blut, die ermüdende Anstrengung der Schwangerschaft, die große Opfer und eine schmerzhafte und manchmal tödliche Niederkunft fordert, geschildert«.
Die wenig erfreuliche Schlußfolgerung besagt, daß die Frau »von allen weiblichen Säugetieren das von seiner Art entfremdetste ist und diese Entfremdung am heftigsten ablehnt ... Es ist das menschliche Weibchen, das sich am tiefsten vom Männchen seiner Art unterscheidet.«
Das lange Kapitel mit dem Titel *Die Mutter* erweitert sich zu einer kurzen Analyse über Empfängnisverhütung, gefolgt von etwa fünfzehn Seiten über Abtreibung, und räumt insgesamt der Verweigerung der Mutterschaft den Vorrang ein. In diesem Punkt hat man ihr oft vorgeworfen, sie habe sich durch ihre persönliche Entscheidung beeinflussen lassen. Man weiß, daß ihrer Ansicht nach das Individuum über die Art, der Geist über den Körper und die freie Entscheidung über die Kontingenz siegen solle. Dieses »weibliche Los«, diese biologische Entfremdung hatte sie für sich selbst abge-

lehnt, und es ist möglich, daß diese persönliche Entscheidung sich in ihrer eher negativen Analyse von Schwangerschaft, Mutterschaft und Mutter-Kind-Beziehung widerspiegelt.

Aber man darf nicht vergessen, welches gesellschaftliche Klima zu dieser Zeit herrschte. Nach dem Krieg gab es in Frankreich noch ebenso viele Abtreibungen wie Geburten, man schätzt zwischen 800 000 und einer Million. Sie waren illegal und wurden daher in Angst und Heimlichkeit vorgenommen, unter erniedrigenden psychologischen und katastrophalen physiologischen Bedingungen, und führten manchmal zum Tod. Die Zwangsvorstellung einer unerwünschten Schwangerschaft prägte damals das Sexualleben der meisten Frauen. Die Verabschiedung der Lex Simone Weil, die den Schwangerschaftsabbruch legalisierte, hat das Problem entdramatisiert und die Zahl der Abtreibungen bedeutend verringert, so daß man heute vergißt, wie schwer diese Angst wog, die die sexuelle Entfaltung der Frauen und häufig auch das Eheleben selbst beeinträchtigte. Das düstere Bild, das Simone de Beauvoir zeichnet, entsprach der Realität der vierziger Jahre.

Ebenso kann es sein, daß manche (vor allem manche Frauen) beim Lesen der Kapitel über die Pubertät und die ersten Regelblutungen schockiert sind, auf welch dramatische Art diese Punkte geschildert werden, als handle es sich um Phänomene, die Scham und Abscheu auslösten. »Während die Jungen mit Freude zur Würde von Männern heranwachsen, stürzt der Makel der Menstruation die Mädchen in eine minderwertige Kategorie«, bemerkt Beauvoir. Aber sie betont beharrlich, daß die Biologie kein Schicksal ist und daß allein der gesellschaftliche Kontext dem Penis seinen bevorzugten Wert verleiht und aus der Menstruation einen Fluch macht.

»Bei einer gesellschaftlichen Gleichberechtigung der Geschlechter«, fügt sie hinzu, »würde das Mädchen die Menstruation lediglich als seine besondere Art des Erwachsenwerdens betrachten.«
Auch hier spiegelt sich ihre persönliche Erfahrung wider. Später, in ihren Memoiren, erzählte sie, welche Scham sie an dem Tag verzehrte, als ihr Vater erfuhr, daß sie ihre erste Regelblutung gehabt hatte. »Ich hatte mir vorgestellt, daß die gesamte Weiblichkeit solidarisch den Männern diesen geheimen Makel verschwieg«, schreibt sie. »Meinem Vater gegenüber hatte ich mich immer als reines Geistwesen gefühlt; es graute mir davor, daß er mich nun plötzlich als organisches Geschöpf betrachtete. Ich kam mir gesunken vor.«
Wie man erwarten kann, fällt sie das gleiche negative Urteil über die Menopause, in der sie »sich plötzlich ihrer Weiblichkeit beraubt sieht. Sie ist noch jung, wenn sie ihre erotische Anziehungskraft und ihre Fruchtbarkeit verliert, aus denen sie in den Augen der Gesellschaft und in ihren eigenen Augen die Rechtfertigung ihrer Existenz und ihr ganzes Glück bezogen hat.«
Aber auch hier muß man daran erinnern, daß die Menopause bis in die siebziger Jahre trotz ihres Gefolges an Störungen und schmerzhaften Symptomen als normales Phänomen betrachtet wurde, gegen das keine Behandlung nötig war.
Und schließlich muß es sein: Man kann das große Werk Simone de Beauvoirs nicht erwähnen, ohne auf den berühmten, nicht zu negierenden Satz einzugehen, in dem sich *Das andere Geschlecht* für so viele resümiert: »Man wird nicht als Frau geboren, man wird dazu gemacht.« Es ist selbstverständlich, daß diese Art von Slogan im Verhältnis zu Beauvoirs Denken nur vereinfachend sein kann. Aber um die Frauen von der erbarmungslosen Macht des Stereotyps und der ver-

logenen Vorstellung des »Ewig-weiblichen« zu befreien, mußte man eine schlagkräftige Formulierung finden. Paradoxerweise ist es vielleicht gerade die übertriebene Einfachheit ihres Stils, ihr häufig ausgedrückter Wunsch, jede Manieriertheit, jede Suche nach glänzenden Formulierungen und jede Sensationshascherei zu vermeiden, aus dem dieser Satz, dessen Komprimierung an Genie grenzt, unter ihrer Feder geprägt wurde. In so wenigen Worten kann man schwerlich mehr an Bedeutung übermitteln.
Zweifellos haben der Rückgang des Feminismus in den achtziger Jahren und die Ablehnung dieser geschmähten Militanz – der die Frauen dennoch Rechte verdanken, auf die zu verzichten sie sich heute nicht mehr vorstellen können – dem Andenken Simone de Beauvoirs geschadet. Sie hat ihren wahren Platz in der Geistesgeschichte noch nicht erhalten. Hartnäckig versteift man sich darauf, in ihr stärker die Feministin (was sie in der Zeit, als sie *Das andere Geschlecht* schrieb, noch gar nicht war) als die Philosophin zu sehen. Michèle Le Doeuff, selbst Philosophin, hat sehr schlüssig erklärt, auf welch erbitterten Widerstand die Frauen stoßen, wenn sie in die gnadenlos männliche Gemeinde der Denker eindringen wollen. »Weil man die Essays von Frauen in spezielle Rubriken verweist, verzichtet die Hälfte der potentiellen Leser auf eine fundierte Lektüre. Dabei sind Untersuchungen über die weiblichen Lebensbedingungen ein Teil der Welt und kein Ghetto.«
Obwohl Le Doeuff Simone de Beauvoirs Denken in manchen Aspekten kritisiert, hat sie ihr die schönste Huldigung dargebracht, die sie sich gewünscht hätte: »Ein Buch, das der Einsamkeit ein Ende setzt und zu sehen lehrt, ist wichtiger als alle Manifeste.«
Aber Beauvoir wollte die Frauen nicht nur lehren zu sehen,

sondern sich zu sehen. Auf den ergreifendsten Seiten von *Das andere Geschlecht*, den letzten, hat sie die Basis errichtet für etwas, das wahrhaftige Liebe sein könnte, die sich auf die gegenseitige Anerkennung zweier freier Individuen gründet. »Erst wenn es ihr eines Tages möglich sein wird, in ihrer Stärke und nicht in ihrer Schwäche zu lieben, nicht um vor sich zu fliehen, sondern um sich zu finden, nicht um sich aufzugeben, sondern um sich zu behaupten, wird die Liebe für sie wie für den Mann eine Quelle des Lebens und keine tödliche Gefahr mehr sein.«

Heute, fast fünfzig Jahre nach der Veröffentlichung dieses Buches, kann man sich fragen, ob Simone de Beauvoir unser Denken und unser Verhalten nicht nachhaltiger beeinflußt hat als Sartre. Auf jeden Fall hat sie mehr als jede andere zur Herausbildung eines weiblichen Bewußtseins beigetragen, das in der Lage ist, das Schicksal zu überwinden – was genau den Sinn des Existentialismus ausmacht.

Von der Tochter aus gutem Hause bis zur Philosophin des anderen Geschlechts und zur Soziologin des mutigen Essays über das Alter hat sich eines der schönsten Abenteuer des Menschen ereignet: das Zutagetreten eines Denkens und einer Persönlichkeit.

Das eine wie das andere hat dazu beigetragen, den Frauen Eingang in ihre Geschichte und damit auch in die Geschichte ganz allgemein zu verschaffen.

Sexuelle Gewalt

Ich möchte zunächst einmal Vorbehalte gegen den Begriff »Feministin« anmelden. Nicht, daß ich diese Bezeichnung ablehne, nicht im entferntesten, aber ist es wirklich nötig, Feministin zu sein, um sich über sexuelle Gewalt zu empören? Nicht in dieser Eigenschaft schalte ich mich heute ein, obwohl der Feminismus meine ganze Art, die Dinge zu sehen, prägt. Mir scheint, es genügt, eine Frau, das heißt, ein potentielles Opfer sexueller Gewalt zu sein, oder allgemeiner ein menschliches Wesen, um sich darüber zu empören. Und um sich zu beglückwünschen, daß die Verantwortlichen der sogenannten entwickelten Länder sich heute endlich entschlossen haben, sich mit dieser besonderen Form von Machtmißbrauch, die sexuelle Gewalt darstellt, auseinanderzusetzen.

Um jede Begriffsheuchelei zu vermeiden, muß darauf hingewiesen werden, daß die Gewalt einseitig ist, das heißt, sie wird gegen Frauen ausgeübt, weil sie Frauen sind, und ist nicht wechselseitig. Denn wenn auch die Opfer beiden Geschlechtern angehören, werden die Gewaltakte so gut wie immer von Männern begangen.

Das Problem der sexuellen Gewalt ist deshalb so beunruhigend für die Zukunft der Mann-Frau-Beziehungen, weil wir alle wissen, daß es kein historischer Zufall ist, sondern sich auf das Prinzip, auf die Basis unserer patriarchalischen Gesellschaften gründet. Es ist, als gäbe es eine Art universeller

Moral oder einen Kodex, der den Männern überall und schon seit jeher das Recht einräumt, nicht nur die Arbeitskraft der Frauen zu kontrollieren und auszubeuten, wie es ihnen paßt (und wie es ihnen die verschiedenen Religionen erlauben), sondern auch ihren Körper und ihre ganze Persönlichkeit.

Und diese Moral ist so alt und so allgegenwärtig, daß sie deshalb schon natürlich scheint; und da sie als natürlich gilt, scheint sie irreversibel. Daher rührt die Resignation, die man so lange beobachten konnte.

Kriege, Verbrechen und Völkermorde sind die spektakulärsten Äußerungen dieser permanenten Gewalt. Aber es existiert auch noch eine unbekannte Seite, die bisher vollkommen ausgeblendet wurde: die sexuelle Gewalt. Sie ist nur ein Kapitel in der langen Geschichte der Beherrschung der Frau durch den Mann, aber sie ist die Form der Macht, die am dauerhaftesten bestehen bleibt und am schwersten zu analysieren ist, weil sie die letzte ist, die in Frage gestellt wird, lange Zeit nach dem Kolonialismus oder dem Rassismus, den schon die Theoretiker der Französischen Revolution verurteilt hatten.

Man weiß, daß das Bedürfnis zu dominieren das grundlegende Übel in allen menschlichen Beziehungen ist. Aber haben Freud und seine Schüler, indem sie das Dogma vom angeborenen Masochismus der Frau, von ihrer Schwäche und ihrem angeblichen Gefühl der Unvollkommenheit angesichts des vollendeten Vertreters der menschlichen Gattung aufstellten, nicht in gewisser Weise diese männliche Ideologie der Gewalt gerechtfertigt, die Reich als einer der ersten aufgezeigt hat?

Die Gewalt der Männer wird als absolute Gegebenheit hingestellt. Den anderen zu beherrschen, ihn zu schlagen, ihn

seiner Willkür zu unterwerfen, ist nichts Verwerfliches, sondern ein Erziehungsideal, zumindest bei den Jungen.
Doch während man die öffentliche Gewalt aufwertet, vermeidet man jede Anspielung, jede Annäherung an die private Gewalt. Sie ist unter einem entsetzlichen Schweigen begraben, vor allem wenn es um Gewalt innerhalb der Familie geht.

- Schweigen über die geschlagenen Frauen noch bis vor kurzer Zeit. Oder man akzeptierte, daß sie geschlagen wurden, was auf dasselbe hinausläuft.
- Schweigen über die 80 Millionen verstümmelter Frauen und Mädchen in Schwarzafrika bis in die siebziger Jahre hinein; bis zum Kolloquium von Khartum 1980 lehnte die WHO es ab, sich mit ihnen zu beschäftigen.
- Schweigen über die Kindsmißhandlungen und über die Vergewaltigungen, diese terroristische Taktik, die von einigen angewandt wird, aber dazu dient, die Macht *aller* Männer über *alle* Frauen fortbestehen zu lassen.

Hier möchte ich betonen (und Sie werden mich des Feminismus bezichtigen!), daß es weder die Priester noch die Juristen, weder die Ärzte noch die Moralisten waren, die das Tabu dieses Schweigens gebrochen und diese unwürdigen Praktiken angeprangert haben, sondern Frauengruppen. Eine der kämpferischsten – und bekämpftesten – unter diesen Frauen war Gisèle Halimi, die sich gegen Polizei- und Justizbehörden und gegen die öffentliche Meinung mit ihrer bekannten Hartnäckigkeit dafür eingesetzt hat, daß Vergewaltigung als Verbrechen eingestuft wurde.
Schließlich darf man auch das Schweigen oder zumindest die allgemeine Trägheit angesichts von Prostitution und Pornographie nicht vergessen. Man kann sogar eine Art Nachsicht gegenüber allen Formen weiblicher Sklaverei konsta-

tieren. In wie vielen Büchern, Filmen und Liedern wird der Ruhm des brutalen, verachtungsvollen Mannes besungen, der angeblich ekstatischen Mädchen, gefügigen Frauen und resignierten (und darüber beschämten) Ehefrauen sein Gesetz aufzwingt? Auf diese Weise verewigt man den Mythos von der lustvollen oder heroischen Vergewaltigung, den Mythos vom immer mehr oder weniger zustimmenden Opfer, den Mythos vom »Freudenmädchen« (wessen Freude?). Auf diese Weise gibt man schon kleinen Jungen und Mädchen furchtbare Lektionen, die sie nie mehr vergessen.

Denn alles hängt zusammen, und es besteht eine tragische Ähnlichkeit zwischen Vergewaltigung, Prostitution und Pornographie. Gewalt und Brutalität sind eine der Lebensadern der Pornographie, und es ist bekannt, daß jede zweite Prostituierte in ihrer Kindheit Opfer eines Inzests oder einer Vergewaltigung durch einen nahen Verwandten wurde. Jede dieser Formen von Gewalt trägt dazu bei, die Entfremdung der Frau zu vertiefen, der es – gefangen in diesem Netz entfremdender Vorstellungen – nicht mehr gelingt, ihr eigenes Bild, ihre Geschichte oder ihre Sexualität selbst zu bestimmen.

Hier kann man sich eine Frage stellen: Warum reagiert eine Gesellschaft, die die Erklärung der Menschenrechte und vor kurzem die der Rechte des Kindes ausgearbeitet hat, so ängstlich, wenn es um diese schwerwiegenden Verletzungen des Menschen an sich geht?

Es ist weder Gleichgültigkeit noch Unwissenheit; es ist eine Weigerung. Und diese Weigerung rührt, scheint mir, von einem zentralen Tabu her: die unantastbare Autorität des Vaters, des Familienoberhaupts! Eine Vorstellung, die zählebig ist und der alltäglichen, familiären, häuslichen, archaischen Gewalt Tür und Tor öffnet, die immer noch stattfindet,

gleichgültig, welche Religion, welche Organisationsform, welchen industriellen Entwicklungsstand eine Gesellschaft hat oder wie emanzipiert ihre Sitten sind.
Seit der Antike ist der Pater familias, ebenso wie der Bruder, der Ehemann oder im Islam sogar der Sohn Eigentümer seiner Frau und seiner Kinder. Sie sind sein Besitz. Die Ehefrau ist sein »sexueller Acker«, wie es im Koran heißt oder wie Napoleon es in seinem *Code civil* erstaunlich ähnlich ausgedrückt hat. Er kann nach seinem Gutdünken davon Gebrauch machen.
Bis ins 20. Jahrhundert war es nicht strafbar, seine Frau zu schlagen. Es war sogar eine erheiternde Farce, über die jeder lachte! (Vgl. die *Fabliaux* im Mittelalter.) Sie zu töten, zog oft keine ernsthafte Bestrafung nach sich. In Indien ist das immer noch der Fall, wenn die Mitgift unzureichend ist, oder in manchen arabischen Ländern, wenn es um Fragen der Familienehre oder des Ehebruchs geht. Sehr viel mehr Vätern, als man glauben möchte, erscheint es heute noch als ihr gutes Recht, über ihre Kinder und insbesondere über ihre Töchter zu verfügen.
Als Beweis will ich ein einziges, aber bezeichnendes Beispiel anführen: den Prozeß, der vor kurzem gegen Jean-Paul Bonnemazou wegen Inzests an seinen beiden Töchtern stattgefunden hat. Er hatte die Tatsachen zugegeben und wurde zu acht Jahren Zuchthaus verurteilt. Zu seiner großen Überraschung. Er fühlte sich nicht schuldig. Er hatte nichts von der Anklage verstanden! Dabei ging es bei ihm schon um einen Grenzfall: seine Tochter Rachel war in sieben Jahren fünfmal von ihm schwanger geworden, zum erstenmal im Alter von dreizehn, und war gezwungen worden, drei ihrer Kinder auszusetzen. Bonnemazou legte mit völlig gutem Gewissen Berufung ein und wurde diesmal zu vierzehn Jahren verurteilt!

Eine zweite bezeichnende Tatsache, die sich bei demselben Fall zeigt: Während des Prozesses wurde Rachel von ihrer Mutter und ihren Brüdern als »Schlampe« bezeichnet, denn sie betrachteten es als weitaus schwerwiegender, die Ehre und Würde des Vaters anzugreifen, als fünf Jahre lang seine sexuellen Attacken zu ertragen. Eine Tochter ist schließlich nichts weiter als eine potentielle Hure. »Eine Tochter, die nicht länger lächelt und an die Segnungen der Familie glaubt, zerstört sie in den Augen aller anderen«, schreibt Susan Brownmiller in ihrem grundlegenden Buch *Die Vergewaltigung.*

Und diese Haltung war bisher die Norm, was nicht nur die Prozesse wegen Vergewaltigung oder Inzests zeigen, sondern auch die Angstreaktionen und die Weigerung, sich einzumischen, bei Nachbarn, Lehrern, Sozialarbeiterinnen ... obwohl es auch manchmal dem Mut der letzteren zu verdanken ist, daß der Skandal aufgedeckt wird.

Kurz gesagt, die Eltern, die Henker sind, die Väter, die vergewaltigen, die prügelnden Ehemänner handeln im Schoß einer Gesellschaft, die zu ihrem Vorteil funktioniert und in der die Opfer wenig Chancen haben, sich Gehör zu verschaffen. Wie Eva Thomas, selbst ein Opfer und Gründerin der Initiative *SOS-Inzest*, geschrieben hat: »Angesichts sexueller Mißbräuche reagiert die Gesellschaft wie eine erweiterte Inzestfamilie, mit einer Verwirrung von Rollen und Wahnvorstellungen und einer allgemeinen Komplizenschaft im Schweigen.«

Aber es gibt noch Schlimmeres als das Schweigen, nämlich die scheinheilige Ermunterung zur Gewalt, die zu häufig bewundernd dargestellt wird, als positives und angesehenes Element der menschlichen Natur. (Ich muß hier präzisieren, daß man nicht Gewalt und Aggression verwechseln darf;

letztere ist überlebensnotwendig.) Ich möchte einige frappierende Beispiele dieser Ermunterung aufzählen, denn mir scheint, hier könnte man zu handeln ansetzen:

1. Die absolut unvernünftige Aufwertung sportlicher Siege durch das kriegerische und hysterische Vokabular der Kommentatoren und der Stellenwert, der dem Sport in den Medien eingeräumt wird. Wenn kein Krieg herrscht, scheint der Sport Gelegenheit zu einer manchmal nachgerade schwachsinnigen Apologie von Gewalt und Sieg zu bieten. Die Fußballtragödie im Brüsseler Heyselstadion und einige andere sind nur eine logische Form dieser Geisteshaltung und dieser kollektiven Aufpeitschung zum symbolischen Mord.

2. Die Ideologie der »winner« nach amerikanischer Art, die sich seit einigen Jahren an die Stelle humanistischer und intellektueller Werte gesetzt hat, die man als überholt ansieht. Die Parole von heute lautet, den anderen zu übertreffen und auszustechen. Und welch geeigneteren »anderen« gibt es hierfür als eine Frau?

3. Die Tatsache, daß 70 Prozent der weltweit verbreiteten Kinofilme, vor allem in den USA, diese Gewaltphantasien verherrlichen. Die Darstellung von Mord, ob individuell oder kollektiv, die Verfolgungsjagden und Prügelszenen nähren ein bestimmtes Bild von Männlichkeit, das überall auf Nachsicht stößt. Die große Mehrzahl der Frauen ist davon angewidert und eine wachsende Zahl von Männern ebenfalls, aber sie nehmen diese Bilder aus Gewohnheit hin, vielleicht auch aus Eitelkeit, und viele Frauen akzeptieren sie, um nicht die Brücken zu ihren Gefährten abzubrechen.

Man könnte noch viele Beispiele für dieses Klima von Gewalt anführen, das heute geschürt wird, doch ich werde nur noch ein letztes nennen: das Verhalten der französischen Männer am Steuer, die das Autofahren als Gelegenheit betrachten, ihre Überlegenheit und ihre Verachtung für den anderen zu beweisen. Es ist bekannt, daß wir in Frankreich »den traurigen Rekord«, wie man sagt, an tödlichen Unfällen halten, und daß Engländer und Deutsche die französischen Autofahrer als Neurotiker oder potentielle Mörder ansehen. Es handelt sich keineswegs um Ungeschicklichkeit, sondern um die Tatsache, daß das Auto für manche eine Zurschaustellung von Macht und bevorzugter Ort der Selbstbestätigung geworden ist.

Welche Hoffnung besteht nun, so tief verwurzelte Verhaltensweisen zu ändern? Ist die Verknüpfung von Gewalt und Sexualität beim Mann genetisch bedingt und daher nicht aufzulösen, oder ist sie historisch und kulturell bedingt? Und ist die vergleichsweise Gewaltlosigkeit der Frauen, die Tatsache, daß sie mehrheitlich zu den Opfern und nur in einer Minderheit zu den Tätern gehören, in ihrer Natur begründet? Oder eher in ihrer Ohnmacht und ihrem geringeren Training in der Erziehung und der Herausbildung ihrer Phantasie? Für welche dieser Hypothesen man sich auch immer entscheiden will, auf die Erziehung und die Phantasievorstellungen kann man – und muß man daher – einwirken.

Diese Verknüpfung aufzulösen bei den Söhnen, die ihre Sexualität fast schon institutionell mit Gewalt, Autorität und »Männlichkeit« verbinden, ist das einzige Mittel, um sexuelle Gewalt jeglicher Art einzuschränken.

Das heißt auch, den männlichen Sexualtrieb nicht länger als instinktiv und nicht beherrschbar zu betrachten. Und es heißt auch, das faszinierende und degradierende Verhältnis zwischen Henker und Opfer und seine kommerzielle oder sogar künstlerische Ausbeutung als das anzusehen, was es in Wahrheit ist.

Und das heißt schließlich, den Phallus zu entmystifizieren –

auch hier wird man mich wieder Feministin schimpfen! –, denn er ist nicht himmlischer als die Klitoris oder die Vagina. Er ist ganz einfach, so wie auch unsere weiblichen Organe, das Instrument einer Lust, die weit über das Hautempfinden hinausgehen kann, vorausgesetzt, man macht daraus kein Kräfteverhältnis und keinen Territorialkrieg.

Unglücklicherweise leidet das männliche Geschlecht, abgesehen von seinem Machtwillen oder seiner langen Gewöhnung an die Macht, auch noch an einer gewissen »affektiven Unfähigkeit«, wie Brownmiller sagt, und so erscheint die Hoffnung auf eine harmonischere und vor allem gleichberechtigtere Geschlechterbeziehung vielleicht als utopisch. Für die meisten wird es ein harter Weg sein, eine so langlebige Tradition zu vergessen.

Das beste Gegenmittel gegen Gewalt ist Liebe, heißt es. Dieses Wort ist zumindest mit Hoffnung befrachtet; es ist ein Wort, das man am Ende dieser sehr kurzen, aber sehr düsteren und manchmal auch entmutigenden Ausführungen, wie ich zugebe, aussprechen sollte. Aber wie Simone de Beauvoir geschrieben hat: Ein Problem offen anzugehen wagen und darüber nachdenken ist der erste, unentbehrliche Schritt zu jedem Handeln.

Die Lebensbedingungen der Mütter: Schlüssel zum Überleben der Kinder

Beim Lesen der zahlreichen Broschüren, die in letzter Zeit über die weltweite Lage der Kinder und über ihre spezifischen Rechte, die ihnen kürzlich von der UNO-Konvention zuerkannt wurden, erschienen sind, macht man eine erstaunliche Feststellung: Das Wort *Mutter* kommt darin selten vor. Als wäre man vom Begriff des Pater familias, der alle Rechte über seine Frau und seine Nachkommenschaft hat, direkt zum Staatsbürger Kind übergegangen und hätte dabei die Mutter der Familie verschwinden lassen. In den meisten dieser Dossiers oder offiziellen Dokumente, ob sie von internationalen Organisationen oder unabhängigen humanitären Verbänden veröffentlicht sind, scheint die Kindheit tatsächlich als getrennte Kategorie behandelt zu werden, die unmittelbar von der rechtlichen Anerkennung ihrer Bedürfnisse und Rechte profitieren muß: Recht auf Leben, Recht auf Erhaltung des Lebens, Recht auf Luft, auf Wasser, auf Nahrung, auf Hygiene, auf Zärtlichkeit, auf seelische und materielle Sicherheit, auf Gesundheitspflege, auf Bildung etc. …

Ein hervorragendes Programm! Hervorragend, vorausgesetzt, man vergißt den sozialen Kontext, denn das Kleinkind als Individuum gibt es nicht. Es kann nicht allein leben. Von allen Tieren ist der Mensch jenes, das bei der Geburt am wehrlosesten ist, am abhängigsten von seiner Umgebung und das am langsamsten seine Unabhängigkeit erlangt.

Die zwingend notwendige Vermittlerin ist daher die Mutter. (Bei Waisen oder ausgesetzten Kindern natürlich ein Mutterersatz.) Ich würde sogar sagen, daß die erste Bedingung für das Überleben und die Entfaltung des Kindes die Mutter ist, aber eine Mutter, der *selbst* ein Minimum an Gesundheit und Entfaltung zuteil wird.
Daher müßte die Mutter die Priorität aller Prioritäten sein, denn sie ist Trägerin der Zukunft, nicht nur der Gegenwart. Man fragt sich, warum man dieses wesentliche Bindeglied zwischen allen, die sich für Kinder einsetzen, und dem Kind selbst so oft vernachlässigt. Ich für meinen Teil sehe dafür mehrere Gründe:
Zunächst einmal das patriarchalische, in alten Gewohnheiten verhaftete Denken, das manche der Verantwortlichen heute anzuprangern beginnen und das in der Vergangenheit so viele Ethnologen und Soziologen veranlaßt hat, die Völker oder Gesellschaften unter einem vorwiegend männlichen Blickwinkel zu erforschen. Untersuchungen und Forschungen über das Alltagsleben der Frauen, ihre Gesundheit, ihre Ansprüche und ihre Sprache, ihre Tabus und ihre Riten gibt es erst seit sehr kurzer Zeit.
Auch die Tatsache, daß sich die internationalen Organisationen in erdrückender Mehrheit aus Männern zusammensetzen, sollte nicht unterschätzt werden; das gleiche gilt für die Regierungen, ob es sich um Industrieländer oder um Entwicklungsländer handelt – ein Umstand, der kaum dazu angetan ist, die Frauen zu bevorzugen, auch wenn sie Mütter sind. In der offiziellen Sprache zieht man es vor, von »Eltern« oder »Familie« zu sprechen, sobald es um Kinder geht. Doch wie man heute weiß, ist der Familienkern, so wie wir ihn im Abendland begreifen, ein Schema, das man auf viele Drittweltländer nicht anwenden kann. Vor allem die Vorstel-

lung vom Familienvater erscheint vollkommen inadäquat und in vielen Fällen sogar lächerlich. Die rigiden Familienstrukturen, die sozialen Traditionen, darunter auch die Polygamie, die immer häufigere Abwesenheit des Vaters, der zur Arbeit (oder um arbeitslos zu werden) in das Einzugsgebiet der Großstädte in Afrika oder im Ausland gezogen ist, oder schließlich der Rückzug vieler »Gelegenheitsväter« in Lateinamerika haben zur Folge, daß die gesamte Last und die gesamte Verantwortung für das Aufziehen des Kindes auf den Schultern der Mutter liegt.

So weiß man etwa, daß die Favelas und Slums bevölkert sind von ledigen oder sitzengelassenen Müttern, die oft unter den schlimmsten Bedingungen eine Unzahl von Kindern großziehen, auf die eine ungewisse Zukunft wartet. In Brasilien leben mehrere Dutzend Millionen von Kindern auf der Straße, ohne irgendwelche Betreuungsstrukturen.

Von »Eltern« zu sprechen, wenn es sich um Säuglingspflege handelt, um die Notwendigkeit des Stillens oder von Impfungen, ist daher zweifellos dazu bestimmt, eine beruhigende Optik zu bewahren, entspricht aber in nichts der Realität. Damit weigert man sich anzuerkennen, daß diese »Eltern« in 95 Prozent der Fälle aus einer Frau bestehen. Und damit drückt man sich auch davor, sich die wahren Probleme bewußt zu machen.

Welcher »Papa« in Afrika bringt sein Kind zur Impfung in die Ambulanz oder kümmert sich um den durchfallbedingten Wasserverlust seines Säuglings? Die sozialen Rollen sind so erstarrt und unterscheiden sich so gebieterisch, daß der Vater in gar keinem Fall, selbst wenn er wollte, die Aufgaben übernehmen könnte, die traditionell der Mutter oder den anderen Frauen in der Familie zukommen.

Heute ist daher klar, daß man das Gesundheits- und Bildungsniveau der Kinder nur in dem Maße heben kann, in dem man sich um eine Verbesserung der Gesundheit, der Bildung und der Lebensbedingungen *der Frauen* kümmert. Doch nach einem Jahrzehnt der Hoffnung und des Fortschritts, vor allem im Bereich der Alphabetisierung, verschlechtert sich die Lage seit 1980 erneut. Die Abteilung für Frauenrechte bei der UNO, sehr aufgeschlossen für dieses Problem, hat Alarm geschlagen: Sie prangert die Tatsache an, daß sich landwirtschaftliche Erziehungs- und Bildungsprogramme seit dreißig Jahren fast ausschließlich an die männliche Bevölkerung wenden, als wüßte man nicht, daß die Subsistenzlandwirtschaft, von der das tägliche Überleben der Familien abhängt, im wesentlichen von den Frauen getragen wird. Sie sind es, die 60 bis 80 Prozent der Ernährungskulturen sichern, durchschnittlich 18 Stunden pro Tag arbeiten (den Statistiken nach dreimal soviel wie die Männer) und etwa doppelt so häufig vollkommene Analphabetinnen sind. Bildungskredite wurden bisher großen Unternehmen vorbehalten, die vor allem Exportkulturen bevorzugen. Dabei wären es die Frauen und die Kinder, die von einer Verbesserung ihrer häufig archaischen Anbaumethoden profitieren könnten.

Die Abteilung für Frauenrechte hat außerdem betont, daß sich der Gesundheitszustand der mittellosen Bevölkerungsgruppen seit einigen Jahren verschlechtert, weil das zuvor bereits labile Krankenhausnetz ganz zusammenbricht, in erster Linie die Entbindungsstationen: Es fehlt an Material, an Medikamenten, sogar an Betten, und vor allem an jeder elementaren Information der jungen Mütter über Säuglingspflege. Die meisten bringen ihr Kind auf dem nackten Boden zur Welt, Hauptursache für den Tetanus, an dem jährlich 750 000 Säuglinge und eine große Zahl junger Mütter sterben. Dabei bräuchte man nur dafür zu sorgen, daß die Tetanussporen im Boden nicht in Kontakt mit der Nabelschnur kommen, solange sie noch nicht vernarbt ist. Diese grundlegenden Hygienemaßnahme bei der Geburt könnte Tetanusinfektionen vollkommen zum Verschwinden bringen! Ein zusätzlicher Schutz für Mutter und Kind wäre es natürlich, wenn jede Schwangere geimpft würde. Auch hier sieht man, daß das Überleben des Kindes durch den Wissensstand der Mutter zu sichern ist.

Doch in dieser Richtung wird fast nichts unternommen. Dr. Henderson, einer der Verantwortlichen bei der WHO, sieht darin ein tiefgehendes Scheitern unserer Gesundheitspolitik und eine Unfähigkeit, das Problem der Gesundheit der Mütter in Angriff zu nehmen. Ergebnis: 500 000 Frauen sterben jedes Jahr an Komplikationen während der Schwangerschaft oder der Geburt. Die Müttersterblichkeit ist erschreckend, vor allem im Tschad, in Mali, Angola und Burkina Faso. Die Hälfte der Mütter, die ihr erstes Kind mit fünfzehn Jahren bekommen haben, sterben vor dem 50. Lebensjahr an Erkrankungen, die mit ihrer Fruchtbarkeitsrate zusammenhängen. Jede vierte Frau wird zwischen 15 und 44 Jahren jährlich schwanger. Die Folgen für die Kinder sind nicht minder schwerwiegend: Während in westlichen Industrieländern auf 100 000 Geburten ein Todesfall kommt, ist die Zahl in der Dritten Welt um das Vierzigfache höher.

Dabei sprechen manche Statistiken eine deutliche Sprache: Je länger die Mütter zur Schule gegangen sind, desto höhere Überlebenschancen haben die Kinder. Ebenso hängt die Kindersterblichkeit eng mit dem Alter der Mutter, der vorangegangenen Geburtenzahl und dem Abstand zwischen den einzelnen Geburten zusammen. Das erste Kind hat doppelt so große Überlebenschancen, wenn die Geburt des

nächsten erst zwei Jahre später erfolgt. Und natürlich dann, wenn die Mutter das Kind mindestens ein halbes Jahr stillt, was zudem den Vorteil hat, die Mutter vor einer neuerlichen Schwangerschaft zu bewahren.
Ein größerer Abstand zwischen den Geburten würde auch bedeuten, daß die Neugeborenen ein normales Gewicht hätten. Ein unzureichendes Gewicht bei der Geburt, offenes Einfallstor für alle Epidemien, ist in den letzten Jahren tatsächlich deutlicher häufiger zu beobachten; ein zuverlässiger Indikator für den schlechten Gesundheitszustand der Mütter.
Man müßte zudem einige Ernährungsgewohnheiten der Schwangeren ändern, denen einige verhängnisvolle Traditionen vorschreiben, während der Schwangerschaft etwa keine Eier zu essen oder keine Milch zu trinken.
Jeder hat schließlich von den Skandalen um die Säuglingsernährung mit Milchpulver gehört, eine »moderne Technik«, während das Stillen überholt sei. Auch hier müssen die Mütter zum Wohl des Kindes besser informiert werden.
Aber wie soll man diese Information einer analphabetischen Bevölkerung übermitteln, vor allem einer weiblichen Bevölkerung, denn zwei Drittel der Kinder, die *nie* in der Schule waren, sind Mädchen? Und welche Hoffnungen soll man auf die Zukunft gründen, wenn die Ausgaben pro Schüler in den 37 ärmsten Ländern in den letzten Jahren um 25 Prozent verringert wurden? In zahlreichen Regionen ist der Kauf von Federn, Heften und Schulbüchern sogar ganz eingestellt worden, und Tausende von Lehrern haben ihre Stelle aufgegeben, weil sie keinen Lohn mehr bekamen.
Nichts verurteilt unsere Zeit mehr als die Tatsache, daß wir diese dramatische Situation hinnehmen: Hundert Millionen Kinder sind in den neunziger Jahren zum Sterben verurteilt, ohne von den Millionen Unterernährten zu sprechen!

Das Ausmaß der Katastrophe könnte einen dazu verleiten, resigniert die Arme sinken zu lassen. Dabei gibt es Handlungsmöglichkeiten, die WHO wiederholt es immer eindringlicher: Die Hälfte dieser Todesfälle könnte mit *leichten* und *wenig kostspieligen* Mitteln vermieden werden, ähnlich wie beim Tetanus. Das dringendste dieser Mittel wäre es, den »Familien« (also den Frauen, ich wiederhole es) ein Minimum an leicht zu erlangenden Kenntnissen zugänglich zu machen.

Ein Beispiel? Die Salze zur oralen Rehydrierung bei Durchfällen (durchfallbedingter Wassermangel ist eine der großen Ursachen der Kindersterblichkeit) kosten pro Säckchen 10 Cents und sind eine elementare Technik, die sich jede Familienmutter aneignen kann. Ein Experte sagt, dies sei »potentiell der bedeutendste medizinische Fortschritt unserer Zeit«.

Doch nach den über vierzig Jahre hinweg gesammelten Daten hat man nur etwa 15 Prozent der Ärzte und 10 Prozent des Krankenhauspersonals mit dieser einfachen Technik vertraut gemacht. Der Ausbildung von Gesundheitsbeamten kommt in den nächsten Jahren zweifellos höchste Priorität zu.

Der Weltgipfel für Kinder wird sich die Frage stellen müssen: Wie kann man es zulassen, daß Coca-Cola oder Pepsi-Cola selbst in die rückständigsten afrikanischen Dörfer vordringen, während diese lebenswichtigen Salze, die anders als etwa Impfstoffe keinerlei besondere Transportbedingungen erfordern, noch bei weitem nicht häufig genug angewandt werden? Das ist keine Geldfrage. Es handelt sich um eine Sensibilisierung der öffentlichen Meinung und der Verantwortlichen, und schließlich um den politischen Willen.

Wir müssen über den schrecklichen Satz von Dr. R. Jolly,

stellvertretender Vorsitzender der UNICEF, nachdenken: »Für das Kleinkind gibt es keine zweite Chance.«
Das bedeutet auch, daß sich die Folgen dieses Genozids der achtziger Jahre noch weit über das zwanzigste Jahrhundert hinaus auswirken werden: in Körpern, deren Wachstum gehindert wurde, und in Köpfen, um deren geistige Entwicklung man sich ebenfalls nicht gekümmert hat.
Aber man darf nicht glauben, daß diese Blindheit für die Zukunft nur die benachteiligten Länder betrifft. Die gleiche kriminelle Vernachlässigung findet sich in manchen Industrieländern. Fast ein Drittel der Amerikaner hispanischer und die Hälfte der Amerikaner afrikanischer Herkunft leben unterhalb der Armutsschwelle. 40 Prozent der Kinder in der Großstadt New York leben im Elend und haben keinen normalen Schulunterricht. Aus Gründen unmittelbarer Rentabilität oder aus Blindheit für die Zukunft verletzen zu viele Länder die neue Ethik der Konvention über die Rechte der Kinder, nach der die Kinder vor den schlimmsten Folgen der Exzesse oder Irrtümer der Erwachsenenwelt geschützt werden sollten, ob es sich um Gewalt oder Krieg oder die geballten Auswirkungen einer schlechten ökonomischen Verwaltung handelt.
James Grant, Generaldirektor des UNO-Fonds für Kinder, hat in seiner alarmierenden Beschreibung der weltweiten Lage vor kurzem die dringende Notwendigkeit betont, den Nahrungsbedarf der Kinder, vor allem der unter fünfjährigen, zu sichern und den Schutz der Kinder zu einer absoluten Priorität zu erheben. Wenn wir nicht reagieren, beginnt für die ärmsten Ländern, aber auch für die ethnischen Minderheiten mancher reichen Länder, ein Jahrzehnt der Verzweiflung, dessen erste Opfer die Frauen mit ihren Kindern sein werden.

Läge das wirksamste und menschlich das befriedigendste Mittel, um die Zukunft, also das Leben der Kinder zu sichern, nicht darin, sich stärker um das Leben der Frauen zu kümmern, von denen diese Zukunft zu einem so großen Teil abhängt?

Les Lettres Françaises
März 1992

Welche Bedeutung hat der Feminismus heute noch?

Der Feminismus, dieses Wort, das als überholt und veraltet gilt, ist in meinen Augen stärker denn je einer der wesentlichen Aspekte der Demokratie, eine ihrer Grundlagen; es ist ein Witz und sogar ein Schwindel, dort von einer demokratischen Regierungsform oder von der Respektierung der Menschenrechte zu sprechen, wo die Rechte der Frauen nicht respektiert werden.
Ich bin mir vollkommen der Tatsache bewußt, daß der Begriff Feminismus nicht mehr das geringste Interesse erweckt, dafür manchmal aber herablassende Ironie. Einem Schriftsteller und mehr noch einer Schriftstellerin wird wärmstens empfohlen, sich nicht als feministisch zu bezeichnen. Bei den Politikern ist er nicht mehr in Mode, und in den Medien, einschließlich der Frauenzeitschriften, ist Feminismus ein Gegenstand der Lächerlichkeit.
Doch keine einzige Freiheit, kein einziges der Rechte, die wir heute genießen, ist vom Himmel gefallen. Keines ist uns von den gewählten Vertretern, die plötzlich vom Gerechtigkeitssinn gepackt wurden und feststellten, daß ihre stolze Devise »Freiheit, Gleichheit, Brüderlichkeit« bisher nur für Männer gegolten hatte, bereitwillig gewährt worden! Unsere Rechte mußten zuerst durch endlose Debatten legitimiert und dann eines nach dem anderen errungen werden, nach

unendlich langen Kämpfen, die fast ausschließlich von einzelnen Frauen – wie Olympe de Gouges oder Pauline Roland, die teuer dafür bezahlen mußten – oder feministischen Bewegungen geführt wurden.

Wenn wir der aktuellen Tendenz nachgeben, wenn wir auf das Wort Feminismus verzichten, als würden wir uns dafür schämen, besteht die Gefahr, daß alles, wofür dieses Wort steht, wieder verschwindet. Denn wie man weiß, sind Worte die Stützen von Gedanken, sie sind es, die ihnen Existenz verleihen. Die Forderungen nach Gleichheit der Frauen nicht mehr feministisch zu nennen, bedeutet, den Problemen, die sich den Frauen heute noch stellen, jede Spezifität zu nehmen. Und sie in undifferenzierten gesellschaftlichen Forderungen untergehen zu lassen, bedeutet ebenso, daß man die Diskriminierungen leugnet, deren Opfer sie immer noch sind.

Die Weigerung, eine Sache zu benennen, ist übrigens ein altbekanntes Mittel, eine störende Wirklichkeit auszublenden. Aus dieser Geisteshaltung heraus weigert man sich auch, unter Mißachtung elementarer Grammatikregeln, die Titel von Frauen in Führungspositionen in die weibliche Form zu setzen, wie es in Frankreich immer noch der Fall ist. Indem man von »Madame LE ministre«, »Madame LE Directeur« oder »Madame LE Député« spricht, läßt man die Präsenz von Frauen in früher abgeschotteten Männerbastionen klammheimlich verschwinden!

Doch nach zwei Jahrzehnten der totalen Demobilisierung scheint es mir, daß man bei den jungen Frauen wieder ein leises Raunen vernimmt. Die Nachkriegsgeneration hatte dazu geneigt, die Rechte, die sie bereits in der Wiege vorgefunden hatte, für irreversible Errungenschaften zu halten, darunter auch das Wahlrecht, in dessen Genuß ich erst mit

fünfundzwanzig Jahren kam! Die »historischen« Feministinnen galten ein wenig als »Klugschwätzerinnen«, als die ehemaligen Kriegsteilnehmerinnen überholter Kämpfe.
Heute kann man sich aber keinen Illusionen mehr hingeben: Es ist nicht nur so, daß sich die Situation der Frau in der Welt nicht verbessert, wie man es gerne glauben würde, sondern die Rechte der Frauen werden fast überall zurückgedrängt, auch in unseren entwickelten Ländern.
Jedesmal, wenn ein autoritäres Regime errichtet wird, jedesmal, wenn religiöser Totalitarismus – ob muslimisch oder christlich – versucht, das politische Leben zu beherrschen, jedesmal, wenn wieder eine repressive Moral ohne das Gegengewicht eines laizistischen Humanismus ans Tageslicht tritt, werden die Rechte der Frauen wieder beschnitten.
Derzeit kann man das überall beobachten: im Iran wie in Algerien, wo die Frauen erneut auf ihre häusliche Rolle beschränkt werden; in Ägypten, wo die Lex Jehan Sadat abgeschafft und die Polygamie wieder eingeführt wurde; in Polen, wo Lech Walesa das Parlament unter Druck setzt, ein Gesetz zum Verbot der Abtreibung zu verabschieden. In der ehemaligen DDR, wo den ostdeutschen Frauen durch die Wiedervereinigung und die Angleichung an die für die Freiheit der Frauen ungünstigste Gesetzgebung bis zum Ende des Jahres zweifellos ihre Sozialgesetze und der Zugang zur Abtreibung genommen werden. Und schließlich in den USA, wo viele Bundesstaaten im Namen der persönlichen Moral von Reagan oder Bush das Recht auf Abtreibung beschnitten oder abgeschafft haben.
Ganz zu schweigen von Afrika, wo der Anstieg des Analphabetismus, vor allem bei den Mädchen, die weibliche Bevölkerung zu einer Existenz als Unterentwickelte oder Fürsorgeempfängerin verdammt.

Wie soll man angesichts dieser Fakten nicht zu der Schlußfolgerung kommen, daß der Feminismus eine dringende Notwendigkeit ist? Und überholt und lächerlich sind nicht die Feministinnen oder Feministen, sondern diejenigen, die eine Geistesströmung für altmodisch und etwas kurios halten, die Ursprung der wichtigsten und fruchtbarsten Veränderung im 20. Jahrhundert ist. Diese Veränderung wird sich vollziehen, mit oder ohne sie. Die jungen Frauen, die im letzten Januar an den Etats Généraux der Frauen teilgenommen haben, die auf Initiative der Organisation zur Familienplanung in der Sorbonne einberufen wurden, haben gezeigt, daß sie nicht bereit sind, auf Freiheiten zu verzichten, die ihnen mittlerweile für die Würde und die Entfaltung jedes menschlichen Wesens als unabdingbar erscheinen.
Was nun? *Aux armes, citoyennes?* Nichts zu tun bedeutet Rückschritt. Langsam wird uns das bewußt.

Knaur

Benoîte und Flora Groult

(3245)

(65020)

(65034)

(60198)

(65024)

(60248)

Knaur

Frauen unterwegs

(60211)

(77070)

(60074)

(77002)

(77069)

(77116)